主编单位

中国企业国有产权交易机构协会
Chinese State-owned Property Exchanges Association

中国产权市场年鉴

China Property Rights Exchange Market Yearbook

2011

上海社会科学院出版社

《中国产权市场年鉴2011》编委会

《中国产权市场年鉴2011》编辑部

当代中国进入了全面建设小康社会的关键时期和深化改革开放、加快转变经济发展方式的攻坚时期，文化越来越成为民族凝聚力和创造力的重要源泉、越来越成为综合国力竞争的重要因素、越来越成为经济社会发展的重要支撑。

社会主义核心价值体系是兴国之魂，是社会主义先进文化的精髓，决定着中国特色社会主义发展方向。

——摘自2011年10月中国共产党十七届六中全会《关于深化文化体制改革推动社会主义文化大发展大繁荣若干重大问题的决定》

产权是所有制的核心和主要内容，包括物权、债权、股权和知识产权等各类财产权。

建立归属清晰、权责明确、保护严格、流转顺畅的现代产权制度，有利于维护公有财产权，巩固公有制经济的主体地位；有利于保护私有财产权，促进非公有经济发展；有利于各类资本的流动和重组，推动混合所有制经济发展；有利于增强企业和公众创业创新的动力，形成良好的信用基础和市场秩序。这是完善基本经济制度的内在要求，是构建现代企业制度的重要基础。

要依法保护各类产权，健全产权交易规则和监管制度，推动产权有序流转，保障所有市场主体的平等法律地位和发展权利。

——摘自2003年10月中国共产党十六届三中全会《关于完善社会主义市场经济体制若干问题的决定》

通过促进企业兼并重组，深化体制机制改革，完善以公有制为主体、多种所有制经济共同发展的基本经济制度。加快国有经济布局和结构的战略性调整，健全国有资本有进有退的合理流动机制，鼓励和支持民营企业参与竞争性领域国有企业改革、改制和改组，促进非公有制经济和中小企业发展。

——摘自2010年8月《国务院关于促进企业兼并重组的意见》（国发［2010］27号）

2010年度影响中国产权市场发展的十件大事

1、国务院出台促进企业兼并重组政策

2010年8月28日，《国务院关于促进企业兼并重组的意见》（国发〔2010〕27号）出台。这将使全国各行业兼并重组力度不断加强，有望成为后金融危机时代经济结构调整和进行产业升级、产业转移的重要方式，对中国产权市场健康、快速发展将起积极推动作用。

2、中纪委领导调研北京产权交易所

2010年8月24日，中共中央书记处书记、中央纪委副书记、中央惩治和预防腐败体系领导小组组长何勇到北京产权交易所调研，并听取了国务院国资委以及京津沪渝等交易机构的工作汇报，肯定了产权交易机构在搭建规范产权交易平台优化资源配置方面所做的工作以及所取得的成绩。

3、国务院国资委召开企业国有产权管理暨产权交易机构工作会议

2010年3月30至31日，国务院国资委在江西省南昌市召开“全国企业国有产权管理暨产权交易机构工作会议”。国务院国资委时任副主任李伟出席会议，并作了题为《积极提升产权管理水平，努力推动国有企业加快发展方式转变》的讲话。

4、中国企业国有产权交易机构行业协会筹备成立

2010年11月3日，“中国企业国有产权交易机构协会筹备成立大会暨第一次会员大会”在北京召开。大会表决通过了《中国企业国有产权交易机构协会章程》，选举上海联合产权交易所为会长单位，北京产权交易所为副会长单位。

5、重庆涉讼资产进场交易改革得到中央政治局两常委的充分肯定

2010年3月12日，中共中央政治局常委、中央政法委书记周永康在参加全国人代会、政协会重庆代表团审议时，对重庆将法院系统涉讼资产安排在重庆联合产权交易所进行这一改革举措，给予充分肯定，评价这一举措“解决了一个大难题，使司法拍卖更加公开、公正、透明，这是社会管理的一个创新。这个问题看起来是战术问题，实际是战略问题。这种做法值得向全国推广”。同年11月，中共中央政治局常委、中纪委书记贺国强也在《纪检监察信息工作动态第314期》刊载的《重庆市积极推进国有产权交易制度创新确保国有资产阳光交易保值增值》一文上批示：重庆等地推进“公共资源、公共资产、公共资金”管理和交易改革的做法很好，建立交易平台，实行阳光营运，健全相关制度，力求从源头上防治腐败。请注意总结推广这方面的经验。

6、联合国明确上海产权市场作为推动南南合作的重要支柱载体

2010年2月23日，联合国大会通过《64-222号决议》。《决议》明确上海联合产权交易所所属南南全球技术产权交易所作为今后联合国推动南南合作的重要支柱载体。这是继2008年和2009年南南全球技术产权交易所两次获得联合国南南合作特设局颁发的全球南南发展博览会特别嘉奖后再次获得联合国的认可。

7、天津产权交易中心落实“走出去”战略取得标志性成效，先后在欧洲设立3个办事处，实际开展业务

2010年1月21日，天津产权交易中心法兰克福办事处设立。法兰克福市副市长弗兰克、天津市副市长崔津渡出席签约仪式（该办事处于同年9月24日开业）。此前，天津产权交易中心已在伦敦（2007年）和阿姆斯特丹（2010年）设立办事处，为国有企业走出去，为中小企业融资，做出了突出贡献。

8、福建省人大提出要设立海峡两岸股权柜台交易市场

根据2009年5月6日《国务院关于支持福建省加快建设海峡西岸经济区的若干意见》，2010年1月30日，《福建省建设海峡西岸经济区纲要（修编）》经福建省第十一届人民代表大会第三次会议批准。《纲要》提出要 “加快海峡产权市场建设，探索引入台湾上柜和兴柜交易机制，推动设立两岸股权柜台交易市场，打造闽台企业对接的直通平台”。

9、国内首个以“集团”组织形式命名的交易机构揭牌成立

2010年10月28日，广州交易所集团有限公司揭牌成立，这是国内首个以“集团”命名的产权交易机构。同时，京津沪渝的交易机构都已经初具“集团化”交易所的规模。

10、我国产权市场融资功能日益凸显

2010年，我国产权市场积极开展为广大中小企业开展增资扩股、股权质押、知识产权质押等多种融资业务，产权市场的融资功能日益凸显。据不完全统计，上海、北京、天津、重庆、吉林、江西、山东、广州、西南、贵阳、湖南等23家会员机构开展了为中小企业融资活动，融资总额达到950亿元。

2010年4月7日，中共中央政治局委员、中共北京市委书记刘淇（右二），北京市市长郭金龙（右一）等一行考察北京产权交易所。

2010年4月26日，中共中央政治局委员、中共北京市委书记刘淇（前排左二）到中国技术交易所考察调研。

2010年8月16日，中共中央政治局委员、中共重庆市委书记薄熙来（前排左一），中共天津市委书记张高丽（前排左二）、重庆市市长黄奇帆（前排左三）等领导到重庆联合产权交易所考察调研。

2010年8月24日，中共中央书记处书记、中纪委副书记何勇（右一）到北京产权交易所考察调研。

领导考察

2010年11月23日，山西省省长王君（前排中）到山西省产权交易市场考察调研。

2010年9月16日，国务院国资委副主任孟建民（前排中）等一行在山西省国资委主任朱晓明（右一）的陪同下到山西省产权交易市场考察调研。

2010年6月23日，上海知识产权交易中心交易系统正式开通，中共上海市委常委、副市长屠光绍（前排左一）亲临现场考察指导。

2010年3月4日，黑龙江省常务副省长杜家毫（右一）到哈尔滨产权交易中心考察调研。

2010年11月11日，中共云南省委常委、副省长李江（中）率云南省政府督查室、省发改委、省政府研究室等部门负责人到云南产权交易所进行现场调研。

2010年11月5日，中共广东省委常委、省宣传部部长林雄（左一）到南方联合产权交易中心考察调研。

2010年3月29日至31日，国务院国资委“企业国有产权管理暨产权交易机构工作会议”在江西省南昌市召开。

2010年11月3日，“中国企业国有产权交易机构协会筹备成立大会暨第一次会员大会”在北京市召开，大会选举上海联合产权交易所为会长单位，选举北京产权交易所为副会长单位。

2010年12月23日，“2010年中央企业国有产权交易试点机构协调会”在重庆市举行。国务院国资委产权管理局局长邓志雄（正面左二）、中国企业国有产权交易协会秘书长夏忠仁（正面左一）以及京津沪渝四地国资委和产权交易机构负责人出席会议。

2010年7月30日，北京石油交易所正式投入运营。北京市市长郭金龙（前左二）、常务副市长吉林、副市长程红、市政协副主席黎晓宏等领导出席运营仪式。

2010年7月19日，上海市市长韩正（右）为“上海股权托管交易中心”揭牌，上海建设服务于长三角地区的场外交易市场（OTC）正式启动。

2010年8月29日，天津市市长黄兴国（中）到天津金融资产交易所考察调研。

2010年7月6日至8日，“相约世博·中国产权市场发展高层论坛暨第五届中国产权市场创新论坛”先后在江苏南京和上海举行，来自全国60家产权交易机构的代表齐聚一堂，共同探讨中国产权市场发展大计。

2010年10月9日，“湖北华中文化产权交易所揭牌仪式”举行，中共湖北省委常委、省宣传部部长尹汉宁（右）和湖北省副省长张通为该所揭牌。

2010年12月6日，“湖南省联合产权交易所、湖南股权交易所成立授牌仪式”在湖南省财政厅举行。湖南省人大常委会副主任陈叔红、湖南省副省长韩永文等领导出席授牌仪式。

2010年2月23日，“河北环境能源交易所揭牌仪式”在河北省产权交易中心交易大厅举行。河北省副省长孙瑞彬、省金融办主任江波为该所揭牌。

2010年6月11日，天津市副市长崔津渡（左）等领导为天津金融资产交易所鸣锣揭牌。

2010年1月25日，浙江省政府副秘书长陈国平、省金融办主任丁敏哲揿动彩色按钮，宣布浙江省未上市公司股份转让试点运行正式启动。

2010年6月4日，云南省政府副秘书长张荣明率云南省监察厅，省国资委领导一行到云南产权交易所考察指导工作。

2010年5月27日，国务院国资委产权局巡视员邓志雄（中）到沈阳联合产权交易所调研。

2010年4月13日，浙江省国资委主任陈正兴等一行到浙江产权交易所调研。

2010年8月18日，广西壮族自治区国资委主任肖文荪率队到广西北部湾产权交易所考察指导工作。

2010年7月2日，福建省纪委副书记、省监察厅厅长陈伦，省国资委副主任林宝金到福建省产权交易中心调研。

2010年8月18日，中国技术交易所知识产权一站式服务平台正式启动，科技部党组成员张景安、国家知识产权局副局长鲍红等为该平台揭牌。

2010年2月4日，上海世博会万科馆自愿减排项目在上海环境能源交易所正式挂牌，成为2010上海世博会首个宣布启动自愿减排行动的展馆。万科企业股份有限公司董事会主席王石（中）出席挂牌仪式。

2010年8月5日至6日，由《产权导刊》和金马甲产权网络交易有限公司主办、《新浪产权》协办、内蒙古产权交易中心承办的“中国产权交易市场互联网之路论坛”在内蒙古呼和浩特市召开。

国际交流

2010年10月20日，“2010南南全球技术产权交易峰会”在上海市召开。此次会议由联合国开发计划署南南合作特设局、上海联合产权交易所、南南全球技术产权交易所、上海环境能源交易所联合主办。

2010年1月21日，“天津产权交易中心在德国法兰克福设立办事处签约仪式”举行。天津市副市长崔津渡（后排右一），德国法兰克福副市长马库斯·弗兰克出席签约仪式。

2010年4月15日，美国私人资本运营公司Lone Star Funds总裁Jone P.Grayken一行到北京产权交易所参观访问。

2010年11月29日，上海联合产权交易所总裁蔡敏勇与印度电力交易所总裁Mrs Singh在印度孟买进行会谈，共同商讨双方业务合作事宜，并签署合作备忘录。

2010年1月12日，芝加哥气候交易所主席理查德·桑德尔访问天津产权交易中心。

2010年5月27日，日本“亚洲经济再生支援机构”理事长川村忠隆先生（左）访问浙江产权交易所，双方签订了战略合作协议。

2010年5月27日，上海联合产权交易所与大唐电信科技产业集团签署战略合作协议。

2010年12月1日，“重庆司法拍卖互联网电子竞价启动仪式”在重庆联合产权交易所举行。

2010年7月14日，中国工商银行与北京金融资产交易所《战略合作协议》签字仪式举行。

2010年7月22日，吉林长春产权交易中心与招商银行长春分行正式签署《并购贷款框架合作协议》。

2010年5月20日，台湾并购与私募股权基金协会理事长黄齐元率代表团一行22人到北京产权交易所考察访问。

2010年5月29日，福建省证监局、省财政厅、中国人民银行福州中心支行、省委党校、福建省产权交易中心人员考察台湾柜台买卖中心。

2010年1月28日，上海联合产权交易所与哈尔滨产权交易中心举行战略合作签约揭牌仪式。

中国产权市场年鉴2011 目录

领导讲话

市场述评

发展研究

实践探索

交易统计

案例选编

法规选编

附 录

后 记

中国产权市场年鉴 2011

China Property Rights Exchange Market Yearbook

领导讲话

深入贯彻落实党的十七届五中全会精神 不断开创中国特色社会主义事业新局面

——2010年10月18日在“中国共产党第十七届五中全会第二次全体会议”上的讲话摘要

中共中央总书记、国家主席　胡锦涛

全会通过的“十二五”规划建议，以邓小平理论和“三个代表”重要思想为指导，深入贯彻落实科学发展观，根据党的十七大提出的实现全面建设小康社会奋斗目标的新要求，结合当前国际国内新形势，确定了“十二五”时期我国经济社会发展的指导思想、总体思路、目标任务、重大举措，对推动“十二五”时期我国经济社会发展作出全面部署，是今后5年我国经济社会发展的重要指导性文件。全党同志要认真学习、深刻领会、切实贯彻全会精神，把思想和行动统一到中央决策部署上来，努力夺取全面建设小康社会新胜利、开创中国特色社会主义事业新局面。

全会制定的文件，经过党内外广泛讨论，凝聚了全党全国集体智慧，体现了全党全国共同意愿，现在的关键是抓好落实。

第一，准确把握“十二五”时期发展的主题，确保科学发展取得新的显著进步。全会强调，做好“十二五”时期经济社会发展工作，必须以科学发展为主题。贯彻落实全会精神，首先要深刻领会和准确把握这个主题。党的十七大强调，科学发展观，是对党的三代中央领导集体关于发展的重要思想的继承和发展，是马克思主义关于发展的世界观和方法论的集中体现，是同马克思列宁主义、毛泽东思想、邓小平理论和“三个代表”重要思想既一脉相承又与时俱进的科学理论，是我国经济社会发展的重要指导方针，是发展中国特色社会主义必须坚持和贯彻的重大战略思想。党的十七大要求全党立足社会主义初级阶段这个最大的实际，科学分析我国全面参与经济全球化的新机遇新挑战，全面认识工业化、信息化、城镇化、市场化、国际化深入发展的新形势新任务，深刻把握我国发展面临的新课题新矛盾，更加自觉地走科学发展道路。对这个科学判断，全党要继续深化认识、坚决贯彻。这次全会强调，在当代中国，坚持发展是硬道理的本质要求就是坚持科学发展。这就要求我们牢牢坚持发展是硬道理的战略思想，全面准确领会科学发展观的科学内涵、精神实质、根本要求，努力在经济社会发展各个方面加以落实。当前和今后一个时期，我们既要解决长期积累的深层次矛盾，也要面对不断出现的新课题。在坚定不移推动发展的过程中，我们要不断深化对发展中国特色社会主义的规律性认识，必须更加注重以人为本，坚持从最广大人民根本利益出发谋发展、促发展，加快推进以改善民生为重点的社会建设，不断满足人民日益增长的物质文化需要，走共同富裕道路，促进人的全面发展，做到发展为了人民、发展依靠人民、发展成果由人民共享；必须更加注重全面协调可持续发展，按照中国特色社会主义事业总体布局，促进现代化建设各个环节、各个方面相协调，促进生产关系与生产力、上层建筑与经济基础相协调，促进经济发展与人口资源环境相协调；必须更加注重统筹兼顾，正确认识和妥善处理中国特色社会主义事业中的重大关系，认真考虑和对待各方面发展需要，正确反映和兼顾各方面利益要求，充分调动全社会的发展积极性，为全面建设小康社会、实现中华民族伟大复兴集聚强大力量。

第二，准确把握“十二五”时期发展的主线，确保转变经济发展方式取得实质性进展。全会把加快转变经济发展方式作为“十二五”时期发展的主线，这是贯彻落实科学发展观的内在要求和推动科学发展的重大举措，是适应全球需求结构重大变化、顺应我国经济社会发展新的阶段性特征的必然要求。必须认识到，随着我国经济总量不断扩大和国际竞争不断深化，资源环境约束强化，投资和消费关系失衡，收入分配差距较大，科技创新能力不强，产业结构不合理，城乡区域发展不协调，利益主体多元现象日益显现，社会矛盾明显增多。只有加快转变经济发展方式，进一步更新发展理念、创新发展模式，才能更好解决我国经济社会发展中的突出矛盾和问题，才能更好增强我国综合国力、提高人民生活水平，才能更好提升我国经济的国际竞争力和抵御风险能力。加快转变经济发展方式，最根本的是要靠科技的力量，最关键的是要大幅度提高自主创新能力，把增强自主创新能力作为战略基点，着力提升原始创新能力，大力增强集成创新和引进消化吸收再创新能力，提升知识、技术转移和规模化生产能力，大力推进体制机制改革创新，积极构建完整的创新体系和现代产业体系。全会指明了加快转变经济发展方式的努力方向和工作重点，全党同志一定要增强主动性、责任感、紧迫感，坚持把经济结构战略性调整作为主攻方向，坚持把科技进步和创新作为重要支撑，坚持把保障和改善民生作为根本出发点和落脚点，坚持把建设资源节约型、环境友好型社会作为重要着力点，坚持把改革开放作为强大动力，努力使加快转变经济发展方式要求贯穿经济社会发展全过程和各领域，切实做到在发展中促转变、在转变中谋发展。

第三，准确把握“十二五”时期发展的目标任务，确保做好改革发展稳定各项工作。“十二五”时期是全面建设小康社会承上启下的关键5年。全会深入总结“十一五”时期我国发展成就和经验，综合考虑未来国际国内发展趋势和条件，提出了今后5年我国发展的目标任务。这些目标任务，突出了保持经济平稳较快发展、推进经济结构战略性调整、提高人民生活质量和水平、深化改革开放等方面的要求，涉及经济建设、政治建设、文化建设、社会建设以及生态文明建设各个方面，反映了我国改革发展的趋势和要求，回应了广大人民群众对发展的关切和期盼，是我们党对全国各族人民的庄严承诺。这些目标任务既鼓舞人心又艰巨繁重，全党同志一定要全力以赴，确保这些目标任务如期实现，为全面建成小康社会打下具有决定性意义的基础。

第四，准确把握“十二五”时期发展的重大举措，确保落实到位。实践证明，实现既定发展目标，必须提出针对性强、操作性强、力度大的政策措施，并花大气力抓好落实。为实现“十二五”时期发展的目标任务，全会就坚持扩大内需战略、加快社会主义新农村建设、发展现代产业体系、促进区域协调发展、加快建设资源节约型环境友好型社会、深入实施科教兴国战略和人才强国战略、发展社会主义民主和健全社会主义法制、推动文化大发展大繁荣、加强社会建设、完善社会主义市场经济体制、提高对外开放水平、加强和改进党的领导等方面提出一系列重大举措。全面落实这些重大举措，既可以推动解决当前我国经济社会发展面临的突出问题，又可以为我国经济社会长远发展打下更加坚实的基础。国家有关部门要按照全会要求，精心制订“十二五”规划纲要。各地区各部门要结合自身情况，制定本地区本部门“十二五”时期发展规划，确定符合实际的发展战略、发展目标、发展重点，出台有关配套政策，细化各项落实措施，加强支持配合，增强工作的系统性、协调性、前瞻性、创造性，扎实做好各项工作，着力提高发展质量和效益。

各级党委和政府要加强组织领导，采取有力措施，广泛深入宣传全会精神，使广大党员、干部、群众全面了解和把握我国发展的前进方向、奋斗目标、美好前景，万众一心为实现“十二五”时期经济社会发展目标任务而奋斗。

加强重点领域反腐倡廉制度建设　切实提高制度执行力

——2010年3月23日在“国务院第三次廉政工作会议”上的讲话摘要

中共中央政治局常委、国务院总理　温家宝

这次国务院廉政工作会议的主要任务，是贯彻落实十七届中央纪委第五次全会和胡锦涛总书记在会上的重要讲话精神，总结2009年、部署2010年政府系统反腐倡廉工作。

2009年是新世纪以来我国经济发展最为困难的一年。在党中央的坚强领导下，全国各族人民同心同德、共克时艰，应对国际金融危机取得明显成效，经济社会保持平稳较快发展，改革开放继续深化，人民生活进一步改善，社会保持和谐稳定。一年来，各级政府认真贯彻落实中央关于反腐倡廉的部署和要求，紧紧围绕保增长、保民生、保稳定这条主线，全面推进反腐倡廉建设，取得了新成效。一是保障中央重大决策部署的贯彻落实。对政府投资项目、灾后重建项目、“三农”补贴等实施全程监管，加强对家电下乡、汽车摩托车下乡等政策落实的监督检查，严肃查处非法批地、低价出让土地获取利益的案件。二是加强立法和制度建设。中办、国办下发了《关于实行党政领导干部问责的暂行规定》和《国有企业领导人员廉洁从业若干规定》等文件。三是认真解决损害群众利益的突出问题。查处教育、医疗等行业乱收费工作力度继续加大。治理公路乱收费取得新进展。全国共取消评比达标表彰项目7万余项，占项目总量的97.5%。四是大力压缩行政开支。年初确定的压缩行政经费指标基本完成，因公出国出境团组、人次和经费数与近3年平均数相比都下降30%以上。在全国范围内深入开展的“小金库”治理，取得了阶段性成果。五是严肃查处了一批影响恶劣的大案要案，严厉惩处了腐败分子。扎实开展治理商业贿赂和工程建设领域突出问题专项工作。在推进政务公开、行政问责和重点领域改革等方面也取得新的进展。

但是我们也要清醒地看到，反腐倡廉形势依然严峻。土地审批出让、矿产资源开发、公共工程建设、企业重组改制、金融等领域腐败现象仍然易发多发，教育、医疗、社保、环保等社会事业和民生领域腐败案件增多，少数中央企业的腐败案件影响恶劣，执法不公、行政不作为乱作为等问题比较突出，形式主义、官僚主义严重，奢侈浪费之风屡禁不止。产生这些问题的深层次原因，是权力过于集中又得不到有效约束，关键是有些制度不够完善，有些制度落实得不好。加强反腐倡廉建设，健全制度很重要，提高制度执行力和约束力更为重要。

今年我国改革发展稳定任务繁重。加强反腐倡廉建设，是完成各项任务的重要保证，也是人民群众的深切期盼。各级政府要坚持以邓小平理论和“三个代表”重要思想为指导，深入贯彻落实科学发展观，认真落实中央关于反腐倡廉的各项部署，标本兼治、综合治理、惩防并举、注重预防，以重点领域和关键环节为突破口，加强制度建设，强化对行政权力运行的监督和制约，推动反腐倡廉取得新成效。重点抓好以下方面工作：

一、强化政府投资项目和公共资金监管

今年我们将继续实施积极的财政政策和适度宽松的货币政策，一批重大在建工程需要继续投入，一些薄弱环节要进一步加强，保障和改善民生等重点支出大幅度增加。政府投资数额大、项目多，社会高度关注。这些资金一分一厘都来自于民，必须管好用好，防止发生损失浪费和腐败问题。

一是继续加强公共工程项目监管。对铁路、

公路、机场、城建项目和地震灾后恢复重建等重点领域，要实施全过程监管，及时发现和纠正问题。要进一步健全政府投资的社会监督机制，及时向社会公开有关信息，主动接受社会各界监督，使每项公共工程都成为阳光工程、廉洁工程和安全工程。

二是加强民生和社会事业领域公共资金监管。今年财政性社会保障支出大幅度提高，保障性安居工程建设规模扩大，医药卫生体制改革近期五项重点工作全面推进，教育改革与发展中长期规划发布实施。这些方面财政投入数额都很大，必须加强监管，确保把好事办好，让人民群众真正得到实惠。要加强对政府保障性住房建设、管理和分配的监督检查，督促落实资金和土地供应，保证建设项目顺利实施。要强化对社保基金、住房公积金、扶贫和救灾资金以及政府其他专项资金的财政和审计监督，规范资金管理和运行，确保资金安全，决不能出现任何差错。要继续加强对“三农”资金监管，确保中央强农惠农政策落实到位。坚决纠正向农民乱收费、乱罚款和乱摊派行为。要规范教育资金使用，规范学校收费行为，严格落实阳光招生制度。公立医疗卫生机构要全面实行药品网上集中招标采购，进一步规范医疗服务收费，坚决查处各种乱加价、乱收费和开单提成等行为。

三是推进公共资源配置领域的制度建设。国有土地使用权和矿业权出让，是公共资源配置最重要的两个领域，也是腐败易发高发领域。要完善土地使用权市场公开交易制度，经营性用地和工业用地都必须依法采取公开招标、拍卖、挂牌等方式出让。对于各类公益性用地，要完善相关制度和监管办法，严禁随意变更土地用途。加快推进探矿权、采矿权等矿业权出让市场化进程。

四是深入开展工程建设领域专项治理。去年7月，中央决定用两年左右时间，集中开展工程建设领域突出问题专项治理。今年要以政府投资和使用国有资金的项目为重点，加强制度建设和监督管理，着力解决违规审批、未批先建以及决策失误造成重大损失等问题，解决招投标过程中存在的突出问题，解决工程建设中的违规征地拆迁、截留克扣补偿金等问题。

二、完善财政预算制度，推进预算公开透明

财政资金管理和使用是反腐倡廉建设的一个重点领域，也是社会各界和人民群众关注的焦点。今年要继续推进财政体制改革，重点抓好以下工作：

一要把政府所有收支全部纳入预算管理。建立健全政府公共预算、政府性基金预算、国有资本经营预算和社会保险预算制度，形成覆盖政府所有收支的预算体系。加强预算审核，严格预算调整，防止超预算支出。提高预算编制的科学化水平，使预算更加详细、明确、具体，让广大群众能看得懂，了解政府资金的来源和使用情况。

二要推进财政预算公开。这是政府预算接受社会监督的前提条件。为此，要完善预算管理制度，做到：政府公共支出、基本建设支出、行政经费支出预算和执行情况等都要公开。任何一项行政费用都要纳入预算，做到公开透明，让老百姓清清楚楚地知道政府花了多少钱、办了什么事，能够有效监督政府。全国人大审议通过的政府性基金收支预算、中央国有资本经营预算等，也要全部向社会公开。

三要继续开展“小金库”治理工作。重点加强对中央单位、中央垂直管理单位和行政收费、罚款比较集中部门的监督检查。同时，要深化国库集中收付制度改革，严格执行“收支两条线”制度，健全财政资金监管制度，强化账目和现金管理，坚决切断“小金库”的资金来源，并形成长效机制。

三、加强国有企业和国有金融机构反腐倡廉建设

国有企业和国有金融机构在我国国民经济中发挥着重要作用，也是占有和使用公共资源、垄断资源较多的部门。近年来国有企业和国有金融机构腐败案件时有发生，一些垄断行业薪酬过高，与其他行业职工收入差距过大。对此，必须采取有效措施切实加以规范和治理。一要落实国有企业负责人薪酬管理相关规定，合理确定国有企业负责人和高层管理人员基本年薪，使其收入与本企业职工收入保持合理比例；合理确定垄断行业职工收入，使其与其他行业职工收入保持合理比例。进一步规范企业

负责人补充保险和职务消费。对企业负责人经营业绩进行全面科学的考核，避免绩效年薪不合理增长。要建立健全国有企业、国有金融机构领导人员和高层管理人员收入公开制度。二要严格执行中办、国办2009年下发的《国有企业领导人员廉洁从业若干规定》，进一步完善国有企业和国有金融机构领导人员报告个人有关事项等制度。三要加强对国有企业和国有金融机构主要负责人的监督管理，强化经济责任审计。充分发挥国有资产监管部门、纪检监察机关和审计部门、职工代表大会等方面的作用，形成监督合力。

国有企业和国有金融机构要带头执行中央的方针政策，集中精力搞好主业，收缩一般竞争性领域投资，加大战略性新兴产业研发投入，努力占领经济科技发展的制高点。有关部门要深入研究、完善政策，规范国有企业在房地产领域的投资行为。

加强国有企业和国有金融机构反腐倡廉建设，还要进一步健全国有资产监管体系，完善国有资本经营预算、企业业绩考核、境外国有资产监管、资产损失责任追究等制度，加强对重要经营领域和关键管理环节的监督。坚持重大事项集体决策制度。加强对企业兼并重组过程的监督，依法规范操作，防止国有资产流失，维护职工合法权益。

四、加强行政程序的制度建设

按法定程序办事，是依法行政的重要内容，也是依法行政的重要保障。当前征地拆迁、行政执法等领域侵犯群众利益的突出问题，许多都是不按程序办事或程序不规范造成的。依法规范政府行为，既要规范做什么，也要规范怎么做。没有程序公正，就很难保证实体公正和结果公正。

今年，各级政府要把建立和完善行政程序，作为推进依法行政和政府立法的重点任务。行政立法、决策、执法、监督都要有规范的程序。推进科学民主立法和决策，关键是完善立法和决策程序，把公众参与、专家咨询、合法性审查、集体讨论决定作为必经程序加以规范。行政执法更要注重程序。只有将执法的每一个环节、实施步骤程序化，才能让执法人员有所遵循，才能避免执法的随意性。要进一步完善行政监督程序，让人民群众知道怎么监督政府，拓宽人民群众向政府提出意见和建议的渠道。没有程序的民主，就没有实质的民主。各类行政程序都要向社会公开，所有行政行为都要接受社会监督，让行政权力按规范的程序在有效监督下运行。各级政府及工作人员特别是领导干部，必须树立程序意识，严格按程序办事。对违反行政程序损害群众利益或造成严重后果的行为，要加大查处力度，依纪依法追究责任。

五、加强政风建设

政风建设是政府反腐倡廉建设十分重要的方面。要从以下几个方面入手，促使各级政府机关和领导干部的工作作风有一个明显的改进。

一是大力精简会议和文件。这个问题讲了多年，抓了多年，但不断反复。会议多、文件多、讲话多，不仅造成很大浪费，也耗费了各级政府和领导干部大量时间和精力。必须下决心解决这个问题。这里我重申几点要求：今后，国务院领导同志原则上不参加部门的会议。从严控制以国务院名义及各部门召开的全国性会议。各类会议经费支出要全部纳入预算管理。要开短会、讲短话、发短文。尽量开电视电话会议，能用发文和通知形式解决问题的就不要开会。今后国务院要充分利用政府网站发文，通过媒体公开发布的文件，不再下发纸质文件。要全面清理有关规定，抓紧研究形成一个制度，由国务院颁布执行。

二是严格控制庆典、论坛等活动。国务院及各部门领导同志，原则上不参加企业和社会上举办的庆典、论坛活动，不为这类活动题词，不发贺信、贺电。确实需要的，要按程序报批。对政府部门和国有企事业单位举办、参与和赞助举办庆典、论坛、商业演出等活动，要从严控制，严格管理和规范。

三是从严控制“三公”消费。今年要继续对公务接待、公车使用、因公出国出境经费实行量化指标控制。中央部门公用经费统一压缩5%，项目支出原则上按零增长控制，出国出境、车辆购置及运行、公务接待经费，都要有所减少。要严格执行公务接待的有关规定，加大监督检查力度，包括接受群众和社会舆论监督。严格控制楼堂馆所建设，禁止高档装修办公楼。在严格规范公务用车配备使用的同时，加快推进公务用车配备使用制度改革。现在乘用车社会化服务不断完善，家用轿车日益普及，已经具备了改革的条件。近年来一些地方进行了不同形式的探索，要鼓励各地从当地实际出发推进这项改革。中央机关也要抓紧研究改革方案，争取尽早推出。

同时，要继续纠正损害群众利益的不正之风。认真解决征地拆迁、环境保护、安全生产、食品药品安全、企业重组改制、劳动争议、涉法涉诉等领域损害群众利益的突出问题。严肃查处重大责任事故、群体性事件以及各类损害群众利益问题背后存在的干部徇私枉法、失职渎职、提供“保护伞”等违纪违法行为。

六、加强领导干部廉洁自律

防治腐败首先要从领导干部抓起。今年1月，针对领导干部廉洁自律方面的新情况新问题，中央颁布了重新修订的《中国共产党党员领导干部廉洁从政若干准则》，完善了党员领导干部廉洁从政行为规范。党的十七届四中全会明确要求把住房、投资、配偶子女从业等情况列入党员领导干部报告个人有关事项的内容。党中央、国务院将于近期作出专门规定，要认真抓好落实。

中央颁布的《廉政准则》以及领导干部报告个人有关事项规定，是规范领导干部从政行为、加强对领导干部管理和监督的重要制度。国务院和各级人民政府要全面贯彻执行。各级领导干部特别是主要领导干部要带头执行并接受监督。今年要在政府系统进行一次《廉政准则》学习教育活动，认真查找领导干部廉洁从政方面的薄弱环节和问题，采取有效措施加以解决。要加强对《廉政准则》和领导干部报告个人有关事项制度、收入申报制度执行情况的监督检查，严格管理措施，不能流于形式；对违反规定的，要及时纠正并严肃处理。

七、坚决查办违纪违法案件

严肃查处违纪违法案件，是惩治腐败最直接最有力的手段，这一手任何时候都不能放松。一要进一步拓宽发现腐败案件线索的渠道。高度重视人民群众来信来访工作，完善举报人和证人保护制度，健全网络举报和受理机制，发挥群众在惩治和预防腐败中的积极作用。注重从巡视、审计等渠道发现线索，对各类媒体反映的有价值线索要认真调查处理。二要突出重点查办大案要案。特别要严肃查办发生在领导机关和领导干部中的官商勾结、权钱交易案件，利用职权插手和干预城乡规划、建设项目审批、土地审批和出让、矿产资源开发、招标投标等谋取非法利益案件，重大安全生产事故、食品药品安全事件背后的失职渎职和腐败案件。深入查办重点领域的商业贿赂案件。要始终保持惩治腐败的高压态势，严厉惩处腐败分子。加大追逃和赃款赃物追缴力度，决不让腐败分子逍遥法外，决不让他们得到任何不法之财。

中央对反腐倡廉建设提出了新的更高要求，各地区、各部门、各单位要切实加强领导，狠抓工作落实。认真执行党风廉政建设责任制，各级政府和部门的主要领导干部要履行好第一责任人的政治责任，领导班子其他成员要抓好职责范围内的反腐倡廉工作。要加强对反腐倡廉各项制度落实情况的监督检查。监察、审计部门要充分发挥职能作用，严格执纪执法。

同志们，反腐倡廉责任重大，任务艰巨。我们要在以胡锦涛同志为总书记的党中央领导下，高举中国特色社会主义伟大旗帜，加强领导，狠抓落实，开拓创新，不断推进政府系统廉政建设和反腐败斗争取得新成效。

坚持科学发展　着力做强做优
培育具有国际竞争力的世界一流企业

——2010年12月23日在“中央企业负责人会议”上的讲话

国务院国资委主任　王　勇

一、2010年工作进展和“十一五”总结

2010年是“十一五”收官之年，也是完成“十一五”时期各项目标任务的关键之年。今年以来，中央企业认真贯彻落实党中央、国务院各项决策部署，灵活应对复杂多变的国内外经济形势，抓住宏观经济回升的有利时机，进一步巩固和扩大应对国际金融危机的成果，开拓市场，调整结构，强化管理，改革创新，生产经营快速增长，经济效益大幅提升，一些经济指标创历史新高。

2010年1～11月，中央企业累计实现营业收入14.9万亿元，同比增长34.7%；实现净利润8022.6亿元（其中扣除少数股东权益后归属母公司所有者的净利润5320.7亿元），同比增长50.1%；上交税金1.2万亿元，同比增长21.2%；成本费用利润率7.4%，同比提高0.6个百分点。截至11月底，中央企业资产总额达到23.9万亿元，同比增长15.6%；净资产9.3万亿元，同比增长14.8%。

一年来，中央企业着力“做强主业增实力，科学发展上台阶”，各项工作取得新的成效。

（一）开拓市场和配置资源能力进一步增强

中央企业认真研究市场结构和消费需求变化，转变经营策略，创新商业模式，加强协同合作，发挥技术、品牌、网络等优势，市场开拓力度进一步加大。一汽集团、东风公司、兵器装备集团长安公司等企业抓住国家鼓励汽车消费的机遇，优化产品结构，市场份额进一步扩大。中粮集团全力打造从田间到餐桌的全产业链，品牌影响力不断扩大。华润集团积极开发内需市场，完善区域布局和业态布局。神华集团完善销售网络，把煤炭产运销产业链延伸到终端用户。中国电科推进军用技术民用化，承建国内最大的重庆视频管理系统和物联网工程。南航集团细分市场，率先推出高端经济舱，实现差异化服务。东航集团在与上航重组基础上，着力调整机队结构和航线结构，提高了运行效率。中央企业加快“走出去”步伐，国际化经营取得初步成效。中国三峡集团与中国水电集团、南方电网组成中方联营体，合作开发境外大型水电项目。中央航运企业与“走出去”中央企业联动发展，提供海外工程物资供应和物流服务。中国建筑、中国中铁新签合同额超过100亿美元。中船集团抓住国际船舶市场局部回暖时机，积极抢订单，国际市场份额逆势提升。中航集团积极发挥航线枢纽网络优势，国际业务量大幅增长。部分中央企业积极实施海外并购，延伸产业链条，全球配置资源能力得到提升。中远集团以获得35年特许经营权的方式全面接管希腊PCT码头。中国石油、中国石化、中国海油、中化集团、宝钢、武钢等企业积极开发海外资源，增强了资源保障能力。

（二）结构调整和产业升级步伐进一步加快

中央企业积极落实产业调整振兴规划，加快推进联合重组，优化资源配置，不断延伸和完善产业链和价值链。鞍钢和攀钢、东航集团和上航联合重组，上海医工院、中出服公司并入国药集团，新时代集团分拆并入中国节能和保利集团，上海船研所并入中国海运，企业布局结构进一步优化。一些中央企业下大力气推进结构调整和产业升级。中国国

电、中国大唐、中国华能、中国华电、东方电气集团、中船重工等企业积极发展风电、太阳能等新能源产业，中核集团、国家核电、中电投集团、中广核集团、中核建设集团等企业大力发展核电产业。中国建材积极发展新型建材、新型房屋和新能源材料。中国电信、中国联通和中国移动共同推进电信基础设施共建共享。一批中央企业进一步压缩管理层级，企业组织结构得到优化。国家电网大力实施电网建设、运行等核心业务专业化和人财物等核心资源集约化管理，主营业务管理层级进一步压缩。中国电子通过减层级、缩链条，企业户数缩减了40%。航天科工清理整合子企业，实现6家二级单位房地产业务的全部退出。中国国新控股有限责任公司正式成立，为中央企业改革重组搭建新的平台。

（三）体制机制改革进一步深化

中央企业公司制股份制改革步伐加快。11家公司首次公开发行股票并上市，中国一重、西电集团等一批企业实现整体上市，中国五矿、中核建设集团等一批企业完成整体改制工作。建设规范董事会企业扩大到30家，董事会规范运作的制度进一步完善，外部董事队伍建设进一步加强，董事会在科学决策、风险防范和加强管理等方面的作用进一步显现。宝钢、神华集团等企业积极探索解决整体上市后母子公司管理构架重叠、职能交叉问题。航天科技、航天科工、中国钢研、有研总院等一批企业借助中关村科技园区的特殊政策，探索岗位分红权激励机制。中央企业劳动用工、收入分配等内部改革取得新进展，普遍推行公开竞聘、末位淘汰和新的用工制度，积极营造重能力、重业绩、重创新的氛围。新兴铸管集团总部机关和所属企业面向全社会公开招聘中高级经营管理人员，总部招聘的60多人中，80%以上来自集团外部。中铝公司严格实行月考核月兑现，收入分配向关键技术岗位和一线操作员工倾斜。

（四）自主创新能力进一步提升

中央企业普遍加大研发投入，抓住行业关键技术，加大研发攻关力度，在一些重大项目方面取得新的突破。探月工程嫦娥二号任务取得圆满成功。大庆油田持续稳产高效勘探开发技术获得重大突破。中国南车、中国北车实现引进消化吸收再创新，列车制造技术达到国际领先水平。国家电网、南方电网全面掌握特高压核心技术，在世界电网科技领域实现了中国创造和中国引领。电信科研院主导提出的TD-LTE-A成功纳入4G国际标准。上海贝尔新一代宽带无线技术研发取得重大进展。一批中央企业加强合作，推进集成创新，取得积极成效。中广核集团与中国一重、中国二重、东方电气集团、哈电集团等企业通过引进消化吸收再创新，形成我国二代改进技术机型CPR1000。16家中央企业组成电动车产业联盟，积极发展电动车产业。武汉邮科院推进产学研结合，发起组建中国光谷物联网产业技术创新联盟。中国国电加大新能源研发力度，形成20多项拥有自主知识产权的核心技术。中央企业加强国家级技术中心、研发中心、重点实验室建设，设立海外研发基地，科研能力进一步提高。兵器装备集团长安公司在国内外建立汽车研发机构，形成“五国十地、各有侧重”的全球研发格局。中国商飞加快设计研发、总装制造、客户服务三大中心建设，大飞机项目研制取得积极进展。

（五）集团管控能力进一步加强

许多中央企业进一步明确集团总部职能定位，调整组织架构，增强总部的战略规划和管控能力。中航工业进一步理顺母子公司管理体制，下放相关管理权限，增强总部战略投资和集中管控能力。兵器工业集团启动340项流程建设，逐步建立总部企业化服务型、成员单位市场化开放型的集团化管理机制。许多中央企业通过推行全面预算管理，加强资金集中管控，积极拓展融资渠道，有效降低财务费用。中国石油开展大司库系统建设，推进全球资金集中管理。中国联通推行资源使用效率评价对标体系，有效盘活了各类资产。中央企业全面推行经济增加值考核，资本成本管控和价值创造意识显著提高。中国海油、葛洲坝集团等一批企业在子企业推行经济增加值考核，增强主营业务持续盈利能力。许多中央企业完善全成本控制体系，大力推进精细化管理，有效降低了成本。华侨城集团加快推进重点项目建设，灵活安排销售进度，提升了资源变现能力和资产周转速度。中国有色集团全面开展管理缺陷诊断活动，进一步提升了基础管理水平。一批中央企业注重对新并购企业的业务整合、管理整合和文化融合，集团凝聚力和管控能力进一步增强。国投加快划转企业的业务结构调整，促进业务协同，增强综合竞争优势。中央企业建立健全总法律顾问制度和法律风险防范机制，抵御风险能力进一步增强。招商局集团全面梳理风险控制制度、职责分布、流程与工具，建立健全全面风险控制体系。中材集团以建立健全法律风险防范机制为重点，组织集团总部及所有三级企业开展风险管理体系建设工作。中央企业积极实施信息化登高计划，信息化管理水平进一步提升。港中旅集团建立统一信息平台，强化信息化手段，推进集团集约化和协同发展。

（六）履行企业社会责任进一步增强

中央企业自觉把履行社会责任的要求融入发展战略，融入日常经营管理，发挥了表率作用。煤电油运和商贸、储备等行业的企业，认真落实国家宏观调控政策，切实采取有效措施，全力保障市场供应。电力、电信和涉农企业加强“三农”服务，为农业稳定高产作出积极贡献。中央企业在上市过程中将部分国有股转由社保基金持有，为充实社保基金、健全社会保障制度作出了积极贡献。中央企业积极落实国家节能减排政策措施，强化节能减排管理，发挥了示范作用。南方电网深入开展节能发电调度工作，推动了发电企业的节能减排。中国节能投资建设世界最大单体建筑光伏一体化项目。通用技术集团成功承办绿博会，发起设立国内首支环境产业基金。初步测算，“十一五”期间中央企业万元产值（可比价）综合能耗下降超过20%；二氧化硫排放量减少38%左右，化学需氧量减少33%左右，全面完成“十一五”节能减排目标。中央企业在保障国家重大活动、抗击严重自然灾害中发挥了关键作用。12家中央企业承建的上海世博会6个企业馆以安全有序的运营、细致周到的服务和极具特色的展项，赢得了各方面的高度评价和广泛赞誉。中国建筑、中国中铁、中国铁建、中国水电集团等企业克服高寒缺氧、交通不便等困难，在青海玉树恢复重建中发挥了重要作用。中央企业积极参与社会公益事业，参与援疆援藏、扶贫和西部大开发，为促进区域经济协调发展作出了贡献。中国黄金在建设西藏甲玛项目中，投入大量资金修路、引水、助学、帮扶困难群众，维护了民族团结。许多中央企业积极推进社会责任工作体系和制度建设，国家电网积极开展全面社会责任管理试点，中远集团、中国移动探索建立社会责任指标体系，47家企业编制发布了社会责任报告或可持续发展报告，中国石油、中钢集团发布了国别报告。中国五矿作为中国企业代表，出席联合国全球契约组织领导人峰会，展示了中央企业良好国际形象。

（七）企业党的建设在改进中进一步加强

中央企业把创先争优活动作为学习实践活动的继续和延伸，紧密结合实际，突出企业特色，围绕企业科学发展中心任务扎实推进，呈现出组织创先进、党员争优秀、企业上水平、职工提素质的良好局面。加强思想作风建设，积极开展学习型党组织建设，持续推动“四好”领导班子建设，领导班子整体素质进一步提升，形成团结和谐、共创佳绩的良好风气。大力实施“人才强企”战略，积极引进海外高层次人才，91人列入国家“千人计划”。高度重视班组建设和职工队伍建设，深入开展岗位练兵、技能培训和技能大赛，职工队伍素质明显提升。不断加强企业思想政治工作和企业文化建设，完善职工代表大会和厂务公开制度，企业凝聚力和职工积极性明显提高。进一步加强反腐倡廉建设，惩防体系框架建设取得明显进展，落实党风廉政建设责任制和“三重一大”决策制度，企业领导人员廉洁从业意识进一步增强。

2010年中央企业改革发展取得的成绩，为“十一五”画上了圆满的句号。“十一五”时期，是国有企业改革发展进程重要的5年，也是中央企业改革发展取得重大进展的5年。这5年，中央企业面对国际国内复杂多变的形势，成功应对国际金融危机等重大挑战，资源配置能力明显提高，经济效益和整体实力大幅提升，资产总额、营业收入、上交税金和税后净利润等主要经营指标实现了5年翻一番，年均国有资产保值增值率达到115%，进入世界500强的企业由10家增加到30家。这5年，中央企业布局结构不断优化，自主创新能力明显增强，管理水平显著提高，队伍素质明显提升，党的建设明显加强，适应市场经济要求的管理体制和经营机制进一步完善，改革发展迈出新的步伐，展现了新时代国有企业的风采。在这5年中，中央企业积极承担政治责任和社会责任，在贯彻落实国家宏观调控政策、保障市场供应、维护市场经济秩序等方面发挥了带头作用；在承担国家重大工程项目建设、支持国防现代化建设、保障能源资源安全等方面发挥了顶梁柱作用；在北京奥运会、国庆60周年庆典、上海世博会、广州亚运会等重大活动保障中，在雨雪冰冻灾害、汶川和玉树地震、旱涝灾害等抢险救灾中，发挥了骨干作用。

回顾“十一五”取得的显著成就，追溯国资委成立7年多来的不平凡历程，我们感慨万千。党中央、国务院的正确决策和坚强领导给我们指明了方向，中央各部门和各地党委、政府以及社会各界的支持和帮助给我们增添了力量。7年来，在李荣融同志的带领下，在国资委和中央企业广大干部职工的奋力拼搏下，我们在积极探索中前进，在迎接挑战中成长，开创了国资监管和中央企业改革发展的崭新局面，为我们在新的历史起点实现新的发展打下了坚实基础。在此，我代表国资委向为国资监管和中央企业改革发展作出贡献的老领导、老同志，向中央企业广大干部职工表示衷心的感谢！

中央企业改革发展取得的成绩来之不易，创造的精神财富影响深远，积累的经验弥足珍贵。这些年的探索和实践，使我们进一步加深了对社会主义市场经济的认识，增强了搞好国有企业、发展壮大国有经济的信心，坚定了走中国特色社会主义道路的决心。有很多经验值得我们认真总结和继续坚持。

一是坚持基本经济制度，坚定不移地发展壮大国有经济。建设中国特色社会主义，必须坚持公有制为主体、多种所有制经济共同发展的基本经济制度。国有企业是全面建设小康社会的重要力量，是中国特色社会主义的重要支柱，是我们党执政的重要基础。我们必须时刻牢记搞好国有企业、发展壮大国有经济的历史使命，坚定搞好国有企业的信心，毫不动摇、理直气壮地发展壮大国有经济。

二是坚持国有资产管理体制改革的正确方向，牢牢把握出资人职责定位。实践证明，党的十六大作出的国有资产管理体制改革重大决策和确立的重大原则是完全正确的，必须始终坚持。我们既要依法履行好出资人职责，强化监管，维护好所有者权益；又要充分尊重企业的经营自主权和法人财产权，维护好企业作为市场主体和法人实体依法享有的各项权利，做到不缺位、不越位、不错位。

三是坚持市场经济的改革方向，深入推进国有企业改革。建立现代企业制度是深化国有企业改革的方向。必须加快推进国有大型企业公司制股份制改革，转换经营机制。推进规范的董事会建设，积极探索中国特色国有企业公司治理结构。进一步深化企业内部改革，使企业机制与职工观念符合中国特色社会主义市场经济的要求。

四是坚持遵循市场规律和企业发展规律，推动企业科学发展。必须按照市场化原则合理配置资源，充分调动和发挥企业的积极性和能动性。层层落实责任，建立有效的激励和约束机制。坚持主业发展方向，提高集团管控能力，有效防范经营风险。推进体制创新、技术创新和管理创新，形成适应市场经济要求的管理体制和经营机制。

五是坚持党对国有企业的领导，加强和改进企业党建工作。党对国有企业的领导、党组织发挥政治核心作用、职工民主管理，是国有企业的独特政治优势。要深入探索现代企业制度条件下发挥企业党组织政治核心作用的有效方法与途径，努力把企业党组织政治优势转化为核心竞争力。要营造优秀人才脱颖而出的良好环境，增强领导干部能力，提高职工队伍素质。要把反腐倡廉建设贯穿于国资监管和企业改革发展的全过程，为国有企业持续健康发展提供有力保障。

二、“十二五”时期中央企业改革发展的总体思路

“十二五”是中央企业贯彻落实科学发展观、加快转变发展方式的重要时期。我们要深入贯彻落实党的十七大和十七届历次全会精神，全面分析面临的形势和存在的问题，精心谋划“十二五”时期

的目标任务和主要措施，扎实推进中央企业改革发展各项工作，在新的历史起点上努力取得新的更大成绩。

（一）深入分析面临的形势和问题

关于当前以及今后一段时期面临的形势，党的十七届五中全会和中央经济工作会议作出了深刻分析。总体上看，国际国内形势正在发生新的复杂变化，我国发展既面临难得的历史机遇又面对新的风险和挑战。从国际看，世界经济将继续缓慢复苏，但受政治、经济、安全等多种因素影响，不稳定、不确定因素仍然较多，复苏进程仍将艰难曲折。从国内看，我国仍处于重要战略机遇期，经济发展长期向好的趋势没有改变，各种有利条件依然存在，但面临的矛盾和问题也不少。面对复杂多变的国际国内经济形势，中央企业既面临新的发展机遇，也面临一系列新的挑战和困难。

当前及今后一个时期，我国工业化、信息化、城镇化、市场化、国际化深入发展，国内市场潜力巨大；加快转变经济发展方式、调整布局结构、发展战略性新兴产业，给企业发展提供了广阔的空间；劳动力素质改善，科技创新能力不断增强，基础设施日益完善，发展的物质、技术和体制基础更加牢固；全球产业结构的深度调整，新一轮科技革命的孕育发展，为我国企业在一些领域实现跨越式发展创造了条件。我们要坚定信心，抓住机遇，努力在新一轮国际竞争中赢得先机，赢得主动。

在看到有利条件的同时，我们更要保持清醒的头脑，冷静分析面临的一系列新的重大挑战和问题。从国际经济运行环境看，国际金融危机促使全球治理结构面临重大调整，世界多极化、经济全球化速度加快，气候变化以及能源资源安全、粮食安全等全球性问题更加突出。国际资本加速流动，主要货币汇率持续较大波动和金融市场动荡，国际大宗商品价格高位震荡，资产价格泡沫和通货膨胀风险增大。从国内经济发展环境看，经济结构调整压力加大，经济增长的资源和能源约束进一步加强，完成节能减排的任务更加艰巨，投资和消费关系失衡，就业总量压力和结构性矛盾并存，制约科学发展的体制机制障碍依然较多，改善民生和维护社会稳定任务十分艰巨。从产业发展环境看，国际金融危机正在催生世界范围产业新发展，全球进入空前的创新密集和产业变革时代，主要发达国家已经开始研究并进行后危机时代的战略部署，抢占科技制高点。我国部分产业产能过剩矛盾突出，企业自主创新能力不强，关键技术自给率低，主要分布在国际产业链中低端环节。战略性新兴产业还处于发展初期，缺乏自主知识产权、市场配套体系不完善、政策标准体系尚未健全等问题亟待解决。从市场竞争格局看，国际金融危机发生后，发达国家的优秀企业及时进行战略调整和组织架构调整，反应速度更加敏捷，而我国国有企业调整速度相对较慢。随着社会整体收入的提高，企业的人力成本将进一步增加。各种形式的贸易保护主义愈演愈烈，国际市场竞争更加激烈。总体来看，中央企业改革发展面临的外部形势日益复杂，难度和压力不断加大，对此我们要有清醒的认识，提前做好应对更大挑战和困难的准备。

同时我们还要看到，中央企业改革发展中还存在一些不可忽视的问题，经济运行中的困难还很多，发展质量不高、后劲不足的问题还比较突出。一是缺乏真正具有国际竞争力的大公司大企业集团。整体上看，中央企业的核心竞争力和国际竞争力还不强，缺乏具有较强影响力的国际知名品牌，国际化人才严重不足，组织框架和经营模式不能适应国际化经营的需要。在国际标准和竞争规则的制定中，影响力还比较小。一些企业在国际市场恶性竞争十分严重。二是布局结构调整任务仍然十分艰巨。国有资本分布面仍然过宽、过散，有进有退、合理流动的机制尚不健全。组织结构不合理，大而不强的问题比较突出。许多行业还处在国际产业链低端，一些企业仍然延续高投入、高消耗的发展模式。三是技术创新能力不强。中央企业普遍面临自主创新能力不强，研发投入、研发能力和水平与跨国公司相比有很大差距的问题。重要产业对外技术依赖度比较高，不少核心关键技术还受制于人，创新型人才比较缺乏，科技创新尚未成为中央企业发展的支撑力量。四是管理水平和资源配置效率不高。一些企业管理链条过长，集团管控能力弱，缺乏对重要子企业和境外资产的有效监控和管理，重大资产损失时有发生。一些企业盲目铺摊子，主业不够突出，主营业务盈利能力较弱或盈利基础不牢固，财务风险和经营风险大。五是现代企业制度需要进一步完善。中央企业母公司公司制股份制改革相对滞后，公司治理结构还不完善，适合国情的治理模式有待进一步探索和完善，转换企业经营机制还有大量工作要做。六是企业历史包袱仍很沉重。中央企业办社会等各种负担仍然比较重，厂办大集体改革试点进展缓慢，一些企业主业优质资产上市后存续企业十分困难，一些历史遗留债务、人员安置等问题尚未完全化解。

总之，中央企业改革发展正处于一个关键的历史阶段，机遇和挑战并存，希望与困难同在。我们要增强忧患意识、风险意识、责任意识和大局意识，准确判断形势，充分利用国内外有利条件，克服不利因素影响，解决制约科学发展的问题，推动中央企业更好更快发展。

（二）“十二五”时期中央企业改革发展的指导思想和总体思路

根据党的十七届五中全会和中央经济工作会议精神，“十二五”时期推进中央企业改革发展的指导思想是:高举中国特色社会主义伟大旗帜，以邓小平理论和“三个代表”重要思想为指导，深入贯彻落实科学发展观，坚持基本经济制度，以科学发展为主题，以加快转变发展方式为主线，深化企业改革，完善监管体制，优化资源配置，围绕做强做优中央企业、培育具有国际竞争力的世界一流企业，深入实施转型升级、科技创新、国际化经营、人才强企、和谐发展战略，加强和改进企业党的建设，全面提升中央企业整体素质和发展质量，增强活力，壮大实力，为经济社会发展作出新的更大贡献。

“十二五”时期的总体思路，概括起来是：围绕“一大目标”，实施“五大战略”，加强“三大保障”。

“十二五”时期，中央企业改革发展的核心目标就是：做强做优中央企业、培育具有国际竞争力的世界一流企业。这一目标是基于中央企业的地位作用，立足国家整体发展战略所提出来的。中央企业大多处在关系国家安全和国民经济命脉的重要行业和关键领域，做强做优中央企业，是加快转变经济发展方式、实现科学发展的必然要求，关系经济社会发展的全局，关系全面建设小康社会宏伟目标的实现。本世纪的第一个10年，我国成功抓住了重要机遇期，经济社会发展取得了举世公认的巨大成就。国际金融危机以来，世界政治经济格局发生了重大变化，我国在国际政治经济中的影响力越来越大，必须有一批与之相匹配的大企业大集团。中央企业大多是行业排头兵，经过多年来的改革发展，活力和竞争力大幅提升，许多企业在某些方面接近或达到世界先进水平，有的已经达到世界领先水平，具备了发展成为具有国际竞争力的世界一流企业的基础和条件。我们一方面要做强做优中央企业，更好地发挥在经济社会发展中的骨干中坚作用；另一方面要集中力量，集中资源，培育一批在国际市场上能与跨国公司同台竞争的大企业大集团。

做强做优是对每一个中央企业提出的要求，具体来说要做到“四强四优”。“四强”就是自主创新能力强、资源配置能力强、风险管控能力强、人才队伍强；“四优”就是经营业绩优、公司治理优、布局结构优、企业形象优。在做强做优的基础上，要着力培育一批具有国际竞争力的世界一流企业。这些企业应该具备以下主要特征：主业突出，公司治理良好；拥有自主知识产权的核心技术和国际知名品牌；具有较强的国际化经营能力和水平；在国际同行业中综合指标处于先进水平，形象良好，有一定的影响力。我们要通过“十二五”乃至更长时期的努力，加快培育一批这样的世界一流企业。

做强做优中央企业、培育具有国际竞争力的世界一流企业，是一项长期性、战略性的目标任务。实现这一目标，必须把着力点始终放在做强做优、提升综合素质和主业核心竞争力上，切不可盲目追求规模扩张。根据中央企业改革发展实际，“十二五”时期要重点实施转型升级、科技创新、国际化经营、人才强企、和谐发展“五大战略”，力争取得新的突破。

大力实施转型升级战略。国有经济的转型升级是加快转变经济发展方式的迫切要求，也是做强做优中央企业、培育世界一流企业的关键所在。要推进增长方式由主要依靠要素投入、规模扩张向主要依靠科技进步、劳动者素质提高、管理创新转变。推进国有资本向关系国家安全和国民经济命脉的重要行业和关键领域集中。推进产业布局向产业链高端发展，向战略性新兴产业发展。推进产权结构向股份化、多元化、证券化转变。

大力实施科技创新战略。科技进步和创新是加快转变经济发展方式的重要支撑，也是做强做优中央企业、培育世界一流企业的重要举措。要加大研发投入，建立健全技术创新投入、研发、转化、应用机制，建设以企业为主体、市场为导向、产学研相结合的技术创新体系。推进科技资源优化配置，着力打造一批具有前瞻性的重大、共性技术研发平台，形成基础研究、预先研究、工程技术研究、应用研究相配套的梯次研发结构。力争在一些关键领域有重大技术突破，培育一批高附加值的尖端产品，打造一批国际知名的高端品牌。

大力实施国际化经营战略。提升国际化经营能力和水平是做强做优中央企业、培育世界一流企业的必然要求。加快“走出去”步伐，积极开展海外业务，提升国际市场份额，优化产业链和价值链。培养全球化的战略思维和开放视野，立足全球配置资本、人才、技术、市场等各类资源，逐步实现战略、运营、管理、文化全球化。深化国际经济技术的交流与合作，掌握国际竞争规则，融入世界经济主流。

大力实施人才强企战略。人才是中央企业加快转变发展方式、实现科学发展的第一资源、第一推动力，是做强做优中央企业、培育世界一流企业的重要基础。要创新人才发展机制，优化人才发展环境，积极开发利用国内国际两种人才资源，大力推进人才职业化、市场化、专业化、国际化，大幅提高人才创新能力。坚持高端引领、整体开发，统筹推进出资人代表、经营管理人才、党群工作者、科技人才和技能人才队伍协调发展，结构不断优化，素质明显提升。

大力实施和谐发展战略。保障和改善民生是加快转变经济发展方式的根本出发点和落脚点，企业在追求经济利益的同时，实现与社会、环境的和谐发展，是做强做优中央企业、培育世界一流企业的客观需要。要建立健全企业社会责任战略、治理、融合、绩效、沟通机制，推进中央企业模范履行社会责任，努力做依法经营、诚实守信的表率，做节约资源、保护环境的表率，做以人为本、构建和谐企业的表率。

“十二五”时期，我们在大力实施好“五大战略”的同时，必须进一步深化国有企业改革、完善国资监管体制、加强和改进党的建设，为实现做强做优中央企业、培育世界一流企业的目标，提供持续的动力、体制和组织“三大保障”。

继续深化国有企业改革，增强企业活力。坚持把深化改革作为做强做优中央企业、培育世界一流企业的强大动力，建立健全适应市场经济要求、具有活力的经营机制。加快推进公司制股份制改革，建立比较完善的现代企业制度和科学有效的公司治理结构。建立健全市场化选人用人和激励约束机制。加快解决历史遗留问题，为国有企业改革发展提供良好的环境。

不断完善国资监管体制，增强监管有效性。坚持把完善国资监管体制作为做强做优中央企业、培育世界一流企业的体制保障，建立健全国资监管快速反应、协同有效机制。进一步完善国资监管组织体系、法规体系和责任体系。整合监管资源，加强监管协同，增强监管的前瞻性、及时性、针对性和有效性。围绕做强做优中央企业、培育世界一流企业的目标，加大国有资本经营预算的支持力度，探索完善分类监管和分类考核。

加强和改进企业党建工作，充分发挥党组织的政治核心作用。坚持把发挥国有企业党组织的独特优势作为做强做优中央企业、培育世界一流企业的组织保障，建立健全企业党建创先争优、发挥政治核心作用机制。深入开展创先争优活动，推进学习型党组织建设，不断增强党组织的凝聚力和党员的战斗力。探索现代企业制度条件下党组织参与决策、带头执行、有效监督的有效途径。加强“四好”领导班子建设，推进以惩防体系建设为重点的反腐倡廉建设。加强企业文化建设、工会共青团等群团工作和职工队伍建设。

三、2011年要着力抓好的几项工作

2011年是国家“十二五”规划的开局之年，也是实现中央企业“十二五”发展目标的起步之年。当前要抓紧做好中央企业“十二五”发展规划的制定和组织实施工作，落实国家“十二五”规划，并与各专项规划以及地方规划衔接，按照中央企业“十二五”发展规划的要求，抓紧制订、修订和完善本企业“十二五”规划，分解落实各项工作目标。要按照中央经济工作会议的部署和要求，结合本行业、本企业实际，进一步研究工作思路，完善措施，狠抓落实，把各项工作做得更扎实、更有效，为全面实施“十二五”各项任务开好局、起好步。要着力做好以下工作：

（一）巩固和扩大生产经营平稳向好态势

一是深入研判形势。密切关注宏观调控政策取向和市场竞争格局变化，加强经济运行监测分析和预警，切实组织好生产经营，及时防范风险，保持平稳较快发展。二是加大市场开拓力度。利用中央扩大内需的相关政策，深入了解市场需求和产业发展动态，加快调整产品结构，加大营销力度，提升服务水平，巩固和扩大市场份额。三是提升“走出去”水平。稳定海外市场，控制成本，提高效益。加强对境外工程建设项目的管理。加强“走出去”的协同合作，避免恶性竞争。

（二）深入推进中央企业布局结构调整

一是推进联合重组。按照战略协同、资源配置有效的原则，规范推进与各类所有制企业的并购重组。围绕“培育世界一流企业”的目标，促进中央企业的资源向重要行业的优势企业集中。二是强化资源整合。加大企业内部资源整合力度，优化业务结构和组织结构。采用多种方式剥离重组非主业资产。支持具备条件的企业探索产融结合。三是推进产业升级。优化产品结构，改善品种质量，增强产业配套能力，淘汰落后产能，实现传统产业优化升级。集中力量重点支持有较好基础的企业发展战略性新兴产业。

（三）继续加大企业改革力度

一是加快公司制股份制改革步伐。鼓励中央企业进行不留存续资产的整体上市，主业资产已经整体上市的，通过多种途径实施集团层面整体上市；涉及国家安全和国民经济命脉、必须采取国有独资形式的企业，要进行公司制改革；其他行业和领域的中央企业，要积极引进各类投资者，实现产权多元化。二是进一步建设和完善规范董事会。加快推进符合条件的中央企业建设规范的董事会。进一步健全规范董事会运作的制度体系，完善外部董事制度和职工董事制度，加强董事队伍建设，优化董事结构，提高董事会运作水平。理顺国资委和董事会之间的运作关系，健全董事、董事会与国资委沟通和交流机制，完善董事会与监事会的工作关系。三是加快解决历史遗留问题。继续推进分离企业办社会职能和厂办大集体改革，做好政策性关闭破产收尾和债转股后续工作。抓紧清理解决一批历史欠账，加快处理低效无效资产和微利亏损企业。

（四）加强自主创新和品牌建设

一是加快推进企业科技资源整合。积极推进科研院所与大企业集团有效结合，抓紧建设一批具有超前性的重大技术研发平台。继续推进创新型企业建设和产学研结合，推进技术创新引导工程，完善技术创新信息平台，增强科技服务功能。二是加强创新人才培养。建立创新人才培养有效机制，培养科技领军人才，大力引进海外高层次科技人才，以未来科技城为重点加快建设人才创新创业基地，探索设立人才基金和科技奖励基金。三是加强自主知识产权和知名品牌建设。加大研发投入，努力突破一批居于领先地位的关键核心技术。加大知识产权创造、应用、管理和保护力度。采取积极有效措施进一步提升品牌价值。

（五）强化企业管理

一是进一步提高集团控制力。加强总部建设和内部管理体制调整，压缩管理层级，建立健全集团化运作体系。加强战略和规划管理，强化投资决策管理，统一配置集团资源，提升集团化运作水平。二是加强财务管理体系建设。推进全面预算管理，建立全员、全成本管理体系，提升控制成本的能力。加大集团资金集中管理力度，严控对外担保，严控借贷规模和资产负债率。强化总会计师职责落实。三是加强内控机制建设。优化内部控制流程，

强化内部审计，推动内审工作向管理审计、风险审计转型。四是加强风险管控。健全全面风险管理体系，加强重大风险管控、效能监察和过程监督，完善风险监测识别与防范体系。切实加强金融衍生品等高风险业务的风险防范与控制。建立健全企业法律风险防范机制。五是提升管理现代化水平。继续加强信息化建设，不断提高管理信息化水平。加强与国际同行业先进水平对标。总结推广企业管理典型经验，强化管理创新。

（六）进一步加强国资监管

一是继续完善国有资产监管体制和制度。加快企业国有资产基础管理条例等重点立法。深化经济增加值考核，强化全员业绩考核，调整不适应科学发展要求的分类指标，增强考核的针对性、有效性。合理调控中央企业职工收入分配水平，完善中央企业负责人薪酬管理和福利保障制度，规范职务消费，严肃分配纪律，增强执行收入分配政策的自觉性和严肃性。完善国有资本经营预算管理制度，加强国有资本收益管理，强化预算执行监督，发挥国有资本经营预算对企业重组、科技创新等的引导作用。二是进一步完善出资人财务监督和产权管理。进一步完善财务预决算、绩效评价、审计监督、监事会监督成果运用等工作，健全财务信息管理体系，增强财务信息的及时性、准确性。继续完善产权管理制度，强化国有产权交易监管，进一步规范上市公司国有股东行为。三是整合监管资源，切实提高监管的有效性。建立有效的协调机制，加强监管协同性，形成监管信息互通、检查成果共享的工作机制。建立快速反应机制，充分利用信息化手段，加强对重要子企业、境外企业重大事项的监管。进一步加强监事会当期监督，完善外部监督机制。定期向社会发布国有企业改革发展信息和国有资产的经营情况，稳步推进中央企业财务信息公开。

（七）积极履行企业社会责任

一是在经济社会发展中积极履行责任。带头贯彻落实国家宏观调控政策，自觉维护市场经济秩序。维护职工合法权益，建立职工收入正常增长机制，改善困难职工生活条件。支持“三农”建设，做好援疆援藏和扶贫工作，做好青海玉树灾后重建工作，积极参与社会公益活动，规范对外捐赠。二是强化节能减排工作。加强节能减排组织、监测、考核体系和相关制度建设，强化重点企业节能减排监测与分析。加快节能技术改造，淘汰消耗高、污染重、技术落后的工艺和产品，全面推行清洁生产。三是建立完善社会责任工作体系。研究制订中央企业社会责任工作指引，建立完善社会责任报告发布制度。推广宣传优秀社会责任实践，积极开展利益相关方沟通。

（八）加强和改进企业党的建设

一是以开展创先争优活动为重点推动党建工作。紧扣落实“十二五”规划目标任务，围绕加强基层党组织建设和发挥共产党员的先锋模范作用，不断深化创先争优活动。创新基层党组织活动内容、方式和载体，增强基层党建工作活力，提升党组织的创造力、凝聚力和战斗力。二是进一步加强企业领导班子建设。不断深化中央企业“四好”领导班子创建活动。继续加强中央企业领导班子的组织建设、作风建设和思想政治建设，优化班子结构，提高综合素质，增强整体功能。全面开展中央企业领导班子和领导人员综合考核评价工作，强化综合考评结果运用。加大竞争性选拔高层经营管理者工作力度。三是加强宣传思想工作。贯彻落实好中办、国办转发的《中央宣传部、国务院国资委关于加强和改进新形势下国有及国有控股企业思想政治工作的意见》。按照中央关于推进学习型党组织建设的战略部署，持续深入推进学习型党组织建设。大力推进精神文明建设，进一步宣传中央企业改革发展中涌现出的郭明义等先进人物和先进事迹。继续推进企业文化建设。四是加强反腐倡廉建设。积极推进惩防体系融入经营管理工作，对“三重一大”决策制度和廉洁从业规定执行情况实施有效监督；切实加强纪检监察组织建设；坚决查办违规违纪违法案件。健全巡视机构，完善巡视制度，提高巡视成效。五是加强对群众工作的领导。指导推进工会、共青团等群众组织开展创先争优活动。建立健全职工代表大会制度，推进企业民主管理。切实推进班组建设，积极开展岗位练兵、技能大赛、国际化职业资格认证等活动。

积极提升产权管理水平　努力推动国有企业加快发展方式转变

——2010年3月30日在“企业国有产权管理暨产权交易机构工作会议”上的讲话摘要

国务院国资委副主任　李　伟

一、当前的经济形势

从2007年下半年次贷危机出现端倪，到后来爆发的全球性金融危机以及经济衰退，2009年成为本世纪以来中国经济发展最为困难的一年。这一年，虽然极为困难，但也给我国提供了一个发展机遇。在党中央、国务院的正确领导下，我国在应对危机过程中，抓住机遇，率先实现经济初步向好的态势。这体现了中华民族在世界发展过程中的历史作用，向全世界展现了我国政治体制、经济体制在应对危机中的优势。看看一些发达国家报道，部分过去一直对我国的政治体制存有异议的国家，现在出现对中国政治体制肯定的探讨和舆论。这是在中国2008年、2009年，尤其是2009年应对金融危机采取的措施取得举世瞩目成绩的前提下得以实现的，必须充分肯定。从中央企业2009年和今年1、2月份的数据来看，也是向好的方面发展。根据128家中央企业财务快报数据统计，2009年中央企业的营业收入12.6万亿元，同比增长6%；利润7977.2亿，同比增长14.6%；上缴税金10876亿，同比增长8.3%。由于2009年的基数比较低，今年1、2月份，营业收入和利润与2009年同比分别增长52.1%、121%。在世界金融危机和经济衰退的过程中，中国人以自己的努力，证明了自己的力量，在世界政治经济领域取得了话语权。

各级国资委和国有企业从事产权管理的同志在熟悉自己本身业务的同时，必须要关心和了解宏观经济走势，包括国内经济形势和世界经济形势，这对开展工作大有帮助。关心宏观经济，了解宏观经济，要了解有利的方面，也要关心宏观经济不确定的因素，才能提出正确的应对措施。预则立、不预则废。从目前情况分析，今年所面临的经济形势和经济发展的环境好于去年，世界经济有望实现恢复性增长。怎么看待当前的宏观经济形势，我认为可以从两个方面分析：一是当前我国宏观经济运行的热点问题；二是世界经济复苏的不平衡性、不确定性。

（一）当前我国宏观经济运行的热点问题

1．央行货币政策的多项目标面临艰难选择。我国央行承担着四项货币政策职能，一是防通胀和通缩，二是促经济增长，三是保就业，四是稳汇率。而且首要目标是稳定货币并促进经济增长。宏观调控主要依靠货币政策、财政政策，而货币政策是首要的。2008年和2009年，为应对危机采取了积极的财政政策和适度宽松的货币政策，取得了成效。但同时也应看到，目前在防通胀与促增长、利率与汇率等目标之间存在相互制约的艰难选择。在这四个目标上，到底侧重于哪个，如果侧重防通胀、稳汇率，那在一定程度上就要影响GDP的增长速度。要在继续保持经济平稳较快发展和同时又要防止通货膨胀这两者之间进行权衡，这个权衡是很复杂的，而且也很难。总之，货币政策还是要根据各项经济指标所反馈的信息来进行动态调整，要保持针对性和灵活性。

2．加快经济发展方式的转变、调整经济结构与保就业、保增长的关系。经济增长是经济发展的基础，但经济增长并不等同于经济发展，如果经济结构调整不能取得实质性进展，就既不能保证长期持续的经济增长，也不能实现效益好质量高的经济发展。经济发展方式转变和经济结构的调整，实质就是利益格局的调整，必然要付出代价。否则，就难以提高经济发展的质量和效益，难以实现可持续发展。从近两年我国国民经济的运行态势看，2008年二季度经济增长速度开始下滑，2009年一季度进入谷底，二季度开始上升，恢复已成定势。在此背景下，党中央、国务院把经济发展方式转变和结构调整作为2010年和今后中长期的着力点，对于国民经济的长远持续发展就显得十分重要。但是这种“转变”、“调整”的难度非常大，可以说提了十多年了，问题越来越复杂、越来越突出了，真正要付诸实施实质上是利益分配的调整，而且在一定程度上存在经济风险，但又是不得不实施的重大举措，且早实施比晚实施好。

3．调控房地产价格政策与经济增长、地方政府债务以及银行信贷风险的关系。目前房价问题是全国人民关心的首要问题，“两会”期间有关民意调查中排在第一位。控制房价，不单单是个经济问题，而且已成为民生问题、稳定问题、政治问题。控制房价，是个大政策问题，因为现在土地收入已经成为地方财政预算的主要方面。如何把握抑制房地产价格政策、经济增长与地方政府财政风险的关系，是个难题。如果经济调整，房价下跌会对地方财政收入造成直接冲击，会出现财政风险问题。

4．宏观经济政策的灵活性问题。今年我国经济发展面临的形势十分复杂，要全面把握国内外形势的变化，提高宏观调控的水平，在保持宏观经济政策基本取向的同时，根据新形势新情况不断提高政策的针对性和灵活性，把握好政策实施的力度、节奏和重点，处理好保持经济平稳较快发展、调整经济结构、管理通胀预期的关系。继续实施积极的财政政策和适度宽松的货币政策，但应随经济形势的变化使其更具灵活性，适时分步实施政策调整与转向。当前所实行的适度宽松的货币政策必然要逐步退出，应当谨慎考虑和确定退出的思路与战略，既要保证经济全面恢复增长，又要避免通胀预期和通胀压力的明显加强；既要较快回收大量流动性，又要不致于使信贷市场发生较大波动。

5．把握好人民币汇率政策的度。如何有理有利有节应对美国对我国汇率升值的压力，是我国货币政策很重要的一个方面。现在西方国家，尤其是美国，把压人民币升值作为其经济恢复的着力点。人民币升值，我国出口就会下降，进口增加；而美国的出口就会增加，就业问题会得到缓解。美国130名议员联合向国会提名，要把中国列入操纵汇率国进行制裁，愈演愈烈。对这个问题，关键是要处理好度。汇率是双刃剑，这几年我一直都说汇率政策变化，对中央企业是几家欢喜几家愁。大量原材料进口企业希望人民币升值，成本降低。而出口多的企业希望人民币贬值。重要的是如何缜密而谨慎地应对。

6．通货膨胀预期和应对问题。当前，通胀压力越来越大，预期越来越强。最近，专家提到通胀四要素：一是输入性通货膨胀，即中国经济对国际大宗基础性商品的依赖程度比较高，大宗基础性商品价格的变动有可能推动中国的价格上涨，导致出现输入性通货膨胀。我国钢铁企业与世界铁矿石“三巨头”谈判的结果，是一典型案例，影响绝不可忽视。二是越来越高的通胀预期。通货膨胀虽然在经济发展规律上有必然性，但有时来势快、猛、高，这不仅是经济本身的原因，在一定的时段上，基本是通胀预期推动。三是中央和地方加大了资源性产品价格改革力度，一些长期偏低的资源性产品价格有了较大幅度提高。发挥价格配置资源作用，实行价格改革是必然的，就看升幅有多高。价格提高必然要推动CPI的增长，这是通胀中很关键的因素。四是翘尾巴因素，2009年CPI涨幅为－0.70%，在这样一个低基数的情况下，2010年的CPI会显得相对较高。

7．粮食问题。粮食安全问题是影响经济社会发展全局的重大战略性问题，这是始终不能掉以轻心的。虽然我国连续6年粮食获得好收成，但粮食宏观调控机制和市场调节机制还不完全适应发展要求，粮食增长的基础不巩固，靠天吃饭的因素还很大，要保持粮食生产继续增长，满足国内需求，仍将面临着不少的问题，而且粮食问题是与CPI关系最为密切的因素之一。西南五省区市遭遇53年来最严重的干旱，今年粮食生产将受到影响。粮价的变化将对经济发展，对国家整体物价水平产生大的影响。采取强有力措施促进粮食增产丰收、保持粮食市场的基本稳定是一项长期艰巨的任务。

（二）世界经济复苏的不平衡性、不确定性

一是希腊以及欧元区政府的债务危机问题。自2009年12月以来，希腊债务危机引起外界广泛关注。虽然希腊政府紧急出台了紧缩财政的政策，欧元区也在加紧研究救助方案，但至今尚未找到可行有效的解决办法。同时，欧元区内爱尔兰、葡萄牙、西班牙和意大利等国也面临财政赤字攀升的问题。欧元区债务问题的原因，既在于欧元区成员国债务严重超标，也缘于国际投机者趁机炒作；既有欧元货币体制存在的缺陷，也与欧洲经济长期以来的结构性弊端有关，欧元区走出危机，走向复苏的步伐实际比美国还要迟缓。

二是美国经济复苏仍十分脆弱，失业问题影响美国经济复苏的进程。虽然美国商务部公布2009年第四季度国内生产总值增长5.7%，为连续第二个季度增长，但缺乏持续增长基础，失业率仍居高不下。奥巴马总统在提交给国会的2011财政年度预算报告中预计，到今年底美国的失业率仍将在9.8%的高位。 奥巴马总统的首席经济顾问、白宫国家经济委员会主任劳伦斯•萨默斯说，美国经济现在是统计数字增长，但高失业率使“人力”衰退，美国经济走向复苏的道路还很长。最近西方媒体载文，美国次贷危机还未过去，又出现优质房贷危机。

三是美国经济战略的政策调整和个人储蓄率上升，对我国经济发展的影响。美国多年来保持贸易赤字和财政赤字，居民大量借贷，低储蓄、高消费。但随着金融危机的降临，美国人开始倾向于储蓄，个人储蓄率逐渐回升。2009年5月份个人储蓄率达到6.9%，为15年来最高水平。从近期来看，储蓄率上升可能造成消费下降，会对中国经济带来诸多影响，特别对出口有明显影响。这样，我国要保持2007年以前出口高幅度增长就不大可能了。奥巴马总统在国情咨文中提出，要用5年的时间，将对外出口总额增长一倍，这必将对中国及世界经济产生重大影响。要实现“全国出口计划”的目标，美国政府将实施一系列配套政策，如汇率政策，推行贸易保护主义政策，加大反倾销、反补贴的力度和范围等。这些措施从去年开始实施，力度会越来越强，我国出口企业的压力增大，我国外需型经济发展模式将面临更大挑战。

四是新兴国家对世界经济复苏的拉动力在减弱。新兴国家在应对金融危机的过程中，发挥了重要作用，但是对世界经济复苏的拉动力正在逐渐减弱。货币政策是双面刃，经济衰退时能刺激成长，但当经济强劲复苏时，则可能带来通膨失控与资产泡沫化的负面影响，在金融危机中受影响较轻的新兴国家，由于复苏力较强且物价持续回扬，必然面临调整宽松货币政策的问题。澳大利亚2009年10月份以来率先连续多次加息，此后越南、马来西亚、印度等也开始调整利率。这些新兴国家力图将金融环境回归正常市场机制，因此对世界经济复苏拉动力将减弱。现在有的国家加息的预期越来越大，世界经济的不确定性，使经济整体恢复难度很大。

面对复杂多变的国际国内经济形势，党中央、国务院提出今年经济工作重点是要更加注重加快经济发展方式转变和经济结构调整，这是有效应对国际金融危机冲击，实现全面建设小康社会目标和可持续发展的战略举措，各级国资委对此要坚决贯彻落实。

二、当前及今后一段时期企业国有产权管理工作面临的几个重大问题

经历此次国际金融危机后，世界各国都在积极谋划经济复苏的发展战略，低碳经济、绿色经济、循环经济将成为各国的发展重点，新能源、新材料、生物技术、环境技术、空间技术等高新技术领域的竞争将日趋激烈，全球将进入空前的创新密集和产业调整时代。我国明确提出要加快经济发展方式转变，调整优化经济结构，努力推动我国经济驶入创新驱动、内生增长的发展轨道。在新的经济形势下，为使产权管理工作更好地适应经济形势发展的要求，更好地适应国有企业转变发展方式的需要，必须对产权管理的相关重大问题进行深度的思考和研究，探求产权管理的规律，摸索实现产权管理目标的有效手段，进一步发挥产权管理的功能与作用。

（一）关于建立“制度化、程序化、规范化、信息化”的产权管理和服务体系问题

随着国有资产监管体制的不断发展与完善，国有产权管理的制度化、程序化、规范化、信息化得到了不断加强。目前国务院国资委已经出台了3个国资委令，27个规范性文件，各地国资委也结合本地区实际情况制订了200多个规章制度和操作细则。各级国资委依法履行出资人职责，加强监管，规范审批，强化监督检查，逐步建立信息化的监管手段，国有产权管理水平得到了不断提升。但是，目前在产权管理制度化、程序化、规范化、信息化这“四化”的建设上也还存在着不少问题，特别是没有在这四个方面均建立起一套科学完整的体系。当前及今后一段时间内必须大力加强产权管理的“四化”建设，切实提高产权管理工作的监督功能、管理功能及服务功能。

制度化是做好产权管理工作的重要基础。制度是行为规范的总和，没有制度一切将无从谈起。目前，在产权管理的某些制度方面还存在着空白，如混合所有制下产权管理制度、境外产权管理制度、产融结合中产权管理制度等等。有些制度已经不能适应国有资产监管体制日益发展的要求，急需进行修订，如产权登记制度。有些制度分散存在于其他相关规定中，没有进行很好的整合，不利于企业的执行和操作，如非上市公司国有股权管理制度。各地国资委的制度建设也参差不齐，有些地方国资委结合本地实际情况及所出资企业的发展现状，制订了具有自身特点的规章制度和操作细则。部分地方国资委还没有建设起完整的制度体系，制度建设需要进一步加强。各级国资委要高度重视制度建设的重要意义，在产权管理工作中坚持制度先行的原则，积极组织力量进行研究，深入企业做好调查，认真学习兄弟省市的先进经验，努力建立起一套科学完整、符合实际的产权管理制度体系。与此同时，各级国资委还要积极指导所出资企业的建章立制工作，完善所出资企业内部的决策程序和操作流程，使产权管理的规章制度真正落到实处。

程序化是做好产权管理工作的基本保障。依法依规履行好各项程序，是做好一切事情的前提和保障。在美国，有一部《行政程序法》，被置于很高的地位，是上位法，很多法律都服从于该法，由此可见程序的重要性。目前有些地方国资委及国有企业在产权管理的程序化方面，还存在着一些问题。在国资委方面，主要表现在程序的设置未能准确把握出资人定位，有些程序设置得比较繁锁或过于严格，该由企业自主决定的事项也纳入了国资委的审批工作中，存在越位问题；有些该由国资委审核的事项由于相关程序未设置到而未能实施有效监管，存在缺位问题。在国有企业方面，主要表现在有些国有企业不按规定履行决策程序、报批手续，或应进场的未进场，应评估的未评估，应披露相关信息的未披露等等。不按程序办事，必然会使制度执行大打折扣，甚至会影响到国有资产的安全。因此各级国资委要认真抓好产权管理的程序化，做到制订各项制度规章时，科学设置各项程序，明确相关权利主体与责任主体；落实规章制度时，严格按程序办事，不越位、不缺位、不错位。

规范化是做好产权管理工作的必然要求。产权管理的主要任务是维护国有资产安全，推进国有产权有序流转，优化国有资源配置，完善企业产权结构，支持国有企业改革与发展，这一切都离不开规范操作。目前，国有企业在执行产权管理制度中还存在着一些不规范的问题，如国有产权“手拉手”进场、过场交易问题，人为干预国有资产评估价格问题、上市公司信息披露不准确、不完整问题等等。这些问题都要引起各级国资委的高度重视，要通过加大监督检查力度、加大违规处罚力度等措施切实加以解决，不断提高产权管理工作的规范性。

信息化是做好产权管理工作的重要手段。信息化可以说是现代科学技术发展的核心要素。做好产权管理工作离不开信息化的管理手段，产权管理的制度化、程序化和规范化需要用信息化的手段来保障。最近几年，国务院国资委在加强信息化监管体系建设方面做了大量工作，取得了可喜成绩。国有产权交易监测系统、上市公司国有股权动态监测系统、国有产权网络登记系统已经或即将建立，中央企业发债管理系统和国有资产评估备案监测系统已着手构建。各地国资委也要将信息化监管体系建设

作为一项重要工作来抓，要积极建立自身的信息化监管体系，逐步实现对所出资企业产权变动的全过程监管，使产权管理工作重心由事后转向事中和事前。要积极创造条件与国务院国资委的相关监测系统相对接，进一步增强国有产权监管的力度与准确度。

在刚刚召开的中央企业产权管理工作会议上，我提出，国务院国资委和中央企业要在未来的2～3年内，努力建立起制度化、程序化、规范化、信息化的产权管理和服务体系。各地国资委也要按照这个目标加倍努力，不懈工作，不断进取，努力将产权管理工作提高到一个全新的水平。

（二）关于产权管理法规制度的执行力和有效性问题

制度制订得再好，如果不严格地去执行，也只能成为一个摆设。上述国有产权管理在程序化、规范化等方面存在的种种问题，归根结底都是执行力方面出了问题。贯彻落实好产权管理的相关制度，既是国有资产监管工作的必然要求，也是国有企业健康发展的必然要求。各级国资委要把落实产权管理责任、提高执行力作为今年的重点工作抓紧抓好：一是各级国资委要不断加强自身建设，规范审核流程，规范审核标准，规范权力运行，实施阳光办公，提高监管水平，把住国有资产监管的最后一道关口。产权局最近两年在完善规章制度的同时，制订了相关产权管理工作的操作指引，对指导中央企业规范开展相关工作，压缩国资委审核人员的自由裁量空间，推进内部反腐倡廉建设等方面都起了重要作用。各地国资委可以借鉴这一较好的做法，完善相关工作的审核流程，公开审核标准和时限，进一步加强和规范国有产权管理的审核工作。二是各级国资委要加大对所出资企业的监督检查力度，制通过监督检查发现国有企业产权管理中存在的各项问题，并及时采取有效措施加以纠正。特别是要注重利用信息化的手段及时发现国有产权管理中出现的不规范问题，将事后管理移到事中或事前，实现过程化实时监管，尽量减少纠偏纠错的成本。三是要建立严格的责任追究制度，加大国有企业及相关人员违法违规成本，增强国有产权管理制度的严肃性和威慑性。目前国有企业之所以在产权管理工作中还存在着这样那样的问题，其中重要原因之一就是处罚力度小，违规成本低。今后各级国资委要认真研究产权管理违规的处罚措施，加大责任追究力度，切实提高产权管理的执行力。四是各级国资委要加大对所出资企业产权管理工作的指导，帮助所出资企业准确理解相关产权管理制度，协助企业正确办理产权管理事项，防止因理解不当而导致的操作失误问题。此外，还要重视对所出资企业产权管理业务的培训，不断提高企业产权管理人员的业务水平。五是要在国资委与所出资企业之间、所出资企业与其子企业之间科学划分产权管理工作的职责，层层落实产权管理的责任，真正做到各项产权管理工作职责清晰、人员明确、责任到位。

（三）关于强化上市公司国有股东行为规范问题

国有控股上市公司是我国证券市场的重要组成部分，强化上市公司国有股东的行为规范，是保证国有控股上市公司健康发展、维护各类投资者合法权益、维持证券市场平稳运行的重要工作。从中央企业的上市进程看，目前中央企业控股的境内外上市公司总数已达320家。根据2008年的统计数据，2008年底中央企业控股上市公司的总资产、净资产占中央企业总资产、净资产的比例分别为48%、58%，2008年归属于母公司所有者的净利润已超过了当年全部中央企业的净利润。因此，我从2006年就提出，要逐步将监管重心转移到上市公司国有股权上来，进一步规范上市公司国有股东行为。但是，在这方面还存在不少问题。今后一段时期各级国资委要进一步加强上市公司国有股权监管，规范国有股东行为。一是要加强对国有控股上市公司重组整合的指导。国务院国资委要指导控股上市公司数量过多的中央企业（最多的超过20家）积极进行上市公司整合，避免在中央企业之间以及上市公司之间产生同业竞争和关联交易，优化资源配置，发挥资源的规模效应，提高企业管理效率。地方国资委要加强对国有企业上市、“买壳”、“卖壳”以及国有控股上市公司资本运作等重大事项的管理，依法规范操作，防止违法事件和不规范事项的发生。二是要指导并督促国有股东强化法律意识。要指导国有股东严格依照《公司法》、《证券法》等法律法规及规章制度的规定办事，依法参与上市公司的重大决策，依法处理与上市公司的经济行为，在履行股东职责中切实做到不缺位、不越位、不错位。要帮助国有控股上市公司维护好市场形象，保证上市公司信息披露的及时性、真实性与完整性，杜绝虚假披露、误导性陈述及重大遗漏等问题。要督促国有股东严格履行对证券市场的各项承诺，对于已经承诺的事项要积极创造各种有利条件按时、保质地完成，以实际行动做证券市场诚实守信的表率。要支持国有控股上市公司不断提高发展质量与效益，努力创造价值回报各类投资者，做促进证券市场健康发展的重要基石。三是要指导并督促国有股强化保密意识，严格遵守市场监管规则。在资产重组等涉及上市公司重大事项时，要严格控制国有股东及国有控股上市公司知情人范围，做好保密工作，防止信息外泄，严厉禁止国有企业及其工作人员利用内幕信息买卖股票或将内幕信息泄露给他人买卖股票，特别要注意防止国有领导人在发表文章、工作讲话、接受采访等情况下提前公开上市公司尚未披露的重大信息，形成违规。

（四）关于进一步发挥产权管理在企业改革与发展中的作用问题

产权管理工作在促进国有企业改革与发展方面具有重要的基础作用。为了适应我国加快经济发展方式转变，调整经济布局与结构的需要，适应进一步深化国有企业改革，提高国有经济发展质量与效益的需要，必须进一步充分发挥产权管理的重要功能，深入研究产权管理工作中涉及的以下几个重大关系问题：一是要进一步研究产权管理与国有企业市场化改革的关系。随着国有企业改革的不断深入，产权管理工作面临着越来越突出的问题。如混合所有制下产权管理问题、国有企业整体上市后集团“空心化”下产权管理问题、产融结合中产权管理问题等等。这就要求既要不断调整思路，创新产权管理的方式和方法，使产权管理工作不断适应企业市场化改革形势的需要。又要坚持正确的改革方向，通过强有力的产权管理工作引导好国有企业的市场化改革。关于混合所有制产权管理问题，我们已进行了较长时间研究，目前初步的思路是要逐步压缩国有企业的产权管理链条，减少企业级次，特别是不宜多次反复混合；要完善国有企业的法人治理结构，落实国有资产保值增值责任；要严格按照《公司法》等法律法规的规定履行出资人监管职责。国有企业整体上市以后，集团层面出现的“空心化”问题也值得重视。既要认真研究解决如何保证集团公司规范行使股东权力，履行股东义务和责任，也要研究解决如何防止上市公司内部人控制问题。关于产融结合问题，最近社会媒体对此也有不少议论，众说纷纭，认识不一。从这几年我们的调查研究情况看，产业资本和金融资本的融合可能是市场经济发展的一个客观趋势，但是，目前的政策还不明朗，法规还不健全，国有企业投资金融领域要切记审慎原则，围绕做强主业进行，不宜盲目投资；要强化风险管理，建立健全规章制度，落实责任追究机制；要加强金融板块信息化建设和专业人才队伍建设。近几年，地方政府为了推动当地经济发展和深化国企改革，先后成立了一些投融资平台，起到了一定作用。但是一定要高度关注这些企业在投融资活动中所隐含的风险，特别是债务风险，要预先制定应对措施。二是要进一步深入研究产权管理与企业资源整合的关系。随着国有企业发展方式的加快转变，企业的资源整合力度必然进一步加强。为此，要进一步发挥产权管理的积极性、主动性，认真指导国有企业开展各项资源整合工作。要在资源整合中注意把握经济发展、行业发展、企业发展以及市场发展的规律，指导国有企业选择有利时机采取最佳方式推进，最大限度地发挥产权管理的价值提升功能。要积极深入企业指导企业优化产业结构，清理非主业和低效资产，推动资金、人才、技术等各类资源向主业集中。要帮助国有企业压缩管理层级，缩短管理链条，优化组织架构，尽快实现扁平化管理。三是要进一步深入研究产权管理与宏观经济发展的关系。产权管理与宏观经济的发展形势息息相关，企业的产权转让、发债融资、改制上市、产业结构调整等等都离不开对经济形势的准确判断。如果判断正确，就可以以较小的成本实现较大的价值。而如果判断失误，就会适得其反，拿较大的成本换来较小的价值。因此，各级国资委要加强对宏观经济形势的分析与判断，要密切关注世界经济及我国经济的发展走势，未雨绸缪，提前研判，并根据经济形势的变化不断调整产权管理的思路与监管方式，充分发挥产权管理在企业改革发展中的重要作用与基础性功能。

（五）关于产权管理队伍建设问题

国有产权管理工作政策性强，涉及面广，专业要求高，责任重大，因此培养一支高素质的产权管理队伍至关重要。经过几年来的不懈努力，现在这支队伍在政策水平、业务能力等方面都有了很大提高。但在快速发展的市场经济面前，在不断深化的国有企业改革中，这支队伍还有很多不能适应要求的地方，需要不断提高素质，努力建设一支熟悉业务、坚持原则、了解宏观、锐意进取、廉洁自律的产权管理队伍。为此，一是要认真学习。建设学习型产权管理队伍是产权管理工作不断适应新形势的必然要求。要加强对业务知识和相关领域知识的学习，既要加强产权管理、国资监管规章制度的学习，又要加强相关法律、行政法规的学习；既要加强财务审计、资产评估、企业管理等与产权管理业务直接相关领域知识的学习，又要加强金融、证券、市场经济、宏观经济等相关领域知识的学习。只有学习掌握比较全面的知识，才有可能真正把握产权管理的本质与定位，使产权管理工作更加积极主动。二是要深入研究。随着市场经济的日益发展和国有企业改革的不断深化，产权管理工作遇到的新情况愈来愈多，市场的创新行为层出不穷，这都要求必须不断地研究新情况，提出新思路，采取新办法，解决新问题。只有如此，才能使产权管理工作紧跟时代的步伐。三是要重视培训。这些年，各级国资委针对产权管理人员开展的业务培训取得了实效。压正是通过不断的专业培训，才使得各项产权管理制度得到了较好的贯彻执行，也比较全面地了解了基层的情况。国务院国资委将继续坚持每年对地市级产权管理工作人员进行专业培训，也将继续坚持每年对中央企业的相关人员进行专业培训。各地国资委要充分重视培训工作，定期对所出资企业和下级国资委产权管理工作人员进行培训。四是要加强党风廉政建设。产权管理工作肩负着维护国有资产安全，规范国有企业改革与发展的重大任务，也是维护社会公正和谐的重要手段，各级国资委和广大国有企业的产权管理人员也都不同程度地握有审核权力或决策权力，因此必须大力加强产权管理队伍的反腐倡廉工作，做到正人先正己。要建立科学规范的审核制度，公开审核标准、审核流程及审核时限，规范权力运行，主动接受社会监督；要严格依法办事，坚持抵制权钱交易、权色交易等一切不正之风；要坚持惩防结合，预防为主的原则，加强警示教育，加强对各项权力的监督与约束；要不断提高产权管理人员的世界观、价值观和政绩观，树立全心全意为人民服务的思想。最近，党中央下发的《中国共产党党员领导干部廉洁从政若干准则》，规定了廉洁从政的52项不准行为，其中有很多内容都与产权管理的实际工作密切相关，全体产权管理人员都要认真学习，加强自律，严格遵守。五是要健全管理体制。国务院国资委要求各中央企业要真正做到产权管理机构到位、编制到位、人员到位、责任到位。各地国资委也要关注所出资企业这方面的情况，结合实际，提出原则要求，督促管理体制到位，真正把企业国有产权管理工作落到实处。

中国结构调整需PE助力成熟企业并购

——2010年11月14日在“2010全球PE北京论坛”上的讲话摘要

全国人大财经委副主任委员　吴晓灵

在全球经济从危机走向复苏之际，发展股权投资基金，对于全球，对于中国，都有着不可估量的意义。因为PE是一个培育企业成长、发展实体经济的有效工具。我们这次金融危机，最大的教训就是金融业偏离了为实体经济服务的方向，自我服务，吹起了很多泡泡，给全球经济带来了巨大创伤，需要我们培育更多的有市场竞争力，对老百姓的生活能有实际贡献的企业。

第二，刚刚开了G20峰会，但是对G20峰会寄于了很大了希望，在危机之初，全球处于合作氛围中，大家希望共渡难关。但是当危机过去之后，当我们开始走向复苏的时候，很多国家希望自己的国家能够复苏的更好一些，这无可厚非。但是我们也是一个全球化背景下的一个经济，那么我们更多的是需要彼此的合作，即使是最困难的时候过去了，我们也需要减少分歧，共同合作。那么我们的全球PE联盟的成立，我想体现了这样一个在危机复苏的时期，大家寻求合作的欲望，因而是更加值得珍视的。

中国即将结束“十一五”规划，而步入“十二五”规划。“十二五”规划的主旋律就是调整经济结构，促进经济增长方式的转变，更加注重民生，促进中国和谐社会的成立。在这个任务过程中，我想PE将会发挥重要的作用。因为中国要成为一个创新型国家，需要风险投资，把科技转化成生产力。中国要进行结构调整，需要PE在成熟企业的当中来进行并购。因而，我今天的演讲选了一个角度，发展高收益债券，促进并购市场的发展。

第一，并购将在中国经济结构调整，转变经济增长方式中发挥重要的作用。刚才作用我都讲过了。2010年8月28日，国务院发布了《关于促进企业兼并重组的意见》，中国正面临着传统产业产能过剩的局面，需要并购重组，进行要素组合，合理配置资源，提升企业效率。中国的并购市场保持了高速增长的势头。大家可以看到，我们的金额和总数都有了很大的发展。在2009年，我们PE发展的金额，并购交易的金额已经达到了2103亿美元。2009年上市公司并购交易的规模达到了1078亿美元，再次创下了历史新高。

我们知道在并购市场当中，是需要有杠杆收购的，杠杆收购，虽然存在着风险，但是它仍然是并购重组中的重要方式，百分之百的运用股金进行并购重组是不可能的，关键的是要控制好杠杆率和选择好债务融资的方式。一般来说，从大家提供的资料当中可以看到，常见的杠杆收购大约有60%左右的高等级的贷款或者是债券，大约有25%到30%的次级债券或者是债务，有10%到15%的股权。当然，这样一个杠杆率在中国目前的环境下，可能是不能接受的，但是中国现在不是杠杆率过高的问题，而是我们的收购兼并活动当中要获得外部的债务融资是非常困难的。

我们可以看到，2009年至2010年4月23日，全球募集资金用于收购债券发行的统计，杠杆收购有非投资级的，基本上占到百分之百，普通收购非投资级占到85.12%，针对未来收购占到了比重的90.74%。全球都在去杠杆化，但是中国尚未发展杠杆并购，我们有一些并购的案例是有一些债务的，但是我们的债务率是比较低的。

为了进一步促进中国并购市场的发展，我个人认为需要发展高收益债券。这就是我要讲的第二个问题，中国需要发展高收益债券。发行柜台交易的高收入债券，或者是私募发行的高收益债券，有利于解决并购基金的融资问题。中国经过了30多年的改革开放，积累了巨大的财富，民间也积蓄了巨大的财富，高额储蓄资金需要寻求投资的渠道。我们国家现在有很多私募证券投资基金，如果这些证券投资基金都投资于证券的二级市场，将会加剧中国证券市场的供需不平衡。

我们知道证券投资基金，不管是公募的，还是私募的，它们都是在二级证券市场上活动，它们都是金融市场当中的需求方。但是中国现在最缺少的不是资金，而是这些资金应该投向那些有效益的、成熟的企业，有效益、成熟的企业在中国来说是比较稀缺的资源。因而在中国的资本市场上，过多的资金在追逐着过少的优质的上市资源，因而就难免市盈率过高。

为了克服这样的现象，我们必须要更多的来培育企业的成长。引导私募证券投资基金投资于柜台交易的高收益证券，有利于企业并购重组，培育资本市场更多的上市资源。我们的私募股权基金，主要是从股本这个角度，为企业的成长提供资金的来源。但是，如果要是仅仅是股本融资，一个企业是难以发展壮大的，还是需要有债务融资。但是当一个企业还并不是特别成熟，在收购兼并的过程当中，是有很大的风险的，当这些个债务融资，如果我们能够通过私募债券的发行，能够让私募证券投资基金能够投资于这些债券的话，我想能够丰富中国的私募证券投资基金的投资人，当然私募证券的发行还正在酝酿过程中。

第二，发行高收益债券需要注意的问题。监管部门应该制定高收益债券的发行规则，特别是明确信息披露的内容和界定合格的投资者。高收益债券的规则，我想应该是简单明了的。高收益债券的产品设计也要秉承简单、透明的原则。我们这次金融危机之所以发生，一个重大的教训，就是我们金融界设计的很多产品是不够透明的，是过于复杂的，是让投资者无法辨认风险，因而它就不能很好的控制风险。中国要想培育私募债券市场的发展，这个债券的设计一定应该是最基础的、最简单的，而且应该是透明的，让投资者能够很好的对它进行分析。

私募债券发行，它可以简化程序，可以不向社会公众公布那么多信息，可以满足收购兼并信息需要保密的要求。但是也应该提供最起码的信息，让这些合格的投资人能够对它进行分析。在中国债券市场监管分工的范围内，鼓励顺应实体经济需求的金融创新，我们要想发展高收益债券市场，我想私募债券发行是很重要的。但是大家都说中国的债券市场，三足鼎立，发改委管着企业债的发行审批，当然企业债一旦获准了发行，即可以在银行间市场去交易，也可以到交易所去交易。这种三分天下的监管格局，无力改变，但是我也看到了三家监管，它也带来一个好处，有监管的竞争性。当然人民银行在银行间市场推出了备案发行的票据和中期票据之后，那么就促使着发改委和证监会在企业债和公司债的发行方面更加趋于市场化。因而，监管的分割既有监管的竞争，又有套利的空间，也有监管套利的空间，这既是坏事，也是好事。我希望能够更好的来发挥它的长处，来克服监管原则不一致的这样一个弊病，来为我们的私募证券、高收益证券的发行创造条件。当然高收益证券和私募证券不完全是同一个概念。在中国目前来说，比较现实的是看三个监管当局是否能够在各自的权限范围之内推出私募证券的发行，来为我们的并购基金发展和为未来的并购活动的发展提供一个好的条件。

本栏目审稿：郑康营

中国产权市场年鉴 2011

China Property Rights Exchange Market Yearbook

市场述评

中国产权市场年鉴 2011
市场述评

《国务院关于促进企业兼并重组的意见》发布

几经周折，历时一年有余，《国务院关于促进企业兼并重组的意见》（以下简称《意见》）终于正式下发。《意见》提出要以汽车钢铁水泥等六大行业为重点，推动优势企业强强联合和兼并重组。《意见》同时提出了在财税、金融、资本市场、土地等方面扶持企业兼并重组的具体措施，兼并重组的大戏即将开演。

《意见》提出，各地各部门要消除企业兼并重组的制度障碍，具体要清理限制跨地区兼并重组的规定，理顺地区间利益分配关系。同时要放宽民营资本的市场准入，切实向民营资本开放法律法规未禁入的行业和领域，并放宽在股权比例等方面的限制。

《意见》要求加强对企业兼并重组的引导和政策扶持。研究完善支持企业兼并重组的财税政策。对企业兼并重组涉及的资产评估增值、债务重组收益、土地房屋权属转移等给予税收优惠。

加大金融支持力度。商业银行要积极稳妥开展并购贷款业务，扩大贷款规模，合理确定贷款期限。鼓励商业银行对兼并重组后的企业实行综合授信。鼓励证券公司、资产管理公司、股权投资基金以及产业投资基金等参与企业兼并重组，并向企业提供直接投资、委托贷款、过桥贷款等融资支持。积极探索设立专门的并购基金等兼并重组融资新模式，完善股权投资退出机制。

充分发挥资本市场推动企业重组的作用。进一步推进资本市场企业并购重组的市场化改革，健全市场化定价机制，完善相关规章及配套政策，支持企业利用资本市场开展兼并重组，促进行业整合和产业升级。支持符合条件的企业通过发行股票、债券、可转换债等方式为兼并重组融资。鼓励上市公司以股权、现金及其他金融创新方式作为兼并重组的支付手段，拓宽兼并重组融资渠道，提高资本市场兼并重组效率。

完善相关土地管理政策。重点产业调整和振兴规划确定的企业兼并重组项目涉及的原生产经营性划拨土地，经省级以上人民政府国土资源部门批准，可以国家作价出资(入股)方式处置。

《意见》还对促进兼并重组任务作了具体分工，提出由工信部牵头，发改委、财政部、人保部、国土部、商务部、人民银行、国资委、税务总局、工商总局、银监会、证监会等部门参加，成立企业兼并重组工作协调小组，统筹协调企业兼并重组工作，细化有关政策和配套措施，协调有关地区和企业做好组织实施。

摘自《证券日报》2010年9月7日

国务院提出加快培育和发展战略性新兴产业

国家发改委有关人士近日对《国务院关于加快培育和发展战略性新兴产业的决定》进行解读，提出要完成战略性新兴产业“三步走”的阶段性发展目标，要在财税金融领域推出一系列政策，如减免税收、拓展知识产权融资等，鼓励战略新兴产业优先发展；同时，在近期有望加快一些重点领域的体制改革进程，如新能源发电全额保障性收购制度、加快资源性产品价格形成机制改革、建立和完善主要污染物和碳排放交易制度等，破除制约战略性新兴产业发展的体制机制问题。

发展目标切实可行

国家发改委指出，关于战略性新兴产业三步走的定量目标，是根据相关行业协会、国家统计局、工业和信息化部等部门和单位提供的基础数据测算的，完全有可能实现。

根据国务院新近发布的《国务院关于加快培育和发展战略性新兴产业的决定》，明确了战略新兴产业发展的“三步走”思路，即：到2015年，战略性新兴产业形成健康发展、协调推进的基本格局，对产业结构升级的作用显著增强，增加值占国内生产总值的比重力争达到8%左右；到2020年，战略性新兴产业增加值占国内生产总值的比重力争达到15%左右，吸纳、带动就业能力显著提高。节能环保、新一代信息技术、生物、高端装备制造产业成为国民经济的支柱产业，新能源、新材料、新能源汽车成为国民经济的先导产业；到2030年前后，战略性新兴产业的整体创新能力和产业发展水平达到世界先进水平，为经济社会可持续发展提供强有力的支撑。

破除财税金融瓶颈

此前，国家发改委牵头成立了战略新兴产业调研小组。调研结果发现，制约战略新兴产业发展的一个最主要瓶颈是资金问题。发改委相关人士介绍说，符合战略性新兴产业特点和要求的资本市场不完善，融资体系不健全，财税金融投资政策急需完善。

例如，在调研中发现，反映的主要问题包括创业投资规模小，融资性担保机构不发达、多层次金融市场不完善；财政税收激励政策等未能发挥应有的作用，支持方式和政策体系需要进一步完善。

为了解决战略信息产业的财税瓶颈，国务院决定，将增加财政支持力度，建立稳定的财政投入增长机制。并且设立战略性新兴产业发展专项资金，大幅度增加中央财政的资金投入，专项集中支持重大产业创新发展工程、重大应用示范工程、重大创新成果产业化、创新能力建设等，引导创业投资发展。

在税收激励政策方面，国务院将综合运用各种手段，从激励自主创新、引导消费、鼓励发展新业态等角度，针对产业的具体特征，制定流转税、所得税、消费税、营业税等支持政策，形成普惠性激励社会资源发展战略性新兴产业的政策手段。

在金融政策方面，将针对战略性新兴产业发展初期大量创新型中小企业需要创业投资、场外交易、发行债券等多种直接融资支持和政策性融资支持等特点，强化金融服务支撑，重点鼓励金融机构加大信贷支持，积极发挥多层次资本市场的融资功能，大力发展创业投资和股权投资基金。其中值得注意的是，提出要积极开展知识产权质押融资、产业链融资等信贷方式创新，加大力度支持战略性新兴产业发展；加快完善创业板、场外证券交易在内的资本市场，进一步扩大中小企业集合债券发行规模，积极探索发展高收益类债券等债券品种；扩大政府新兴产业创业投资资金规模，建立政府创业投资引导基金，进一步扶持和引导发展创业投资。

除了从国内融资渠道加快对战略新兴产业中的中小型企业资金扶持力度，此次还对利用外资方面提出了要求。针对战略性新兴产业高投入、高风险特征，突出利用全球资本的重要性，切实提高国际投融资合作的质量和水平，引导外资投向战略性新兴产业，鼓励我国企业到境外投融资，多层次多元化有效利用国外资金。

改革难点有望突破

发改委有关人士梳理了近期针对战略新兴产业发展而要采取的相关措施，其中强调将推进体制机制改革。

从调研情况看，加快培育我国战略性新兴产业还面临一些急需解决的体制机制问题。部分领域管理体制改革滞后，如节能环保和新能源产业的价格形成机制，电力体制市场化改革，“三网融合”相关行政管理体制，生物医药产业的新药审批程序，通用航空发展的空域管理规定，卫星应用的军民结合机制等，现行管理办法制约相关行业发展。

分析人士指出，这些领域涉及我国能源、信息等行业的基础性体制改革，由于涉及多部门利益关系，因此一直是改革的难中之难、重中之重。此次以促进战略新兴产业的发展为契机，有望切实加快这些领域的市场化改革方向。

据透露，将在今年有望推动的体制改革将包括：建立促进“三网”融合高效有序开展的政策和机制；深化电力体制改革；推进空域管理体制改革；实施新能源配额制，落实新能源发电全额保障性收购制度；加快资源性产品价格形成机制改革，完善资源税费调节机制；加快建立生产者责任延伸制度，建立和完善主要污染物和碳排放交易制度等。

国家发改委还透露，近期将抓紧落实《战略性新兴产业发展“十二五”规划》的编制工作，制定战略性新兴产业发展指导目录，同时还要出台鼓励和引导民间资本投入战略性新兴产业的具体措施。

摘自《中国证券报》2010年10月19日

国务院鼓励民间投资细则出台

为贯彻落实《国务院关于鼓励和引导民间投资健康发展的若干意见》，国务院办公厅近日发文，进一步明确中央和地方政府部门在鼓励和引导民间投资健康发展方面的分工和任务。国家发展和改革委员会、商务部、财政部等20多个部门分别承担相关任务。

为鼓励和引导民间资本进入基础产业和基础设施等九大领域，《国务院办公厅关于鼓励和引导民间投资健康发展重点工作分工的通知》（以下简称《通知》）明确了40项工作任务，每项具体任务少则有一到数个部门负责，多则十几个部门。

《通知》明确，在鼓励和引导民间资本投资建设公路、水运、港口码头、民用机场、通用航空设施以及水利工程建设、电力建设、石油天然气建设、电信建设与土地整治和矿产资源勘探开发等基础产业和基础设施领域方面，由发展改革委、财政部及相应的对口部门如交通运输部、民航局、电监会、国资委、工信部、能源局、铁道部、水利部、国土资源部等负责。

在鼓励和引导民间资本进入市政公用事业和政策性住房建设领域，由住房城乡建设部、发展改革委、财政部负责；在民资参与发展医疗、教育和社会培训、社会福利等社会事业领域，由发展改革委、卫生部、民政部、财政部、人力资源社会保障部等负责。

《通知》明确指出，鼓励和引导民间资本进入金融服务领域，允许民间资本兴办金融机构。在加强有效监管、促进规范经营、防范金融风险的前提下，放宽对金融机构的股比限制。支持民间资本以入股方式参与商业银行的增资扩股，参与农村信用社、城市信用社的改制工作。鼓励民间资本发起或参与设立村镇银行、贷款公司、农村资金互助社等金融机构，放宽村镇银行或社区银行中法人银行最低出资比例的限制。

《通知》还指出，财政部、发展改革委、科技部等部门应推动民营企业加强自主创新和转型升级。包括落实鼓励企业增加研发投入的税收优惠政策，鼓励民营企业增加研发投入，提高自主创新能力，掌握拥有自主知识产权的核心技术等。

《通知》特别提出，要为民间投资创造良好环境。其中，要求法制办负责清理和修改不利于民间投资发展的法规政策规定，切实保护民间投资的合法权益，培育和维护平等竞争的投资环境。在制订涉及民间投资的法律、法规和政策时，要听取有关商会和民营企业的意见和建议，充分反映民营企业的合理要求。

此外，《通知》要求，加强对民间投资的服务、指导和规范管理。其中，统计部门要加强对民间投资的统计工作，准确反映民间投资的进展和分布情况。而发展改革委等投资主管部门、行业管理部门及行业协会要切实做好民间投资的监测和分析工作，及时把握民间投资动态，合理引导民间投资。要加强投资信息平台建设，及时向社会公开发布国家产业政策、发展建设规划、市场准入标准、国内外行业动态等信息，引导民间投资者正确判断形势，减少盲目投资。

《通知》还要求，涉及的地区、部门应对上述任务分工进行进一步的分解细化，并制定具体措施，认真抓好落实。国务院办公厅将对政策措施的落实情况适时开展督促检查。

摘自《经济参考报》2010年7月27日

全球PE瞄准中国万亿市场　并购应成主要退出渠道

在世界经济结构发生重大变革和调整的时期，中国以其规模巨大的经济和增长潜力，带来数以万计的投融资机会。不管是海外投资者还是国内投资者，所有参加“2010全球PE北京论坛”的嘉宾都传达了同一个重要信息：中国PE行业投资机遇很大，预计未来5年将会有超过1万亿的资本进入PE行业。不过，专家也指出，目前中国PE退出的方式主要是通过IPO，退出渠道亟待拓宽，如何推进及做大企业并购重组这一退出渠道是未来发展重点。

全球PE瞄准中国万亿市场

“我是上一周从境外回来，在跟境外的机构交流碰撞的过程中，有一个清晰的感觉，全球投资机构的资产配置，向PE方面的比重有逐步提高的发展趋势。”全国社保基金理事会副理事长王忠民说。北京股权投资基金协会轮值主席刘乐飞表示，从国际市场来看，海外的这些机构投资者也更看好中国市场。新兴市场股权投资基金协会的一项调查显示，在股权投资配置上的预期方面，未来两年全球的机构投资者（LP），对中国的预期最高，大概有50%的投资者都希望能够在中国适度参与一些股权投资。从国内自身资本的角度来看，预计未来5年将会有超过1万亿的资本进入PE这个行业，“无论是商业银行、社保、保险资金，还是券商，这个数额应该说都是一个非常巨大的比例。”

全球最大咨询机构麦肯锡也预测，未来5年中国PE行业投资潜力巨大，到2015年至少应该有2000多亿人民币的投资机遇。其中，在国有企业交易规模，大概会达到400亿到800亿人民币，民营企业到2015年规模达到1600亿到1900亿的人民币交易规模。

除了海外机构对中国PE市场的“窥伺”外，国内机构也在积极寻求投资机会，意图从这场资本盛宴中分一杯羹。

社保基金与险资紧盯PE领域

“2010年是一个全民PE热”，刘乐飞表示，据统计目前大概有1000家左右的机构活跃在这个市场。从已经披露的大中型基金管理公司成立的数量来看，这两年基本上都维持在每年七八十家的速度上。

相比于其他基金管理公司，社保基金较早进入PE投资领域，迄今为止，全国社保基金已经投资了7家管理公司、8只基金，承诺投资117亿，实际投资65亿。然而，社保基金对中国PE市场的期待远不止于此。王忠民称，“社保基金在每一个场合都说，我们可以用总资产的10%投资于PE，目前全国社保总资产近8000亿，10%应该是800亿，从我现在投出去的100多亿看，还有较大空间。如果看动态空间，社保基金每年平均1000亿规模在新增，如果按照10%算，就是每年大概有近百亿新增市场规模可以投资于PE市场当中。”

除了社保基金近千亿的资金积极备战外，据相关人士介绍，作为新增的机构投资者，保险资金未来可配置到PE的规模也可以达到2000亿。

从地区来看，目前，PE发展比较成熟的地区有北京、上海、深圳、福州、重庆、天津，这些地区集中了全国主要的PE机构。据统计，目前在北京聚集的国内外各类股权投资机构近600家，管理人民币基金1866亿元，管理美元基金4826亿美元。

创业板最大受益者是PE

从鼓励和引导民间投资“新36条”，到利用外资工作的若干意见，今年国家出台了这一系列利好投资的政策。但对于PE来说，创业板的成功意义尤为重大。

“创业板的推出丰富了PE的退出渠道”，刘乐飞说，“创业板上市企业当中，有80%都有VC或者是PE投资。应该说创业板的最大受益者是我们这个行业，是我们私募股权投资这个行业。”

北京市常务副市长吉林在介绍北京PE行业的情况时也透露，今年在北京市22家创业板上市公司中，17家得到过股权投资机构资金的支持。

刘乐飞指出，今年VC和PE投资的企业，在IPO数量上面的分布也可以看得出，在创业板上市的数量占到了50%。主要的原因有三个：第一，创业板相对门槛比较低，同时，它鼓励创新性的一些企业上市。所以，对于特别是VC这样的投资来说，提供了一个非常好的上市条件。第二，上市速度比较快。从2009年创业板开板至今一年多的时间内，差不多有150家企业上市，创造了中国资本市场上市的一个历史新高。第三，估值水平比较高，吸引更多企业选择在创业板登陆。

但是，刘乐飞指出，从国际经验来看，成熟市场主要的PE机构退出的方式不是通过IPO，而是通过并购。预计未来中国市场也一样，通过并购方式退出将是一个主要的渠道。

PE如何推进企业并购重组

“‘十二五’规划的主旋律就是调整经济结构，促进经济增长方式的转变，中国要进行结构调整，需要PE在成熟企业当中来进行并购。”全国人大财经委副主任委员吴晓灵说。

吴晓灵认为，要进一步促进并购市场发展，需要发展高收益债券。发行柜台交易的高收入债券，或者是私募发行的高收益债券，有利于解决并购基金的融资问题。

吴晓灵表示，中国现在有很多PE，如果这些投资基金都投资于证券的二级市场，将会加剧中国证券市场的供需不平衡。因为中国现在最缺少的资源不是资金，而有效益、成熟的企业。在中国的资本市场上，过多的资金在追逐着过少的优质的上市资源，就难免市盈率过高。

“为了克服这样的现象，我们必须要更多的来培育企业的成长。引导私募证券投资基金投资于柜台交易的高收益证券，有利于企业并购重组，培育资本市场更多的上市资源。”吴晓灵说。

吴晓灵也指出了发行高收益债券需要注意的问题。她表示，监管部门应该制定高收益债券的发行规则，特别是明确信息披露的内容和界定合格的投资者。高收益债券的规则应该简单明了，其产品设计也要秉承简单、透明的原则。私募债券发行，可以简化程序，可以不向社会公众公布那么多信息，可以满足收购兼并信息需要保密的要求，但是也应该提供最起码的信息让合格的投资人能够对它进行分析。

摘自《上海证券报》2010年11月16日

2010境内外并购达历史最高水平

近一年来，在国家加速产业结构调整及并购重组政策鼓励下，中国并购市场趋于活跃，尤其在央企重组、资源类企业整合等方面的并购行为大幅增加。同时，从全球金融危机中快速恢复过来的中国企业也开始加快海外扩张步伐，跨境并购交易数量也呈现增长趋势。

ChinaVenture 投中集团旗下数据库产品CV-Source 统计显示，2009年11月1日至2010年10月31日，全球披露涉及中国企业并购交易完成案例近1000起，披露交易金额超过900亿美元。其中，披露有并购财务顾问机构的案例达74起，涉及投资银行45家，其中总部位于中国大陆的投行有32家。

投中集团对总部位于中国大陆的投资银行参与的，涉及中国企业的并购业务进行了梳理，并分别根据其交易涉及金额和参与并购案例数量进行排名。其中，中金公司、中信证券、国泰君安分别以350.74亿美元、163.45亿美元和13.32亿美元名列三甲；而从参与并购案例数量排名来看，中金、华兴资本和中信建投名列前三。

中国并购市场的另一个重要趋势则是跨境并购的增加，据数据库产品CVSource 统计显示，2010年至今中国入境并购及出境并购分别披露39和21起，各自达到历史最高水平。而以目前公开披露信息来看，跨境并购交易中担任财务顾问的仍以外资投行为主。此外，国内新型投行的身影也出现在跨境并购交易当中，如华兴资本，其参与的锦江国际联合美国德尔集团收购州际酒店集团交易，涉及金额占华兴资本参与并购交易额的一半以上。

摘自《证券日报》2010年11月24日

企业兼并重组明显提速　国企扮演重要角色

在有关部门大力推动下，我国企业兼并重组“大戏”已悄然拉开帷幕。记者了解到，针对汽车、钢铁等重点行业的兼并重组意见有望年内公布。此外，下半年地方国资有望掀起重组热潮。

近日，国务院办公厅印发《国务院关于促进企业兼并重组的意见》(以下简称《意见》)。《意见》提到将从财政、金融、土地政策上予以倾斜，并对消除企业兼并重组的制度障碍给予明确规定，积极推动企业兼并重组工作。

工信部部长李毅中表示，推动产业结构调整和转变经济发展方式，将继续成为“十二五”关注重点，为此，将着力引导和推进企业兼并重组，形成发展更具活力、资源配置更富效率的产业模式。工信部总工程师朱宏任则明确了推动企业兼并重组的具体措施。

9月以来，国家推动企业兼并重组的政策力度显著加大。有关部门也纷纷加快出台配套的措施或细则，企业兼并重组“提速”的趋势愈发明显。

在此轮兼并重组浪潮中，汽车、钢铁、水泥、机械制造、电解铝、稀土等六大行业被多次点名，作为重点予以推进。

据了解，工信部已经开始起草促进汽车企业兼并重组的具体政策，预计这一政策将于2010年年底公布。此外，针对钢铁行业的《加快钢铁企业联合重组指导意见》也有望在短期内出台。

事实上，早在国务院出台的一系列产业振兴规划中，鼓励企业兼并重组已被多次提及，各地企业兼并重组也早有动作，特别是钢铁、煤炭等行业。不过，此前的企业兼并重组大多是在行政力量推动下实现的。

分析人士指出，行政命令式的兼并重组会增加整合成本，并且可能影响整合的效果。未来企业兼并重组要更加注重市场化运作，充分发挥市场机制的基础性作用。

作为重组的主角之一，央企和地方国企也在今年的重组大潮中扮演着重要角色。在国务院国资委和地方国资监管部门的推动下，下半年地方国资有望掀起重组热潮。

9月19日，国务院国资委副主任黄淑和明确指出，地方国资委要重视明确本地区国有经济的功能定位，优化地方国有经济的布局结构，推进国有企业股份制改革，优化股权结构，进一步指导地方重视发挥国有经济的引领带动作用。

据统计，目前上海、河南、黑龙江、浙江、安徽、江西、重庆、云南、山西、山东、广东、陕西等省市国资监管部门已下发文件，提出通过资本市场整合地方国资。

国务院国资委发布的《关于进一步加强地方国有资产监督工作的若干意见》中提到，要充分发挥国有资产经营公司作为国务院国资委推进企业重组和运营国有资本重要平台的作用。兴业证券的报告认为，此文件出台后，在国务院国资委的支持和引导下，地方国资整合速度将加快。

摘自《上海证券报》2010年10月13日

招商央企　地方政府掀起新一轮引资潮

“用两三年的时间，实现湖北省政府与中央企业签署战略合作协议的企业达到50家，与央企对接项目达到150个左右，投资总额2000亿元以上。引入30家央企参与我省地方企业改制重组和并购联合。”这是记者从湖北省推进与中央企业合作发展工作会议上获得的消息。

11月初，福建省亦制定了《推进与中央企业合作发展总体工作方案》。之前，宁夏、甘肃等西部省份亦出台举措欢迎央企投资、重组当地企业。种种迹象显示，从2008年下半年开始的地方政府引资央企的合作，将要掀起一股新的高潮。

在这新一轮的引资潮中，地方政府成为真正的主导力量，不仅仅给企业牵线搭桥，甚至引资数量、额度等都要纳入到考核中去。不仅仅是省级政府，地市政府已经积极参与到此轮引资过程中，组团赴京，拜访企业，召开对接会，一对一谈合作。

（一）湖北模式

在湖北省推进与中央企业合作发展工作会议上，湖北国资委主任杨泽柱对湖北引资央企的目标进行了分析，他称，这些目标经过具体分析，我们觉得通过努力，是完全可以达到的。

首先是总部在湖北的央企，每年新增在鄂的投资50亿元以上。央企在湖北省的一级子公司每年新增在鄂投资10亿以上。省40多家出资企业中每年有10家以上企业与央企合作对接，争取每家投资5到10亿元。每个市州每年有1到2家企业与央企合作，新增投资30—50亿元。

湖北省国资委内部人士称，此前，包括安徽、湖南、重庆等地引入央企与央企对接的工作做的已经很红火了。这对湖北省促动很大。今年，湖北省相关领导陆续拜会了国资委相关领导。请求国资委对湖北省的央企对接工作给予支持。

2009年12月，在安徽国际会展中心召开的安徽与中央企业合作发展会上，时任国资委主任的李融荣率领120户中央企业负责人到会，签订合作项目125个，总投资达1720亿元。记者获悉，湖北省也计划做一个类似于安徽当时引资的活动。

目前湖北省政府成立了专门的领导小组，副省长段轮一具体分管。省国资委已经成立了工作专班，抽调专门人手，建立了专门经费。

据悉，湖北省还将就央企对接工作进行考评。首先是考评市州政府。考评加大领导的力度，看是不是政府引导、政府组织。其次是对省出资企业进行考评，要求企业成立专班，拿好的资产、好的项目“走出去”进行对接。

考评内容主要是项目的签约情况，包括意向项目、策划项目、签约项目、落地项目、合作项目建设等。在会上，杨泽柱建议，对工作主动、富有成效的单位和个人，建议省政府给予适当的奖励；对行动迟缓、工作被动、没有项目的，要进行通报批评。

（二）从中央到地方

新一轮的引资潮正在从最初东部沿海逐步向中西部推进。湖北省相关分析称，沿海长三角、珠三角、渤海湾捷足先登，行动很快，安徽、湖南、湖北、四川、宁夏、甘肃等地紧随其后，呈现梯次推进的格局。

不仅仅如此，从最初邀请单个央企到地方，进行一对一投资谈判模式，已经演变成规模化、批量化推进，一次就引进几十家企业，一两百个项目，几千个亿元的投资。今年5月24日，在湖南省与中央企业对接会上，签约的项目有69个，协议资金达到1100亿元，目前已经到位的资金500亿元。

最初是企业双方自由恋爱，逐步演化为地方政府引导、政府组团、政府组织动员推进。贵州省政府将在今年年底赴京开展面向中央企业招商引资活动。9月，省政府向9个市州地、15家省直单位、16个开发区（园区）颁发了《关于积极做好面向央企招商项目组织征集工作的通知》，在全省范围内规范征集招商引资项目。

不仅如此，贵州省政府召开紧急电视电话会议，对各地市招商签约制定了具体的目标。之后，各相关地市都一层一层向下部署，成立相关领导小组和办公室，挑选项目。

这样的做法源于安徽省。当时安徽省政府招商时，在安徽省国资委内部特设一个机构——“与央企合作对接发展工作处”，编制八人，全部招商工作都由这个处进行协调、服务、上下联络。

贵阳市招商办公室相关人士告诉记者，主要领导都外出带队进行项目招商和对接，并积极创造条件促使签约项目尽快开工建设，努力形成开工建设一批、签约储备一批、重点追踪一批。

该人士称，单纯依靠安徽那种招商会的模式肯定是行不通的。省市领导肯定要到北京、上海等地拜访央企领导，央企主管部门，事先的沟通很重要，最后的招商会只是走下形式。

摘自《经济观察网》2010年12月9日

要素市场快速发展　产权市场新平台业务渐次铺开

一、多轮驱动 市场扩容

过去几年内，全国四大产权交易市场大力发展新业务，打造了一系列专业交易平台，这些业务涵盖金融、文化、技术、矿业、林业等多个领域。新平台业务的快速发展，也给产交所带来新契机。

2010年上半年，北交所发起成立了国内首家正式运营的金融资产交易所、服务矿业权转让的国际矿业权交易所，受托管理北京石油交易所，并筹备设立中国文化产权交易所，形成“一托十”的集团架构。

北交所旗下的北京金融资产交易所在2010年取得了快速发展，完成了中国华融120亿元不良资产处置、中信建投85.86亿元股权转让等多个项目资产处置，建立了信贷资产交易制度和交易风险防范机制，并启动了信贷资产交易业务。

另一方面，北交所的“金马甲”业务也得到了深度拓展。据了解，目前，“金马甲”已完成了信息化平台构建，新发展联盟成员26家、联盟会员14家、认证会员7家，扩大了业务操作范围。除此之外，北交所在技术交易、林权交易和矿权交易等方面也都取得了突破。

2010年，天津在探索建设股权交易市场方面取得了新进展。天津股权交易所发布了《投资者权益保护指导意见》等一系列文件，并实行了保荐机构现场检查、做市商及其他专业中介机构定期培训考核等措施。针对科技创新型中小企业的特点，天交所还研究制定了“科技创新板”企业挂牌准入条件、信息披露制度和业务操作流程。

2010年年底，根据《重庆市主要污染物排放权交易管理暂行办法》，重交所配套制定了《重庆市主要污染物排放权交易规则及程序规定（试行）》。此后，首单COD（化学需氧量）排放指标在重庆联交所以互联网竞价方式交易，成交价格16600元/吨，增值137%。

二、业务拓展 模式创新

在原有专业平台的基础上，各家产权交易所还在不断发展并推动新业务，同时也在积极扩充现有业务规模，创新竞价方式也在不断推广。

北交所有关人士表示，在重庆、天津等地相关实物资产进场交易的带动下，北交所正在积极推动北京市企业国有实物资产、行政罚没物资、涉诉非国有资产等资源进场交易。此外，尚处于探索阶段的环境交易也将全面展开，目前北交所已经推出了我国第一个低碳指数。据熊焰介绍，目前的受托业务——石油交易也将逐步投量交易。

除了产品创新外，产交所在竞价方式上也在进行各类摸索。相对于拍卖、招投标等传统竞价方式，网络竞价、动态报价等创新竞价方式得到了进一步推广。

根据北交所数据，2010年，北交所国有企业股权转让竞价项目中，采用网络竞价的项目占所有竞价项目的72%，采用拍卖进行竞价的项目占22%，采用传统招投标竞价的仅占6%。在企业事务资产处置方面，采用动态报价系统处置的实物资产占全部实物资产处置量的91%，其中99%的行政实物资产采用动态报价方式进行处置。

摘自《中国证券报》2011年1月30日

产权市场打造企业增资扩股平台

近日，记者从湖南产权交易所获悉，湖南LED龙头企业湘能华磊光电股份公司拟对外公开征集5个投资者，共增资16302万股，拟募资4.33亿元以上。同时，记者从上海联合产权交易所、沈阳联合产权交易所等产权交易机构得知，上海浦东金环医疗用品有限公司、沈阳鼓风机集团有限公司、吉林省星月时尚宾馆连锁股份有限公司等十几家企业增资扩股项目挂牌产权市场，部分已经成交。“近两年内，各地产权市场相继出现股权质押、典当贷款、增资扩股等多种形态的融资服务，为企业扩张打通融资渠道。其中，增资扩股在目前最为普遍，并有望成为产权市场融资业务的着力点。”产权市场人士表示。

一、增资扩股多为上市铺路

湘能华磊光电挂牌公告中“满1年不满3年至华磊光电申报首次公开发行股票的材料期间，投资者若需转让其所持华磊光电的股权，应当征得其他股东同意，其他股东不同意的不得转让”等要求明确规定了意向投资人在成为公司股东到公司上市期间的各项义务。不难看出，湘能华磊光电计划3年内申报上市。

增资扩股是指企业向社会募集股份、发行股票、新股东投资入股或原股东增加投资扩大股权，从而增加企业资本金行为。增资扩股募集的资金既能增强企业的经济实力，又可以用来投资必要的项目。记者从近期挂牌的增资扩股项目发现，和湘能华磊光电一样，大多增资扩股企业都有上市的计划或准备。

记者从上海联合产权交易所获悉，上海浦东金环医疗用品有限公司以不低于3000万元的价格公开招募战略投资者，认购标的公司增资扩股后总股本的20%股权。每1%股权的对应投资总额为大于等于150万元。该公司有关人士表示，公司此次招募战略投资者，一方面为了扩充公司实力，另一方面还将筹备上市，通过收购其他企业将公司做强做大，实现公司国际化战略。

前不久，沈阳联合产权交易所发布“沈阳鼓风机集团有限公司增资扩股公示”，公示称该集团拟实施增资扩股，公开征集机构投资者。据悉，本次增资扩股也是为沈鼓集团上市作准备。有报道称，沈鼓集团确有实施公开发行股票并上市的计划，将待完成本次增资扩股后择机启动。

同处东北的吉林省星月时尚宾馆连锁股份有限公司8月份在产权市场发布信息拟对外融资5000万元，用于10家新门店的建设。星月时尚计划于2012年初实现在境内创业板市场上市融资的目标，计划融资1.5亿元，用于2012年30家新门店的投资建设，从而完成在东北三省的纵深发展，为进入全国布点阶段做充分的准备。目前，星月时尚已完成辅导备案登记工作。

二、企业增资扩股主要平台

早在2005年12月，国资委便下发通知，特别规定“拟通过增资扩股实施改制的企业，应当通过产权交易市场、媒体或网络等公开企业改制有关情况、投资者条件等信息，择优选择投资者。”在此通知要求下，地方国资委相继出台了企业改制的相关办法。

2007年底通过的《湖北省国资委出资企业规范改制暂行办法》就规定，“拟通过增资扩股实施改制的企业，应当通过产权交易市场公开企业改制有关情况、投资者条件等信息，择优选择投资者”，明确产权市场是增资扩股改制的唯一渠道。

江西省产权交易所方面认为，国有企业增资扩股项目进场交易是完全必要的，也是切实可行的。各地的经验证明，通过产权市场公开发现、甄别和选择战略投资者，既可以增加改制的透明度并实现阳光交易，又可以提高国有资产市场配置效率并降低交易成本，更为重要的是给社会带来和谐稳定，提高国企改制成功率，为国企发展创造条件。

从严格意义上讲，企业增量融资才能真正算作通过资本市场的融资行为。国内产权市场结合各地企业发展的需要，积极推出的增资扩股类型的服务，就是利用产权市场这一资本市场平台，通过定向募集方式向社会投资者募集资金，不仅及时满足企业融资需要，也充分体现了市场的融资功能。

近日，无锡协信太科地产开发有限公司在无锡产权交易所完成了增资扩股。为了加快推进协信城市综合体项目的开发建设，协信太科公司拟进行增资3000万元。无锡产交所相关负责人荣先生告诉记者，该项目已经征集到意向投资者，正在办理后续的相关手续。

据记者了解，江苏初阳传播商务公司增资49万元、江苏明天种业科技有限公司增资7000万元等江苏多家企业已经通过产权市场实现了增资扩股融资。

在增资扩股业务的基础上，产权交易机构还不断加以创新。北交所于6月推出的“增资扩股附返售权交易”就是一例。北交所人士表示，返售权的设置，不仅体现了企业原实际控制人及管理层对企业未来发展的信心，同时也增加了投资者的退出渠道，降低投资退出失败的风险，提高投资者的资本收益。目前，湖南麓南环保有限公司、陕西彩虹光电材料总公司两家企业成为尝鲜者。

摘自《中国企业报》2010年11月11日

物权资产进场交易逐渐流行

2010年9月16日，贵州茅台12瓶生肖茅台酒，在北京通过网上产权交易平台——“金马甲”组织的现场和网络竞价，以79999元为起拍价，经过107次激烈竞价，最终以102.2万元的价格成交。“金马甲”还将于10月20日对499套茅台酒（特号收藏版十二生肖酒）进行网络竞价。

这是我国白酒界首次尝试网络竞价营销，可能引发白酒营销模式的变革，同时也是我国产权市场物权交易的又一大突破。种种迹象表明，通过传统和现代交易方式的结合，适合进场交易的物权品种可能比原先预期的多得多。

在相当长的时间内，产权市场以股权和债权交易为主。近年来，随着传统的国有股权交易规模滞涨甚至萎缩，很多产权市场都逐步将势力范围拓展至实物资产领域。从行政事业资产到诉讼资产、从二手房到二手车，再到高端白酒，物权资产有可能发展成为产权市场的核心交易品种。

一、二手资产“大宗”进场

“为配合北京2010汽车消费节活动，9月18日，北京中联二手车交易市场在金马甲竞价大厅，对部分二手机动车进行网络竞价处置。我们聘请了专业团队提供检测、评估、定价及网络竞卖服务。目前的市场反馈很不错。”北京金马甲产权网络交易有限公司有关负责人表示。

二手车和二手房的交易规模巨大，产权市场通过发挥信息网络和中介会员等方面的资源优势，正逐步将业务拓展至这两大领域中，实现价值发掘功能，降低交易成本。“以往，二手车、二手房交易基本由专门的中介公司垄断，但近年来，需要处置的公有房产和汽车日益增加，产权市场承揽的业务也开始上升。”产权市场人士指出。

7月29日，“金马甲”网站二手车动态报价大厅正式上线迎来首批报价项目，6天后，包括桑塔纳系列部分车型、江铃轻型卡车、京通客车在内的9个标的资产最终以18.26万元的价格成交，较起始价8万元溢价128%。其中江铃轻型卡车溢价率达626%，京通客车报价次数达143次，报价现场激烈程度可见一斑。

8月5日，“金马甲”与内蒙古产权交易中心、内蒙古利丰诚信旧机动车交易公司举行了共建内蒙古二手车网上交易市场签约仪式。“金马甲”二手车业务开始跨区域进行。

在二手房领域，6月以来，北京、天津、重庆、杭州、苏州、合肥等地的产权市场也频频出现大宗挂牌的案例。转让的二手房项目业态齐全，产权形式也十分多样。其中包括住宅、酒店式公寓、写字楼、商场、店铺、车库、度假村等；产权方面，既有国有建设用地项目，又有划拨用地项目，还有部分招租项目。其中，多数转让项目资产质地良好；涉及金额少则几百万元，多则上亿元。

在北京产权交易所报价大厅内，远洋自然新天地写字楼等近30宗二手房项目正在挂牌，金额从154.92万元至4326.31万元不等。

“金马甲”总裁樊东平坦言，现在网上购物发展得如火如荼，一直比较低调的产权交易领域也开始搭上“互联网快车”，今年以来，“金马甲”网络资产与权益交易额中，其中，二手房、二手车等实物资产占据了相当一部分比重。

二、司法资产潮涌进场

自重庆联交所首开司法资产进场先河后，今年以来，河南、湖北、安徽、福建等省的各级产权交易所也开始“阳光化”拍卖司法资产，还有更多的地方在探索。司法资产进场处置有普及之势，也是产权市场物权交易量显著增长的重要原因。

在重庆联合产交所网站上，几乎每天都有司法拍卖公告，涉及别墅、商用房、住宅、车辆、家具、机器设备等众多品种。

例如，9月14日，重庆联合产权交易所公告，受法院委托，将对双桥区工业园区工业土地使用权、厂房、机器设备进行公开整体拍卖。标的包括面积为54552平方米的工业用地使用权、建筑面积为2222.2平方米的钢混结构厂房以及26台性能优良、零部件及系统均无损坏的设备。标的整体拍卖保留价1687.12万元。此前，重庆联交所曾受重庆市财政局委托，公开拍卖罚没的别墅和名车，数量虽然仅16项，但起拍价合计高达3931.31万元。其中房产为8处，车辆为7辆，一部套牌奥迪A6的发动机。

重庆联交所董事长刘轶莪指出，罚没资产处置与产权市场结合，可以扩大项目发布渠道，实现交易信息覆盖最大化；这有助于堵住竞买人信息漏洞，杜绝了串标、围标、职业控场等现象，确保了竞价的公正规范。而罚没资产进场交易，也为产权市场带来可观的市场蛋糕。

洞，杜绝了串标、围标、职业控场等现象，确保了竞价的公正规范。而罚没资产进场交易，也为产权市场带来可观的市场蛋糕。

统计数据显示，去年4月以来，重庆产交所共计接受委托项目1000余宗，依法完成涉讼产权到期项目384宗，交易额约21亿元。

三、行政资产交易上升

自“奥运缶”拍卖完美落槌后，行政事业资产进场的交易量呈快速上升趋势，其中包括转移或核销的房屋、车辆、专用设备、家具、桌椅以及报废资产等，不一而足。

以江苏省产权交易所为例。今年上半年，江苏省产权交易所共办理行政事业单位资产处置项目17项，实现成交收入2267万元，而去年全年该所共成交此类项目45项，变现收入4136万元，这些收入全部及时上缴财政专户。

我国行政事业资产数量庞大。公开数据显示，截至2008年底，仅我国事业单位国有资产总额就已达6.6万亿元，每年需要处置的资产也不在少数。2003年12月，国务院国资委和财政部发文，正式确立企业国有产权必须进场的制度，但行政事业单位资产转让并不在该规定之内。不过，部分地方的产交所相继与各级行政事业单位签订协议，承担处置工作。

2007年，江苏省财政厅与北京市财政局相继指定江苏产权交易所与北交所为行政事业资产处置的机构。2009年7月，国务院机关事务管理局、中央直属机关事务管理局分别与北京产权交易所签署合作协议书，中央和国家机关行政事业单位资产处置平台在北交所正式成立。目前，江苏、北京、重庆、内蒙古、陕西、山西、辽宁、青海等省市已经出台文件，明确行政事业资产须进入产权市场处置。另外，黑龙江等地也在积极推进行政事业资产进场公开交易。

业内人士指出，随着产权市场的“价值发现”功能日臻完善，其定价权逐渐放大，进场交易的物权资产也日益增多。转让方愿意将物权资产放到产权市场交易，一是为了程序的公开、公正，二是为了获得一个好价钱。

例如，在国家政策影响下，近期关停小火电机组进场交易突然引爆，大大出乎业内人士的意料。首单进入中国产权市场的火电减排项目——中电投河南平顶山鸿翔关停机组闲置设备在重庆联合产权交易所挂牌。7月初，蒙电华能热电乌拉山电厂在内蒙古产权交易中心挂牌处置其乌拉山电厂关停机组及部分附属设施。8月中旬，丹东东方新能源有限公司在北京产权交易所挂牌转让沈阳华泰热电厂两台关停小火电机组。业内预计，“关停落后”引爆资产处置需求，落后产能资产进场交易将日渐升温。

业内人士还表示，随着互联网竞价工具的引入，物权资产以往零散、金额小、不易组织交易的缺陷已被克服，除了已开展的物权项目规模会越来越大外，预计将有更多种类的物权会进场交易。

摘自《中国证券报》2010年9月21日

冲刺“一参一控”倒计时　券商股权转让提速

距离证监会“一参一控”大限只剩下不到40天的时间，券商的股权转让正在进行着最后的冲刺。

2010年以来，券商股权转让频繁挂牌三大产交所，而临近年底，股权转让开始密集起来。

11月9日，广发证券发布公告称，将以近25亿元的挂牌价出售所持广发华福证券全部股权。此外，11月5日，上海国有资产经营有限公司持有的6%中银国际的股权第二次在上海联合产权交易所挂牌出售。而之前挂牌转让股权的中信建投和西部证券等已被成功转让，两券商达标“一参一控”。

据《证券日报》记者统计，目前正在挂牌出售的券商股权有19项，其中申银万国股权16项，国泰君安股权2项，中银国际股权1项。

一、汇金系券商加快整合步伐

虽然监管层同意中央汇金公司涉及的券商解决期限放宽至2013年5月，但从其他券商整合情况来看，汇金系仍需加快步伐。

目前挂牌转让最多的申银万国和国泰君安均属汇金系旗下，两者都是重量级的、颇具影响力的股份制证券公司，却因为股权问题迟迟不能登陆A股市场。而阻碍两家券商上市的最大的阻碍就是其极其复杂的股权关系。

汇金公司在本世纪初先后注资银河证券、申银万国、国泰君安，后来又通过其子公司建银投资重组了宏源、西南等5家证券公司，加上中金公司，汇金公司共控股或参股10家国内券商。

汇金系10家券商之中，宏源和西南已经在条例公布之前上市，中信建投作为子公司附属于上市公司中信证券，其他7家券商都受此条例限制。

2010年以来，建银投资所持中投证券、齐鲁证券、中信建投、瑞银证券的股权都在积极变更之中。

2010年8月13日，建银投资所持有全部的中金公司43.35%的股权将划拨给中投公司。

而中信证券旗下的中信建投，也在“一参一控”要求下独立。资料显示，为了满足“一参一控”要求，中信证券已成功转让其所持有中信建投60%股份中的53%，只留7%。

未来，建银投资所持7家券商股权将只保留宏源和西南两家上市公司，从而满足“一参一控”要求，其余券商股权悉数转让给汇金公司。

划拨完成之后，汇金公司所持券商股权将由3家扩大为8家，即银河证券、申银万国、国泰君安、中金公司、中投证券、中信建投、齐鲁证券、瑞银证券等，看来，汇金系要达标“一参一控”难度不小。也正因为如此 ，作为特例，监管层延长其达标“一参一控”的期限。

二、同是挂牌转让 结局却大相径庭

近日，西部证券松了口气。11月3日，城投控股公告称，公司以5.80元/股向陕西省电力公司收购其所持西部证券30.7%的股权，总成交金额17.80亿元。

而之所以会全部转让，主要还是国家电网参股

的券商太多。据悉，国家电网公司近年来大力进军金融业，建立了庞大的“国家电网系”金融帝国，除了控股英大证券，还参股西部证券、湘财证券、长江证券、国泰君安等，共达8家之多。此笔交易的完成，将西部证券的上市障碍彻底清除。

据资料显示，西部证券的第一大股东为陕西省电力建设投资开发公司，持股比例为31.24%。陕西电力持股30.7%，是西部证券的第二大股东，这一次是将其持股数全部转让。

相比西部证券等的顺利达标，中银国际的股权转让问题则坎坷得多。

11月5日，上海国资再度在产权交易所挂出了此前流拍的中银国际股权。

中银国际的股权在此次挂牌前曾一度被确定为转让给上海某大型国企，但由于转让方式和价格存在诸多争议，股东方、受让方和管理层也多次博弈，最终还是选择公开挂牌出售。

上海国资公司网站显示，除参股中银国际外，还控有国泰君安23.81%的股份；持有申银万国5.67%的股份。这一现状明显违背同一实际控制人只能控股一家证券公司、参股一家证券公司的监管要求。不仅如此，上海国资公司参股三家券商的局面，也使其控股公司——上海国际集团的券商版图随之扩充：除直接参股的上海证券、申银万国外，也通过上海国资公司间接参股国泰君安及中银国际。

早些时候，上海国资以挂牌价4.58亿元出售9000万股中银国际股权，折合每股约为5.09元。本次挂牌价则与上次相同。因此有业内人士分析，上次的流拍并不是因为价格问题。

业内人士认为，作为股东方，首要考虑的是转让价格，谁出高价就给谁。而受让方则希望以政策大限为筹码取得更合适的受让价格。而同时，地方政府出于本地金融版图的考虑也在其中发挥着巨大的影响力。因此，在最后的三十几天，“一参一控”所带来的券商股权争夺无疑还将升级。

摘自《证券日报》2010年11月24日

西部大开发催生产权市场商机

西部大开发新一个10年已经起航，而逐渐成熟起来的产权市场，正成为政策和商机的聚集地。中共中央、国务院7月5日至6日召开会议，对未来10年如何深入推进西部大开发提出了一系列新要求、新任务、新举措。

在西部大开发新一轮发展推进之际，无论是央企还是民营资本，外资、私募等等都将触角伸向了西部，资本对西部板块的参与热情空前高涨。西部各大产权交易所丰富多样的西部股权、债权等融资项目，为新一轮西部大开发的诸多投资者提供了巨大商机和平台。

一、产权市场暗藏诸多商机

记者在西部多家产权交易机构注意到，多个具有投资价值的项目吸引了诸多投资者的关注。

仅以矿权资源为例，西部矿产资源的丰富有目共识。此前新疆经济板块令诸多投资者兴奋之极，新疆水土光热组合条件列全国首位，矿产资源综合评价高居全国第一。记者从新疆产权交易所网站上看到，新疆地质矿产科技开发公司转让其持有的新疆金川矿业有限公司10%股权。

而在西部产权交易所上，陕西山阳钒业有限责任公司100%产权正在转让，也得到了诸多有意向投资者的关注。根据挂牌显示，陕西山阳振宇钒业有限责任公司主要从事钒矿的开采、冶炼和销售，是一家由香港上市公司投资控股企业，投资市场可谓前景无限。

而新疆更是看到了低碳经济的商机。新疆产权交易所相关人士告诉记者，7月13日，上海环境能源交易所与新疆产权交易所合作设立的新疆第一家环境交易机构——上海环境能源交易所新疆分所挂牌成立，这为新疆提供了一个环境能源领域各类权益交易的平台，切合了当前国家发展低碳经济等机遇。

据了解，上海环境能源交易所新疆分所，将通过体制机制创新推进新疆节能减排工作，同时开展环境技术及设备交易、环境类股权资产交易、排放权交易、排污权交易、合同能源管理项目收益权交易、CDM信息服务等各类业务，通过交易带动相关产业的发展。

产权市场观察人士告诉记者，在当前政策利好的背景下，我国西部的采矿业、新能源、建材、环保等行业有望成为诸多投资者重点关注的领域。在当前如此多的项目，如何来甄选？产权市场不失为一个很好的平台。

二、政策助推产权市场再繁荣

国务院从国家层面再次启动了西部大开发的新一轮战略，而从这一轮的战略来看，产权市场有望迎来再一次繁荣。

众所周知，产权市场是伴随国有企业改制而生的，而随着20多年的发展，产权市场无论是交易项目，还是业务创新都有了空前的繁荣。在国家西部大开发新10年的背景下，产权交易机构无疑将迎来诸多交易项目，吸引更多的投资者。

从政策来看，这是西部大开发战略实施10年后中央对西部发展的再次部署，西部新一幅发展画卷将呈现在人们面前。从发展目标上看，包括：西部地区综合经济实力上一个大台阶，基础设施更加完善，现代产业体系基本形成，建成国家重要的能源基地、资源深加工基地、装备制造业基地和战略性新兴产业基地等。

而随后，国家发改委公布的2010年西部大开发新开工23项重点工程，投资总规模为6822亿元，较前10年西部大开发年均投资总额增长3倍有余。

记者了解到，无论是央企产权转让的四大交易所，还是产权市场比较发达的陕西省，近期交易项目比去年同期均有提高。上海和重庆交易所承接了西南省份的诸多交易项目。例如，在上海联合产权交易所，“贵州江南航天凯通经济开发有限责任公司5%股权”正在转让，其转让方是中国航天科工集团公司属下的贵州航天通讯站。

本身地处西部的重庆联合产权交易所，西部项目自然更多，如煤气生产供应业的重庆益民气体有限责任公司100%股权、软件业的重庆钢铁集团电子有限责任公司100%股权、服务业的重庆安福汽车营销有限公司50%股权、农林牧渔服务业的重庆建设园林工程有限责任公司2%股权、化学工业的重庆方鑫精细化工有限公司12%股权、四川天华股份有限公司0.13%股权等等。

上述产权市场人士表示，从这一轮的西部大开发政策来看，新能源、环保等产业将向西部转移，而西部所特有的矿产资源更是吸引了诸多投资者。产权市场项目的增多以及产业的转移，不仅对西部经济发展贡献了力量，而且产权市场也有望迎来业务创新的高潮，产权市场可期待再繁荣。

摘自《中国企业报》2010年7月22日

我国金融产权交易渐入佳境

一、“大宗交易”频现

2010年以来，北京产权交易所、上海联合产权交易所、天津产权交易中心、重庆联合产权交易所等四大产权市场频频出现金融机构股权挂牌和成交的案例，挂牌和交易金额叠创新高。

根据中国证券报记者的统计，2010年11月以来，在北京和上海产权市场挂牌交易的金融股权项目共有39宗，转让金额共计56.72亿元。其中，北交所正在挂牌转让10宗金融股权项目，涉及金额21.67亿元；上海联交所正在挂牌转让的金融股权项目共29宗，转让金额约为35.052亿元。

2010年以来，国内产权市场有多笔申银万国和国泰君安股权挂牌转让，2010年12月16日，民族证券61.25%股权在北交所挂牌转让，转让价格高达16亿元，更是将金融股权交易推向高潮。目前，券商股权转让已成为金融股权交易的“重头戏”。

除券商股权转让外，城市商业银行股权转让项目也是产权市场的热点。乌鲁木齐市商业银行5418.01万股股权在北交所转让，挂牌价格为9752.41万元。上海联交所公告，贵阳市商业银行0.80%股权，共计1100万股挂牌转让，挂牌价格为3575万元；徽商银行0.06%股权，共计500万股挂牌转让，价格共计1680万元。

二、产交所跑马圈地

金融资产规模巨大、流动性要求高。近年来，产权市场在处置金融资产方面的优势开始显现，各大产交所纷纷设立金融资产交易平台负责金融资产业务，北京、天津等地则创设独立交易机构专门服务于金融资产交易。

2009年7月10日，上海联合产权交易所推出金融资产交易中心，作为细化的专业产权交易和资产处置平台。2010年5月21日，天津金融资产交易所注册登记成立。2010年5月30日，北京金融资产交易所正式揭牌运营。

业内人士介绍，北金所是在北京产权交易所原有金融国有股权和不良资产交易业务基础上，探索信贷资产交易、信托资产交易、私募股权资产交易等业务；为各类金融资产提供从登记、交易到结算的全程式服务，力争打造成为一家全国性金融资产专业化交易平台。

而天金所经营范围则包括不良金融资产的处置交易，国家有关部门批准的金融资产和金融产品交易，以及其他金融创新产品的咨询、开发和交易等。天金所董事长周礼耀曾表示，天津金融资产交易所业务重心有两大方向，一是目前正在推进不良资产标准化，二是吸引非上市金融类企业国有产权转让的进场交易。

为实现战略发展目标，各金融资产交易所纷纷向外拓展业务。2010年11月13日，北金所正式启动私募股权基金的二级市场交易。建银国际、汉能投资、华兴资本、国信招标、温州民间资本投资服务中心、华金国投、九次方财富资讯、大成律师事务所等业内知名机构成为首批会员。

三、交易日臻规范

业内人士分析，在产权市场上交易的金融类资产主要包括三方面，首先是金融类企业自身股权和资产，其次是金融企业出让所持有的各类产权项目，另外金融不良资产的处置也通过各地产权市场进行推介。近年来，随着相关配套法律、法规的出台，产权市场交易规则日臻完善，其资产处置的公开、公平、公正和竞争、择优的原则逐渐成为处置金融资产最大的优势。

2009年5月1日，财政部颁发的《金融企业国有资产转让管理办法》(54号令)正式实施，其中规定非上市企业国有产权的转让应当在依法设立的省级以上产权交易机构公开进行，不受地区、行业、出资或者隶属关系的限制，这吹响了各地金融类国有企业资产集中进场的“集结号”。

2010年11月，北京金融资产交易所发布了《北京金融资产交易所私募股权交易规则》，为私募股权交易提供指引。北金所董事长熊焰表示，北金所进成立之后，找来专业咨询机构对80多个大行业板块行行业分析，并建立了国内涵盖17000多家有上市潜力、有融资需求、有投资价值的企业数据库。同时，北金所还与全国各地的行业协会、联盟、地方有影响力的民间组织进行合作，以求构建覆盖全国的投资信息网络。

摘自《中国证券报》2011年1月30日

行政事业资产处置走向“阳光化”

自2009年7月北京产权交易所搭建中央和国家机关行政事业单位资产处置平台以来，进场单位数量、处置资产规模逐步增长。2010年，北交所行政事业单位资产动态报价的平均溢价率已达到97.56%。

一、健全交易制度

作为交易平台，健全的交易制度、完备的交易系统和创新化的交易方式是中央和国家机关资产处置服务平台运行的基础。

北交所有关负责人介绍，2010年，北交所审核部、法律监管部对中央和国家机关资产处置服务中心的各项规则、流程逐步进行了修改、完善；与此同时，动态报价处置方式也逐渐成熟。

“针对行政车辆日常业务处理的流程、特性，中心与北交所技术部门多次召开讨论会，形成大量系统改进建议。”据北交所有关人士透露，目前，中心已完成系统对处置各个环节的过程管理和实时监控，实现了成交价款及佣金结算的自动化，避免了人为干预可能出现的错误和延误。

“动态报价这种新型的竞价方式为产权市场带来了革命性的突破。”北京产权交易所总裁吴汝川表示，动态报价方式的使用，使中央和国家机关行政事业单位资产处置实现了高效率和高溢价率，缩短了处置时间，提高了工作效率。

据统计，剔除企业实物资产，北交所行政事业单位资产动态报价的平均溢价率高达97.56%，远远超过传统拍卖的溢价率。

另外，通过实行业务负责人责任制和拍卖服务会员月度考核制，行政事业资产处置中心对项目负责人和服务机构的工作提出了细化要求，并将项目负责人与拍卖服务会员的工作质量紧密联系起来，建立监督、协调、联动机制，有效地提高了行政事业单位资产处置的工作质量。

二、推进京外资产进场

2010年4月和6月，国管局和中直管理局相继发文，明确在北交所建立资产处置平台，统一开展中央和国家机关行政事业单位及下属单位的国有资产公开处置工作。目前，北交所正积极推进京外直属行政事业单位的资产处置业务。

2010年，包括海洋局、工信部、银监会、国家测绘总局、新华社、农业部、证监会、保监会在内的多家部委先后开展了资产处置工作。处置资产分布在天津、福建、上海、广东、安徽、河南、辽宁、吉林、湖北、新疆、贵州、山西、陕西、海南、河北、黑龙江、山东，共计17个省市，除个别环保回收资产外，其余资产全部通过中央和国家机关资产处置服务中心与当地产权交易机构合作处置完成。

通过建立统一规范的资产处置程序，中心在与各地产权交易机构合作处置京外资产的过程中，形成了部分典型案例。特别是北交所与西部产交所联手，采用异地动态报价方式处置陕西测绘局报废锅炉项目取得很好效果。该项目竞价最为激烈，在14个小时内连续报价366手，成交溢价率达1343.99%。

现在，中央和国家机关资产处置服务中心确立了“统一流程、统一结算、统一规则”的三统一方针，规范了各合作单位的中央和国家机关资产处置程序，并集中探讨了行政事业单位资产处置的一些问题。

国管局相关领导提出，在条件成熟时，可逐步在各地设立中央和国家机关资产处置服务分中心。北交所方面也透露，将在适当的时候，经国管局和中直管理局批准，拟与合格的京外合作服务机构合作，本着“成熟一家发展一家”的原则，设立中央和国家机关行政事业单位资产处置分中心。

三、深入挖掘资源

中央和国家机关资产处置服务中心负责人表示，“下一步，我们希望能继续扩大进入平台处置的资产范围，比如车辆、检察院的罚没资产等也进场交易。”

近年来，中央和国家机关行政事业单位资产处置工作稳步推进，工信部、社科院等单位处置多批资产后，进入北交所平台处置的资产量逐渐增加。但总体而言，目前，相关资源挖掘的力度还不够，进场品种还略显相对单一。

因此，北交所等机构要求深入挖掘行政事业单位资产处置的资源。要求项目负责人对项目全程跟进，在资产清点核查、意向受让方征集、展样、资产移交、价款返还等环节进行把控，全面提升服务质量，确保资产处置工作顺利进行。今后，服务中心将做到向交易双方提供最优质的服务，在事前、事中、事后全力为交易双方排忧解难，争取更多的资产进入平台处置。

根据工作计划，北交所将进一步理顺中央和国家机关行政事业单位资产处置中心的架构，将中心整体纳入中央单位产权交易服务中心，与中央行政事业单位、中央企业股权及实物交易业务进行整合，统一领导、统一组织、统一服务，为加强中央和国家机关行政事业单位资产处置中心服务平台的建设奠定更好的基础。

同时，服务中心考虑借鉴国务院国资委规范国有企业产权进场交易的模式，引入经纪会员机制，从而推动更多的行政事业单位资产进入平台交易。业内人士指出，要深入挖掘资源、扩大服务范围，还需通过一定的制度安排来提高资产处置的收益，以调动相关服务机构的积极性。

据介绍，行政事业单位资产通常使用周期较长，虽然原值较高，但残值较低，处置价值很低。此外，即使待处置资产总量较大，也往往存在资产种类繁杂、涉及单位较多的情况，若从单一项目来看，大部分项目金额小，工作量大。以上问题导致项目收益较少，工作压力大，不利于提高服务机构工作的主动性和积极性。

2010年，北交所共收取国管局行政事业单位处置服务款47.62万元，收取中直管理局行政事业单位处置服务款4.83万元。该款项无法涵盖5家拍卖公司、1家评估公司及若干京外合作机构的服务费用。

摘自《中国证券报》2011年5月9日

环境能源交易争夺国际话语权

2010年以来，继河北环境能源交易所在河北省产权交易中心揭牌之后，东北地区唯一一家碳交易市场、解决减排环保问题的流转平台，大连环境交易所也正在积极筹备成立。据了解，大连环境交易所将于6月初正式挂牌。

有相关媒体消息表示，国家发改委正在酝酿环境权益交易相关管理办法，全国能源交易机构将被限定在10家以内。对此有专家认为，北京、天津、上海、昆明等城市已经建立起了环境交易所，并且已经逐渐形成市场体系，目前许多二三线城市也在不断抢进环境交易，纷纷设立环境交易所。

一、市场化夺话语权

“我认为，环境交易所的多少，已经不是焦点了，最重要的是以怎样的机制来推动环境交易市场化的步伐。”一位环境交易从业人员表示，环境交易的诸多项目是一个全球的行为，因此中国如何在其中利用市场的体制拿到话语权十分重要。

据了解，中国坐拥世界碳排放交易最大额度，但是碳交易体系也正处于初级阶段，并没有能够达到国际标准。目前，在国内已经掀起高潮的CDM项目也正在国际上遭受权证审批阻碍。因此，有观点认为，最根本的原因是场内交易的缺失，大量的碳交易在无法监测的环境下进行，使得目前国内不具备碳交易的价格形成机制。根据相关数据显示，在国际市场上碳排放交易价格一般为17欧元/吨，而中国碳排放的交易价格仅仅在8～10欧元/吨。

“当然这会让大量的中介机构或者国际买家获得丰厚的利润。而国内以‘地板价’出售碳指标，对于国内企业以及国际市场的话语权都不会有太多好处。我们要建立起市场化的机制，必须要在国内建立起自由转让的环境。”上述从业人员说道。

碳交易在《京都协议书》的签订下，逐渐成为了全球所追逐的热门金融产品。以至于，碳交易之父芝加哥气候交易所主席兼创办人理查德·桑德尔曾表示，中国内地正在积极推动碳排放权交易，但香港交易所暂时并无意涉足碳交易业务，这有可能影响香港的国际金融中心地位。

对此有市场人员认为，环境交易的相关项目都面临国际化的机遇与风险，因此环境交易在挖掘市场机遇的同时，还应该建立风险监测，并适时推出统一的环境交易市场机制，以结束目前标准不一的局面。

二、推进全国统一市场

记者在上海环境能源交易所的网站上了解到，上海环境能源交易所世博自愿减排平台已经开通，其中不仅开通了企业减排通道，还提倡个人在衣食住行上做到自愿减排。据了解，上海环境能源交易所在这个自愿减排平台上将以碳补偿为切入点，企业和个人通过购买、赠送自愿减排量等方式抵消2010年上海世博会产生的各类碳排放。

除此之外，在今年上海将积极推进低碳发展工作，编制“十二五”节能减排相关规划和方案，开展排污权交易试点的背景下，上海环境能源交易所也正在积极探索排污权交易。据悉，上海环境能源交易所目前已经与上海环保局完成了排污权交易前期工作，排污权交易有望年内展开。

目前，国内已经建立起相关交易市场的项目以排污权、CDM项目、自愿减排项目为主。“在国内环境交易所挂牌的项目，大多数是这三类。还有一些企业有自愿减排的意愿或者愿意进行排污权交易的，由于不熟悉整个市场环境还没有进场交易。环境交易目前也需要一个统一的市场，来吸引众多环境交易项目进场交易。”上述环境交易从业者表明。

摘自《中国企业报》2010年4月12日

文化产权交易热潮涌动　文化产交所蓬勃兴起

自2009年6月国内首个综合性文化产权交易平台上海文化产权交易所成立以来，深圳、成都、广州、天津、辽宁、河南等地纷纷成立文化产权交易所。随着文化交易机构的不断成立，文化产权市场将进一步兴起，这将为文化产权的自由流转和投融资铺设道路。

文化产权交易所兴起的时间不长，但现已成为各地方政府、文化企业、产权交易集团多方争夺的焦点。北京"十二五"规划纲要中提到，北京将要构建发达的文化要素市场，成立北京文化产权交易所、国家版权交易所以及中国设计交易市场，建立中国艺术品交易中心，提升首都文化产品创作、生产和交易的功能。早在2007年，北京产权交易所就成立了"文化创意企业投融资服务中心"，为各类文化创意企业提供专业化的融资服务，投资项目信息及相关综合配套服务，努力营造有助于文化产业发展的良好环境。2010年6月，由北京产权交易所联合多个金融机构发起的"北京文化金融中介服务平台"正式宣告成立，该平台便以创新和开发适合文化产业特点的金融服务产品与服务模式、推动文化产业与各类金融机构对接为目的。

2010年11月成立的广东南方文化产权交易所也是"政府牵头、企业运作"的典型。该交易所采取公司制方式组建，由广东省文资办牵头，南方报业传媒集团和南方联合产权交易中心作为发起人，与另外四家单位共同出资组建股份制企业。其中，南方报业传媒集团持股比例为35%，是公司最大股东。2010年5月，沈阳联合产权交易所投资创立了沈阳文化知识产权交易所。广州产权交易所也在2010年10月成立文化产权交易平台，并整合旗下资源成为了覆盖面全的"集团化"的交易所。

深圳、天津等文化产权交易所还颇受银行、基金、信托、担保等金融服务机构的青睐。据了解，中国建设银行、中国工商银行、招商银行分别向深圳文交所平台内的文化企业和项目提供300亿元、100亿元、100亿元的综合授信额度，建起"文化＋金融"试验田，积极探索针对文化创意领域新的金融产品和金融服务。天津文交所则和招商银行合作后，交易所将采取全新资金汇划及管理模式，通过与银行合作，采用支付中介资金汇划及管理模式，保障投资人的资金安全。

目前，全国范围内的文化产权交易所已经有数十家，文化产权交易所之间的竞争格局基本形成。北京大学文化产业研究院文化金融研究中心主任喻文益认为，各地文化产权交易所之间的竞争可促进这一产业良性发展。"文化产权交易所数量猛增，很重要的一个原因是各地都看到了文化产业对于地方经济发展巨大的推动力，加上政策的鼓励引导，交易所就有了遍地开花之势。"此前，央行等九部委正式出台《关于金融支持文化产业振兴和发展繁荣的指导意见》，明确提出目前国内已经成立的几家文化产权交易平台，要"为文化企业的著作权交易、商标权交易和专利技术交易等文化产权交易提供专业化服务"。

据不完全统计，2010年，文化产业市场规模超800亿元。文化部文化产业司司长刘玉珠提出，我国文化产业的快速发展迫切需要各类资本对接。

有分析指出，目前文化企业上市普遍为大家所关注，但上市只局限在拥有稳定商业模式和现金流规模比较大的企业中。而文化产业中，只有一小部分商业模式比较成功、产业规模比较大、盈利预期比较稳定的企业才能够上市。而文化产业中还存在大量不够上市资格、但非常需要以各种方式与资本市场结合的中小企业，他们的融资需求就可以由文化产权交易所来解决。更重要的是，文化产权市场的形成可有效汇聚包括文化创意企业、各类投资人和相关中介服务机构在内的各方资源，为文化产业提供高效的专业化的服务，形成文化创意企业多层次投融资服务体系，有效解决文化创意企业发展过程中面临的并购重组与融资瓶颈问题，促进文化创意产业的持续、稳定和健康发展。业内人士指出，未来需要在明确政府定位的基础上，进一步突破资本形式和融资渠道的单一性，全面调动国内外资本市场、国内产权市场和其它要素市场，建立适合文化产业特征的新兴资本市场，完善投资体系，进而扩展创意产品的营销渠道。

业内人士呼吁，文化产权交易除了有地方市场外，还应培育全国统一的市场。目前，各地均有很多项目挂牌当地的文化产权交易所，但是成交项目占比依然较低，如何处理好热门项目和非热门项目，如何引导投资机构发现优秀项目、如何吸引更多的社会资金投向文化产业等，均需要未来统一的文化产权交易所来解决。

有分析人士预计，今后，在充分的市场竞争中，文化产权交易所一方面会优胜劣汰，最终导致产业间的合并、调整，最终产生一批具备真正市场竞争力的交易所；另一方面，文化产业包罗万象，各地文化产业也需自有特点。“市场需要具有特色的地方交易所，也需要综合统一的国家级交易所，这样才能各取所需，满足各个层次文化产业的需要。”一位产权交易业内人士表示。

摘自《中国证券报》2011年2月28日

农村产权改革火了农村产权交易所

一直以来，产权制度改革都是城乡一体化和农村改革的核心。国务院《关于2010年深化经济体制改革重点工作的意见》（以下简称《意见》）确定的2010年9大重点改革任务中，再次提出，要协调推进城乡改革。深化土地管理、户籍制度改革，建立城乡统一的建设用地市场和人力资源市场。制定出台进一步加快农垦改革发展的意见，启动国有林场改革。

“产权市场的发展有赖于软硬件、人才和资源的发展和挖掘，如果城乡之间差距很大，交通和通讯都很困难，产权交易将很难进行，城乡一体化建设将破解这一障碍，可交易的资源会更多，流通速度和范围也会加快加大，交易将更加活跃，可以说城乡一体化给产权交易所提供很大的空间和广阔的前景。”重庆联合产权交易所董事长刘轶茂表示。

城乡改革促进产权交易所的发展，产交所也将在很大程度上决定城乡一体化的进程，其中农村产权交易所将发挥决定性的作用。

城乡一体化关键在农村产权改革。农地制度改革就是把农地制度变革置于城乡一体化的大背景下，农村生产要素流动、价值体现以及与社会资本结合，都必须依赖流转来实现和完成，农村产权流转是农村产权制度改革、实现农村资产资本化的核心环节。“农村产权交易所是为农村产权交易市场做的一项制度性安排，使得交易有了规则，也利于土地资源优化配置”，发改委产经所研究员姜长云表示，土地承包经营权等农村产权流转必须要有规范的市场环境，农村产权交易所正是要营造这样的环境。

无独有偶，国务院《意见》公布后，两家新型的农村产权交易机构也应运而生。近日，农业大省山东的潍坊市寒亭区农村产权资本化交易市场揭牌成立，正式投入运营。

在农业改革中向来以“胆子大”著称的成都，也在近日成立了一家特别的交易机构——成都崇州市房管局街子房屋租赁服务中心，这是全国首个农村房屋租赁的交易平台。成都市房管局相关负责人表示，作为加快农村房屋交易的新平台，街子房屋租赁服务中心将促进农村房屋租赁流转，深化农村房屋产权制度改革，崇州市街子镇房屋租赁流转试点成功后，将逐步在全市推广。

农村产权交易机构还承担着保护城乡一体化成果的任务。“按照统筹城乡的视角，产权交易机构完善了涉农要素市场规制，基于农业的弱质性和农业的多功能性，对农业进行支持保护，减少工业化、城镇化对农村优质资源的抽吸，为建设有区域特色的现代农业产业体系提供良好的要素保障。”姜长云说。

农村产权交易所将大热。城乡统筹改革的关键在于农村，农村改革的关键在于如何促进各类要素的自由流转，而这又需要农村产权市场来实现。

2008年10月13日，全国首家综合性农村产权交易所在成都挂牌。涉及的交易品种包括林权、土地承包经营权、农村房屋产权、集体建设用地使用权等。

在成都的率先垂范下，全国的农村产权交易所开始布局，北京、上海、武汉的农村产权交易机构先后成立。2009年5月26日，武汉农村综合产权交易所迎来了现场签约第一单，涉及10个项目，涉及土地承包经营权、林权、农业类知识产权3个交易品种。其中6个项目是之前已完成交易的项目，交易双方主动申请要求进场审核鉴证，完善交易手续。另4个项目是通过农交所挂牌、确定受让方。上述项目涉及面积21295亩，涉及金额约3.37亿元。

农村产权交易的实现，还将为农民开辟增加财产性收入的渠道，反过来这部分业务也将为交易平台找到自我盈利模式。以前，农民的闲置房屋、农民的土地经营承包权等都不可能因交易而带来收入，但今后，将可能通过租赁、流转等越来越多的形式实现交易。而且，随着大量的资本流入农村，也形成了各种各样的产权项目，包括农业设施、农家乐项目、土地流转项目等，它们都有进一步流动交易的渴望。

此外，农民和合作社需要的小额融资，也有望在农交所平台上获得更低的利息。而农民和合作社、农业企业等也可提出自己的科技项目需求，在平台上进行招标，再由相关科研机构和组织“接题”攻关，这将改变原有科研体系，打破原来科技成果转化率太低的僵局，真正推动产学研的实现。

去年国家出台的《关于推进农村改革发展若干重大问题的决定》中指出，允许农民以转包、出租、互换、转让、股份合作等形式流转土地承包经营权，在政策上为农村土地自由流转松绑。而成都、重庆统筹城乡改革试验方案和武汉城市圈“两型社会”改革试验区建设中，国家都明确指出支持通过多种途径实现农村要素的自由流转。

国家赋予成都、武汉等试验区先行先试的权利，农村产权交易所正是在先行先试中孕育而生的，可以说是改革的一项重要成果，其优越性和服务于农村产权改革的重要性显而易见。“成都和武汉只是国家推进城乡一体化战略的试点，成功的经验将来肯定会向其他地区推广，而农村产权市场作为改革的一项重要成果，未来向全国各地推广的可能性是很大的。”姜长云告诉记者。

摘自《中国企业报》2010年6月3日

本栏目审稿：卢栎仁

中国产权市场年鉴 2011
China Property Rights Exchange Market Yearbook

发展研究

有关产权市场发展的若干思考

——2010年8月13日在“东北四省区推进产权交易区域发展会”上的讲话摘要

国务院国资委产权管理局局长　邓志雄

一、第一个观点：关于产权市场功能及其与股票市场关系

产权交易市场有两个功能：一个功能是三公流转或者叫大国资产权的进场交易。所谓“三公”的概念，就是“公共资源、公有产权、公共产品。”其中公共产品是指那些要由政府来分配、但要引用市场机制分配的产品。2002年中纪委提出从源头治理腐败以后，从企业国有产权交易、政府采购、土地批租、重大项目招投标四个领域去抓源头治理腐败，目前进入了总结分析阶段。在这个时侯，中央六部委对四大产权交易市场进行了评审，大家认为，四个源头治贪治腐，产权交易市场做得最实、最市场化、最具有新意因而是最可持续的。因此，他们的基本观点是把企业国有产权交易制度复制到“三公”上去，扩大到所有的国资交易上去。在八年多的时间里，在国务院国资委领导下，已经把企业国有产权交易这一个领域巩固下来，全国各地努力创新、共同规范、向前发展，探索出了这条道路。同时，各地都在积极复制3号令的基本精神到其它国有产权领域，如：甘肃的土地资源、重庆的涉讼资产、北京上海的行政事业性资产、天津的核销资产都实现进场交易，辽宁更实现了国有资产而不仅仅是国有产权进场交易。知识产权、文化产权、环境资源等资源流转进场也在展开，这是一个历史性进步。

同时，产权交易市场也是广大非上市企业的资本形成与产权流转的市场。一个是融资功能、一个是流转功能。现在我们都还只是做了流转工作，但基本上没有做融资功能。也就是对广大中小企业的资本形成我们还没有做成什么事情。中小企业资本形成是股票市场不能服务的领域，而中小企业的发展恰恰是世界经济特别是中国经济最重要的一个方向。所以中小企业的资本形成需要一个新的制度、新的市场来为它服务，而这个市场一定是产权交易市场。东部沿海的一些省市已经有了一些很好的工作，为中小企业的资本形成做出了一些探索。三公流转、非上市企业资本形成和产权流转，两者之间的关系具有中国特色，是由三公流转来带动产权市场发展，促成广大非上市企业资本形成和产权流转，产权市场就是要做这两件事情。如果把市场规划为十六份的话，我们现在只做了两份，还有很大的空间没有开拓。当然这十六份只有1/8是现在的国资委的事，另外7/8不是现在的国资委的事。因此，这种区域性的建设在市场联动机制安排下就变得特别有意义，可以推动另外7/8的市场发展。

关于股票市场和产权市场的关系。产权市场和股票市场是平行的资本市场。就全世界平均数据来讲，所有企业中万分之一是上市公司、其余都是非上市企业。创立了三板制度的股票市场，在全世界

也只能为万分之一的企业服务，中国亦然。在工业化时期，要集中社会零星资本到某些行业、某些企业中去做大事，这个制度是非常先进的，促进了工业化的完成。进入信息化时代，进入以人为本的时代，满足绝大多数企业的呼唤与需求，是新的资本市场必须完成的任务。从法律到历史都已决定，传统的资本市场制度只能为万分之一的企业服务。新兴的产权市场要做的是为其他绝大多数企业服务。因此，两个市场是平行的关系，是平行的资本市场。

二、第二个观点：关于产权市场统一的四个层次

国务院国资委产权局对产权市场的统一特别关注，原因是它关系到产权市场能否持续发展。目前所有关于产权市场不是一个资本市场的意见集中在：这是一个不统一的市场，没有统一的法规、没有统一的机构、没有统一的制度、没有统一的标准。2009年国务院国资委建立了三统一，今年六部委进行检查时，承认四个央企交易机构构成的市场是规范的，其规范性、包容性、创造性要高过股票市场。但全国的情况还不都能这样讲，因此，我们一直在关注产权市场的统一问题。到现在为止，在不具有主管方、监管方这样一个统一的身份、统一的职能，统一的法律基础的情况下，国务院国资委为实现中国产权交易市场的统一，正在进行四种层次的实践。

第一个是总的交易制度的统一。我们提出了应进必进、能进则进、进则规范、操作透明这样一套制度体系，依托13个文件构成了这个体系，从3号令开始到120号文件结束。国有产权进场交易，该不该进、怎么进、进的过程之间是什么程序和什么制度、有关方面人员承担什么责任、履行什么义务，都形成制度的统一。但这只是基本制度的统一，会有很多地方特点和制度的很多层次。

第二个是信息披露的统一。

第三个是操作方面的“三统一”。在国务院国资委制定的统一的交易规则基础上，四个央企交易机构实现了“交易细则的统一、交易系统的统一、交易监测的统一”。

第四个层次是三个“一体化”，即：平台一体化、组织一体化、会员一体化。

我认为东北产权交易区域合作机制应该按照这四个层次去走。

第一步是制度的统一。在制度统一方面，国内其它省区市完成的可资借鉴，东北区域内已经做的事情，更应在四省区推广。我们可以借助这个合作机制向四省区党委、政府反映情况，共同加快制度建设，这是一个很有利的条件。制度统一期间，应该有一个相互沟通、此起彼伏、共同推进的过程。

第二步是信息披露的统一。介绍一下央企交易四机构的信息统一是如何实现的。我们先要求机构间相互联网，然后要求彼此披露信息，但效果都不佳。2007年底，国务院国资委发通知，要求必须统一披露信息，每一家在各自主板上要同时披露另外3家的产权交易信息，信息联合发布成为一个制度。东北四个国资委联合下发一个文件，这件事就可以做到。信息联合发布可以提升市场的商业价值，当我们决定信息联合发布的时候，立刻引来7家报纸要求成为指定发布媒体，并保证信息随到随发、而且还不收费。经过商谈，他们都成为中国产权交易市场信息发布的指定媒体，并按日排序轮流发布产权交易信息。同时，四大市场也节约了信息发布成本，提高了信息发布时效。信息在各个地方发布有利于在其他地方也找到投资者，增加潜在的意向受让人，增加潜在的竞价机会。信息披露的统一，大家已经认识到，并且可以做到。建议东北各机构共同形成一个媒体选择机制，建立一个有三、四个媒体统一为市场服务的机制，既有中央媒体、也有地方媒体，并就发布时间、发布版面等问题做出统一安排。

第三步是统一操作的“三统一”方面，即：交易细则、交易系统、交易监测“三统一”。国务院国资委所做的工作已经为扫清了很多障碍，四大交易机构统一的交易细则，东北地区可以参考。如果这一步达成一致，第二步交易系统的统一就容易了，这个系统已经花巨资开发完成，可以通过协商协议共同引进这个系统。当共同使用这个系统时，第三个统一，既交易监测的统一也就自然实现了。交易过程统一的核心是交易细则的统一，要做一些研究，根据东北的特色、区域间的平衡、有哪些可以定，有哪些要调整。对应的，在交易系统和监测处理上也做一些调整。

第四步是三个一体化，即：平台一体化、组织一体化和会员一体化。平台一体化是一个信息化的概念、互联互通的概念。金马甲的出现为我国业界的统一提供了一个新的模式，这个模式相当于一个高速公路，它的所有交易规则、交易过程、交易鉴证都是统一的系统，只要把信息录进去，统一披露的问题就解决了。

组织一体化。以东北为例，我们共同创造一个东北产权交易市场，各方都是股东，当拥有了统一交易系统之后，东北产权交易市场就实现了组织一体化，当然这个实现还有很多困难需要解决。但如果不用行政性的、区域分割的传统文化观念，而用现代市场的概念也就是股份制的观念，这个问题是很容易解决的。

会员一体化。产权交易市场最终要发展成为成熟的资本市场，应该是以会员为核心的市场。我们只是一个平台，能够唱大戏的一定是会员。把全国、全球善于资本运作的机构都吸引进市场中来，我们就可以交易全国、全球的东西。

产权市场统一在四个层次上都有事情可做，可以沿着制度统一、信息披露统一、操作的三统一以及三个一体化的模式一步步的走下去。不要一开始就把三个一体化当成我们的现实目标，应该制定分阶段的目标，每年都有一定的进展，就会实现市场实实在在的统一。

三、第三个观点：关于产权交易市场的建设方向

今年在全国国资委工作会议上，李伟主任提出了制度化、程序化、规范化、信息化。这次六部委检查时，上海提出了制度化、程序化、规范化、信息化、市场化和国际化。这个提的比较好，各机构可以借鉴，我们在实践中提出，要用市场化手段去推进四化或者主要靠市场化去完成，而今后认证产权市场规范创新的进步是可以沿着这样一个体系来评价的。因此，各交易所可以把这六化作为发展的方向。

四、第四个观点：关于产权交易市场的本质功能

市场的本质功能都是一样的，就是两个发现：发现交易主体、发现交易价格，社会主义市场经济的根本就是要发挥市场这两大功能。所以充分的发现交易对象、有效的发现价格对我们产权交易市场来说是最主要的事情，深刻理解这两个功能是我们做好信息发布、市场发动、充分利用20天的挂牌期限、认真组织网络竞价的力量所在。是市场一定要按市场规律办事，这次六部委给了我们很多表扬，也提出了非常严肃的批评，说产权市场功能发挥还远远不够。原因是2008、2009年四大交易机构竞价率只有10%，90%的项目都没有竞争。大家一定要关注市场的本质功能，关注竞价率这个市场质量指标，能够精耕细作，充分披露信息、充分发动市场，认真规范交易，达到价格最大化。这决定着我们能不能得到更多的资源，得到更大的政府支持力度。金马甲出来后，弥补了东西部的鸿沟，青海利用这个系统竞价率做到95%，增值率达到140%多，当然他们是以实物为主。只有市场做的好，才能吸引国有的、非国有的项目都进来。因此，要把市场本质抓住，把市场最主要的质量指标抓住。另外，收费也跟这个问题相关，手续费是过场付费，而服务费则体现了市场增值服务收费。因此，增值服务收费应该成为市场收入的主要来源，这个概念一定要树立起来。

（注：题目为编辑部添加）

认清形势　明确方向　把握机遇
加快推进产权市场“六化”建设

——2010年7月6日在“相约世博·中国产权市场发展高层论坛暨第五届中国产权市场创新论坛”上的讲话摘要

上海联合产权交易所总裁　**蔡敏勇**

在2010上海世博会举办之际，很高兴能够邀请到相关部门领导、全国产权交易机构老总，以及相关专家、学者等各方专业人士一起来探讨未来一段时期中国产权市场的发展方向。中国产权市场成立以来，在规范中不断成长壮大，已成为我国多层次资本市场的重要组成部分。但是，今后一段时期在我国多层次资本市场体系建设过程中，产权市场究竟应该如何准确定位，在我国市场经济发展过程中究竟应该如何实现又好又快发展，这些都是影响未来产权市场发展的重大问题。下面我将分三个部分，就这些问题谈谈我的一些思考和想法。

一、全面把握历史发展机遇，共谋中国产权市场发展大局

党的十七大报告在全面部署经济建设时，把加快转变经济发展方式、完善社会主义市场经济体制取得重大进展，作为实现未来经济发展目标的关键。中国产权市场的发展要紧紧把握经济发展方式转变、产业结构优化升级、区域经济协调发展和国资国企深化改革进程中的重大历史机遇，充分发挥产权市场在经济转型创新发展过程中的重要作用，不断强化产权市场在产权流转和资本集聚的基本功能。

1、经济发展方式转变中引领着产权市场发展的新方向

胡锦涛总书记在6月7日召开的“中国科学院第十五次院士大会、中国工程院第十次院士大会”上发表讲话，特别强调要“充分发挥科学技术在加快转变经济发展方式中的重要作用”，并指出“加快转变经济发展方式，赢得发展先机和主动权，最根本的是要靠科技的力量，最关键的是要大幅提高自主创新能力。”

一方面，以“高新低碳、融合发展”为特征的服务经济、创新经济、绿色经济已经成为经济发展的新趋势。大力发展战略性新兴产业、加快发展生产性服务业、积极推进传统产业技术改造，推动低碳经济，实现绿色发展成为时代的必然选择。另一方面，产权市场在发展低碳金融和为高科技融资方面具有巨大创新探索空间。必须要不断创新自身的交易模式和合作方式，积极大胆地开展低碳金融探索，发展环境能源交易，要大力发展国际间节能技术、新能源技术及各类高新技术产权交易，不断提高为广大高新技术企业融资服务的能力和水平。

2、产业结构优化升级中内生着产权市场发展的新动力

历经了30多年高速发展的中国经济，已然走到了迫切需要调整产业结构、发展高附加值产业，并构建创新型经济体系的历史新阶段。

产业结构调整归根结底是不同种类企业的市场进出问题，实质是推动产业领域的高新化、产业结构的高度化、产业技术的高端化发展。

一方面，产权市场是加快促进产业结构调整的重要市场平台。通过产权市场，使有效益有竞争力、市场成长性好的企业得到资本而成长壮大，使没有效益成长性差的企业无法得到资本支持而受到抑制或者被淘汰，这种市场作用最终带来了产业结构不断优化的结果。另一方面，我国区域产业结构调整对产业转移有着迫切的需求。不同地区间呈现出产业梯度转移的现象，产业转移对于区域产业结

构调整将起到越来越重要的作用。中国产权市场必须要紧紧抓住这一有利时机，充分发挥产权市场在加快各类资源优化配置，特别是跨地区不同行业或上下游企业间并购重组中的市场平台作用，加快促进产业的有序转移，推动共同市场各区域产业结构的优化升级。

3、区域合作协调发展中蕴藏着产权市场发展的新契机

2009年以来，国务院先后批准通过了包括《关于支持福建省加快建设海峡西岸经济区的若干意见》、《江苏沿海地区发展规划》等多个区域发展规划，这表明我国区域发展已经呈现“多头并进，均衡发展”的新阶段。

一方面，随着国家支持力度的不断加强，跨区域并购的需求必然加大，跨区域资源要素流动步伐必将加快。出现各类资源向这些区域的集中，这为产权市场下一步的发展创造了难得的机遇。另一方面，我们要积极参与到为这些市场需求提供有效服务中去，充分发挥产权市场在服务跨区域产权流动和各类企业融资需求中的桥梁纽带作用。在服务中提升产权市场的功能，在服务中寻求产权市场新的发展机遇，在服务中不断发展壮大自身市场规模。

4、国资国企深化改革中凸显着产权市场发展的新空间

随着我国产业结构调整的进一步加快，产权市场在加快各类资源优化配置中的基础性作用必将更加显著，突出表现在两个方面：（1）将继续成为企业国有产权交易的市场平台，促进国有资本市场化优化配置，有利于国有经济布局和产业结构的战略性调整；（2）将成为我国广大中小企业的投融资平台，根据“新36条”的要求，促进组合民间资本，开展跨地区、跨行业兼并重组。

一方面，国家在出台的“十大产业振兴规划”中多次提出要通过资本市场的并购重组整合来提高中国经济的运行效率，落实国家“调结构”的战略规划。因此在我国经济稳步复苏阶段，国内企业并购重组行为在政策支持下仍然会大量发生。另一方面，产权市场要不断深化国资国企改革，创造有利于非公经济发展环境，增进企业发展活力。产权市场要充分发挥为各地国资国企改革发展服务的功能，大力推动央企与地方各类企业的并购重组，更多地采取市场化的方式，不断提高规范服务水平，为中央企业和地方企业并购重组提供最为专业、最为规范、最为便捷的服务。

二、全面把握战略发展定位，共趋中国产权市场发展大势

产权市场是一个与股票市场相对独立、长期共存的半标准化和非标准化的多层次资本市场，具有投融资功能、资源配置功能和风险定价功能的基本功能，在功能定位和属性定位的基础上，目前产权市场发展的方向是基础性权益性的产权市场。

1、功能定位：产权市场是我国多层次资本市场的重要组成部分

产权市场是我国社会主义初级阶段基本经济制度的需要，符合中国社会主义市场经济发展要求。把产权市场视为现代市场体系的一个重要组成部分，是建设我国多层次资本市场的需要。

一是产权市场具备投融资功能、资源配置功能和风险定价功能，

当然属于是我国资本市场的一个组成部分。产权市场具有资本市场的一般特征，突出表现在三大功能，即：投融资功能、资源配置功能和风险定价功能。投融资功能、资源配置功能和风险定价功能是资本市场区别于其他市场的主要标志，产权市场在发展过程中逐步具有了这三项功能。

二是产权市场是多层次资本市场的重要组成部分是由我国的国情决定的。在社会主义初级阶段，坚持毫不动摇地发展公有制和非公有制经济就必然会产生不同所有制属性的企业资源流动组合的需求。党的十六大和十六届三中全会在最高层次明确提出要发展产权市场，把产权市场视为现代市场体系的一个重要组成部分。

三是产权市场也是提升资源配置效率，建设我国多层次资本市场的需要。社会主义市场经济要发挥市场在资源配置中的主体地位和基础作用。国务院国资委发布的3号令，《关于鼓励和引导民间投资健康发展的若干意见》（简称“新36条”）及其他配套文件的出台，为促进产权合理流动作了重要的

制度安排，有力地推动了我国产权市场的规范发展。产权市场要进一步增强作为资本市场配置各类要素的功能，构建包括产权交易、股权托管、高新技术企业融资等在内的、涉及物权、股权、债权、技术和知识产权投融资服务的多层次资本市场体系。

2、属性定位：产权市场是半标准化和非标准化的资本市场

我国的资本市场包括两个系列，一是标准化的资本市场，如股票市场；二是半标准化和非标准化的资本市场，即产权市场，它是资本市场的另一个重要系列。区分两个市场的根本特征是交易对象的不同：股票市场的交易对象是标准化的产权，产权市场交易对象是半标准化和非标准化的产权。产权市场根据交易对象的标准化程度高低分为两个层次。

一是交易非公司制企业的产权和单项的物权、债权或知识产权等，其标准化程度较低，流动性较差，称为“非标准化”的产权市场。非标准化产权一般不能拆分得很细，因此是标准化程度最低的产权，流转起来很慢。

二是交易非公众股份有限公司股权和有限责任公司的股权，其标准化程度和流动性介于标准化和非标准化产权之间，称为“半标准化”的产权市场。非公众股份有限公司股权和有限责任公司的股权，可以按一定比例或一定数量拆分并转让，公司可以方便地以增资扩股的方式募集新的资金，因而标准化程度较高，产权流转也相对容易一点。

3、目标定位：产权市场是基础性和权益性的资本市场

在战略研究的过程中，我们不断加深了对产权市场发展定位的正确认识，提出了产权市场是“基础性、权益性资本市场”的创新性观点，“基础性”的认识使我们更加自觉地重视制度建设，规范市场行为，防范市场风险；“权益性”的认识则指导了产权市场的业务拓展。

一是产权市场的基础性特点是由产权市场发展现状决定的。首先产权市场是我国改革开放中发展起来的一个全新的资本市场，还处于基础性的发展阶段。我国的产权市场无论与国际资本市场发展程度相比，还是从国内市场需求来看，我国产权市场的结构和直接融资的能力，都有很大的差距。其次产权市场在国资国企改革中发挥着基础性的作用。这几年来，产权市场已成为服务国资国企改革、促进企业并购重组和优化生产要素资源配置的重要市场平台。再次相对于股票市场标准化产权而言，产权市场半标准化和非标准化产权具有基础性的性质。

二是产权市场的权益性特点是由产权市场的本质属性决定的。首先产权价值实现的关键在于使用、收益、转让、决策等权益的交易流转。产权具有经济性、可分性、流动性等特征，只有在流转才能实现权益的保值增值和权益的最大化。产权是所有制的核心和主要内容，包括物权、债权、股权和知识产权等各类财产权。其次运用产权理论中权益性的观点来看，产权市场具有巨大的业务拓展空间。只要有权益的需求就会有市场，只要有权益的需求就会有交易。比如，自全球金融危机以来，以低碳经济为代表的新技术革命正在成为推动经济复苏的新动力。产权市场积极创新发展，敏锐地捕捉到新的市场发展机遇，近年来有多个交易机构都相继开展了技术产权交易、环境能源交易、排污权交易等新的业务探索。

三、全面把握“六化建设”发展方向，共创中国产权市场发展大业

当前，中国产权市场已经处在一个大变革、大发展的关键转折点。我们产权界的各位同仁必须要团结起来，一定要紧紧把握当前我国产权市场发展的重大历史机遇，积极探索紧密型合作新机制，紧紧围绕产权市场“制度化、程序化、规范化、信息化、市场化和国际化”的发展方向，着力“六化建设”，加大“六个力度”，实现“六大发展”。努力打造符合资本市场运行发展规律、具有中国市场经济体制特色的产权交易大市场。

1、以制度化建设为基础，加大交易规则统一力度，实现协调发展

产权市场的本质是一体化的制度安排，合适的制度才能保证市场的有效运行。产权市场交易规则也需要根据市场变化发展不断调整和完善。3号令及其配套文件已经初步建立起了一套在全国范围内相对统一、比较合理的企业国有产权交易制度。一方面，我们要以中央企业产权交易试点机构联合统一交易

规则为契机，加大在全国产权交易机构实施统一交易规则的力度。对照统一交易规则的要求，全面梳理并完善各地的制度，把法律、法规、政策转化为覆盖企业国有产权交易全过程的规范化制度体系。另一方面，要把这套制度体系创造性地移植到新的专业交易平台中去。如环境能源交易、技术产权交易、文化产权交易等平台，促进新型专业市场的制度化建设。

2、以程序化建設爲保障，加大與監測系統對接力度，實現健康發展

产权交易机构要不断提高风险防范意识，加大与国资委监测系统的对接力度，不断优化信息披露程序和业务审核程序，自觉、主动地接受国资委的监督。一方面，不断推动产权市场程序化建设，使得各机构在交易环节中的职责更加清晰，程序更加规范，监管更加有效，形成相互监督制约机制。产权交易机构可以参照《关于建立中央企业国有产权转让信息联合发布制度有关事项的通知》的各项要求，联合制订全国性的《交易项目审核标准及程序管理细则》、《意向受让人资格确认实施细则》等交易细则。另一方面，产权交易机构也要根据自身情况，细化机构内的程序化建设，强化内控管理机制。

3、以規範化建設爲核心，加大内控機制建設力度，實現持續發展

经济高速发展和市场制度转轨期容易引发各类贪污腐败。产权市场是各种利益博弈的场所，处在各种社会矛盾的风口浪尖上。一方面，产权交易机构要注重完善纠纷协调机制，注重维护产权市场的整体形象。要形成及时总结、推广行业经验的良性互动发展机制，对于疑难复杂项目，全国行业协会可以组织行业专家委员会进行联审，不断提高全行业处置疑难项目的能力和水平。另一方面，整个行业要建立利益协调机制，全国行业协会可以在这方面发挥作用。进一步强化廉洁从业机制，制定全行业从业人员廉洁从业的相关制度，预防行业内人员受贿、索贿情况的发生。

4、以信息化建設爲手段，加大網絡系統發展力度，實現創新發展

产权交易机构要充分利用网络信息技术，进一步强化用电脑控制人脑、用电脑控制流程、用电脑控制风险的科学管理模式。一方面，不断提高信息资源利用和管理能力，加大软硬件投入，确保统一版交易系统安全稳定运行。优化管理设计理念，提高办公效率，丰富网络服务手段，确保市场化服务的有效实施。另一方面，要善于利用新的网络服务手段，不断创新业务拓展模式。使我们产权市场的信息传播渠道更加通畅、覆盖面更加广泛，市场化服务手段更加丰富、多样。

5、以市場化建設爲目標，加大綜合推進力度，實現高效發展

产权交易机构要不断提升挖掘项目资源和投资人资源的能力，加大市场发动和项目推介力度。一方面我们要发挥产权市场的整体优势，探索建立项目联合发布、联合推介、联合竞价新机制，不断提高产权交易效率。推动产权交易项目市场化运作，不断创新服务买方市场的新的合作模式，做大买方市场，不断提高产权市场平台的“挂牌率、成交率、竞价率和竞价增值率”，加快产权交易市场化发展水平。另一方面，以市场化为主目标，推动产权调整主体由国有企业为主转变为外企、民企等非国有企业为主，不断拓展资本市场服务范围和服务功能，创新产权市场交易品种。进一步增强产权市场作为资本市场配置各类要素的功能，构建包括产权交易、股权托管、高新技术企业融资等在内的、涉及物权、股权、债权、技术和知识产权投融资服务的多层次资本市场体系。

6、以國際化建設爲方向，加大全球合作力度，實現跨越發展

近年来随着改革开放的不断收入，产权市场多元化、国际化发展需求不断凸显。一方面要鼓励开展多种形式的国际交流与合作，加强与国际资本市场的交流与合作，推动产权市场的国际化进程。要鼓励以国际化的视野来加快产权交易手段和品种的创新，建立专业化市场平台，形成产权市场多元化发展新格局。另一方面，以国际化为大方向，进一步扩大产权市场作为社会经济“加工器”和“协调器”的作用范围，推动中国产权市场与国际资本市场全面接轨。借鉴国际资本市场先进经验，利用好国际资本市场投融资有效渠道，大力发展海外和具有外资背景会员，扩充跨国分支机构，加强国际并购和上市推介服务功能，使产权市场所成为国际资本进退中国市场的重要平台。

服务中国并购市场　打造并购与融资工具集成商

——2010年12月14日在“2010北京国际并购论坛”上的讲话摘要

北京产权交易所总裁　熊焰

过去的一段时间里，国际市场风云变幻，中国并购市场可谓高歌猛进，目前中国已经成为了仅次于美国的全球第二大并购市场。可以说中国加快产业整合的内在需求、活跃的资本市场、政府经济刺激政策带动下的银行贷款增加等各种因素的叠加，推动了中国企业战略性并购的活跃程度。

根据最新的数据统计，2010年前11个月中国并购市场的交易额达到了创纪录的1426亿美元。

回顾今年的并购市场会发现，有一半左右的交易额是国内企业之间的并购，这体现了中国国内企业进行产业整合升级的内在需求。目前除了能源、通讯等国有垄断行业，中国绝大多数市场都呈现多头竞争格局，大部分行业的前三名在整个行业中所占的市场份额都非常低，这种现状的一个不良后果是：规模效应的缺失会导致企业缺乏研发与创新的实力与动力。近两年来，在金融资本的推动下，通过并购，中国的产业集中度正在逐步加强，逐渐出现了一批具备行业整合能力的龙头企业。

我们一直认为中国经过过去30年的积淀，未来20年到30年还会有高速的增长。全球经济体系中有13亿人共用一个法律框架、共用一种语言，共享一个巨大的市场，这是别的国家所不具备的优势，因此中国出现全球级大企业是完全可能的。但是这种大企业的成长过程不应该是目前中国大企业的成长路径。目前中国大企业实际是基于政府力量、基于垄断形成的。我相信源自草根的、充满生命力的中国民营企业中间会产生世界级大企业。我在几次场合下都曾放言，如果李书福先生的公司进入世界500强我一点都不意外。

在中国2010年的并购交易中，还有1/3的交易额来自中国企业的海外并购。早在2008年我们就号召国内有实力的企业利用欧美发达国家市场陷入次贷危机这一千载难逢的机会，果断地走出去，在市场估值水平下降的情况下，以比较低的成本并购欧美企业，实现产业升级。而过去两年来的市场并购实践，也印证了我们的判断。

在新形势下，我们可以看到，海外并购的主要形式正从原来的参股走向控股，正在实现从控制资源到控制品牌和知识产权的过渡。这说明中国企业的海外并购又向前迈进了一步。中国企业不仅仅是获得产品，还要参与企业的管理和决策。如果说由参股到控股的转变让中国企业实现了从获得产品到获得管理经验的转变，那么，吉利收购沃尔沃则标志着中国企业开始了从买资源到买品牌再到买知识产权的转变。

根据统计，在2010年总体的并购市场中，外资并购中国企业仅占到了总额的15%。这一方面是外资企业近年来受到次贷危机影响导致扩张的需求减弱，另一方面也反映了中国企业实力得到提升后，不再像以前那样轻易成为外资产业整合的对象。

总体来看，中国的并购市场成绩喜人。但是我们的并购市场是不是已经完美了呢？我认为还远远不够。

首先，企业成功并购需要金融的有力支持，当前中国金融业的发展与现代经济和企业的要求相比，仍然存在很大差距。并购融资工具有限，资本市场发展相对滞后。金融服务业对企业并购的运作能力和经验不足，大量融资瓶颈还存在，特别是中小企业并购、融资渠道还不够畅通。

其次，我们应该认识到，并购是一把双刃剑，我们虽然看到中国企业的并购实力在增加，以至于在一定程度上改变了国际并购市场的格局，但也要看到事情的另一面，就是我们对于并购市场脉搏的把握是否足够精准？目前甚至出现了两家国企在海外为了争夺一个项目而互相抬价的情况，这是明显是有一种过于冲动的，急功近利的情绪在里面。根据统计，国际上大型企业并购案例中失败的有近2/3，重组10年后公司仍成功运营的比例只有25%。所以企业在做出并购决策的时候一定要慎之又慎。不过我们相信这是一个不断试错的过程，中国企业势必会经过一个实践、失败，再实践、再失败，逐步走向成功的过程。这就需要我们在国际并购市场具备政治家的智慧，企业家的胆识和投资家的经验。

以上回顾了一下2010年并购市场发展的情况，接下来我想介绍一下北交所集团在这样一个大的背景下，如何服务中国的并购市场。

目前北交所集团形成了一个“一拖十”的架构，集团下属包括中国技术交易所、中国林权交易所、中国文化产权交易所、北京金融资产交易所、北京环境交易所、北京国际矿业权交易所、北京石油交易所、北京股权登记管理中心、北京黄金交易中心、金马甲网上交易系统等一系列专业平台，我们做这些平台最重要的目的是希望为我们企业并购提供一系列的工具，因为产权交易所本质是一个集约化的并购市场，交易所能为整个并购过程提供信息、中介服务、以及融资三大服务。

从中国企业的情形来看，大部分并购如果没有金融工具的支持都无法实现。因此北交所集团现在提出了一个融资工具集成商的概念，希望联合各种金融工具的力量，为企业并购提供包括股权融资、债权融资、信托融资等在内的各种融资资金。北交所集团希望能够逐渐让这个平台在并购过程中发挥作用，通过一系列成功案例为大家使用这个平台提供指引。

我们相信在未来的5年范围内，中国并购市场将迎来一波又一波的浪潮和高峰。我们希望在这样的浪潮中起到推波助澜的作用，为中国的并购市场提供最优质的服务。

只有加快改革　才能够促进并购和股权投资

——2010年11月25日在“2010（第八届）中国并购年会”上的讲话摘要

中国股权投资基金协会会长　邵秉仁

企业并购和股权融资都是产权调整的重要方式，虽然方式不同，但目标都是促成企业财产结构的优化，改善治理结构，为企业的发展奠定制度的基础。企业并购和股权融资依赖于改革，可以说改革兴，并购兴；改革越深入，股权投入越活跃。我们中国社会几千年来应该是一个超稳定的结构，当前尽管我国遇到了诸多的社会矛盾，但是总体上来看，我个人认为改革的原动力仍显不足。

现代改革绝不仅仅是依靠金融体制改革就可以的，必须配套地推进社会、文化、政治体制改革，对此，刚刚闭幕的十七届五中全会提出的“十二五”规划当中已经有明确的论述，就是要进入到配套推进的全方位改革。就经济体制改革而言，我认为现在有必要重申党的十四大以来历次代表大会对经济体制改革一系列指导思想和原则。

第一，必须坚持市场化改革的方向不动摇，坚持完善基本经济制度不动摇，需要明确在基本经济制度中规定，公有经济为主体，但是坚持公有制为主体不等于单一的国有制为主。现阶段股份制、股份合作制、合伙制等等多种混合所有制都属于公有制的发展。公有经济的主体地位主要体现在对国民经济命脉的控制力和影响力方面。

第二，非公企业是社会主义的重要力量，是社会主义市场经济的重要组成部分，是现阶段承担就业的主要力量。因此，必须支持其不断发展和壮大，帮助它不断地完善和提高。

第三，要改革国有资产管理体制，通过国有资本的运营实现国有经济的影响力，促进社会资本的优化配置。

第四，行政改革的目标绝不是机构的简单合并，而是要彻底转变政府职能，让市场在资源配置中起到基础的作用。“十二五”规划为改革作出了整体规划，中国的改革是渐进的，但是渐进不等于不动，看准了就要坚决地干，不停止的稳固向前才能缓解各种社会矛盾，为建立社会主义市场经济体制赢得时间，为构建社会的和谐和公正奠定体制的基础。

伴随着中国经济的持续发展，我国的经济正面临着结构调整和经济增长方式的转变，那么“十二五”规划又提出了加快改革的总体设想，如果这些设想能够落实的话，那么就为企业的并购和股权投资提供了良好的发展前景。

作为全国性的行业协会，中国股权投资基金协会和全国工商联并购公会都有着共同的责任，我们应该联起手来，为并购市场创造更广阔的平台，制定中国国情的行业标准，促进行业之间的交流与合作，从而促进中国股权投资和并购业的健康发展。经过我们两个协会的协商，准备建立战略合作关系，我也希望到会的各位同志能够分享这一重要的时刻。

国有资产交易过程中的利益冲突以及可能导致的市场风险

天津滨海产权研究院秘书长　洪振东

一、国有资产交易过程中利益冲突的表现形式

1．利益冲突的表述

由于利益冲突是市场交易中普遍存在的一种现象，因此一直都被广泛关注，并逐渐形成我国公司法中的核心规则。

所谓利益冲突是指交易主体之间或交易主体与提供专业服务的业者本人或者与其所代表的其他利益之间存在的某种形式的对抗，这种对抗的发生，不但可能导致委托人的利益受损，而且有可能带来专业服务品质的实质性下降和市场秩序的混乱。为了防止对抗的发生，《公司法》第59条明确规定，“董事、监事、经理应当遵守公司章程，忠实履行职务，维护公司利益，不得利用在公司的地位和职权为自己谋取私利。”

2．利益冲突的类型

尽管利益冲突的表现形式多种多样，但是按照行为主体划分，利益冲突大致可以分为以下几个主要类型。

（1）交易双方的利益冲突。

交易双方的利益冲突是最常见的也是最主要的冲突类型。主要指进场交易各方为了各自的利益，在交易过程中的不同环节所形成的对抗。这种冲突不但直接导致委托方的利益损失，而且还滋生了腐败。

（2）交易主体与市场及服务机构的冲突。

这也是常见的一种冲突类型。主要指交易主体与交易机构及场内中介机构之间、为了各自的利益在交易过程中的不同环节所形成的对抗。随着交易品种和交易量的变化，这种类型的冲突也比较突出。这种冲突不但直接干扰了市场秩序，破坏了市场基础性制度，而且有可能为腐败分子提供便利条件，对构建公开、公平、公正的社会主义市场经济秩序极为不利。

3．利益冲突的主要表现形式

（1）“手拉手”的交易形式

为了保证国有资产整合的有效性，从而妥善解决计划时期国有企业遗留的众多问题，国务院国资

委出台的《企业国有产权交易操作规则》第十二条，明确表示“转让方可以根据标的企业实际情况，合理设置受让方资格条件。”。这个规定至少有两个好处，一是由于有条件的选择受让方，可以将一些不具备条件的买家排除在外，减少企业的交易成本；二是可以提高企业内部结构调整和资产整合的效率，准确实现内部改革的目标。但是，由于规定对受让方资格条件“不得出现具有明确指向性或者违反公平竞争的内容”的要求不明确、不够详尽，因此，受让条件一般都具有排他性和指向性的内容。由于受让条件审核职能的缺位和弱化，具有排他性和指向性内容的受让条件便畅通无阻，大显神通。使得“手拉手”交易光明正大地走进市场。所谓“手拉手”交易，是业界对于产权转让中买卖双方事先在场外谈妥，到场内“一对一”转让的形象比喻。对牵手的双方而言，产权交易市场只是他们完成“恋爱”、走向“婚姻”的法定登记机关而已。“公开、公平、公正”是市场的生命线。产权市场的功能主要表现为，一是通过征集更多意向受让方的竞价，形成合理的交易价格，确保产权以最高价成交。二是通过公开的市场行为，阻止特定的关联交易。既然明确规定国有资产必须进场交易，就一定严格按照“公开、公平、公正”的市场原则进行公开叫卖、平等竞价。如果产权市场变成了“婚姻登记处”，交易双方手拉手走进来，办个手续又手拉手走出去，不但造成国有资产流失、滋生腐败，而且严重破坏了“公开、公平、公正”的市场原则，不利于建立健康、向好的社会主义市场经济秩序。

（2）“客大欺店”的交易形式

“客大欺店”是一句民间老话，它描述的是市场交易双方由于力量（主要是市场的稀缺性）对比相差悬殊而形成的一种主动与被动的买卖关系。由于产权交易市场流动性的趋缓以及交易量的明显萎缩，转让方成为市场的强者，交易标的稀缺性凸现。因此，交易过程的所有要件，比如受让方的选择、交易方式、交易时间、交易地点、交易条件以及有关市场中介服务的取费标准，都要符合转让方的意愿，都由转让方说了算，市场的主动权完全掌握在转让方的手里，转让方稍不满意，交易就可能泡汤。用“客大欺店”来比喻当前产权交易市场的转让方（特别是央企）十分恰当。

二、形成利益冲突的主要原因

1．体制的原因

（1）法人治理结构的有效性。

国有企业法人治理结构一直是我们讨论的话题，这足以证明有效的法人治理结构对于企业的重要性。但是，由于企业主要领导人是由上级任命的，所以实际工作中，法人治理机制、集体决策制度等基本就是个名义和形式。即便主要领导人的意见不是最优的选择，甚至是不正确的，也不会有人提出另外的意见，更别说否定的意见。实践证明，健康向上的企业是与严格按照《公司法》建立起来的有效的法人治理机构紧密相连的。法人治理结构的核心在于制衡与监督。如果一个企业的法人治理结构流于形式，失去了制衡与监督的本质功能，就为企业的实际控制人创造了以权设租、寻租的机会，集体决策就成为一句空话。

（2）企业主要负责人的产生办法

目前，我国国有企业的主要负责人一般都由上级机关任命（央企表现的尤为突出）。用管理官员的办法管理企业负责人是我国一贯的做法。这样做，不仅不利于形成企业有效的法人治理机制，而且由于官本位的影响，严重制约了企业市场功能的发挥。另外，由于企业负责人是上级任命的，所以，班子成员之间自然而然形成了一种特殊的关系，班子的其他组成人员出于各种各样的目的和原因，根本不可能监督主要负责人的行为。集体决策、集体领导就只能流于形式。

2．相关法规的不详尽和不统一

目前，与产权交易市场相关的法规，还存在表述不详尽、规定不统一的地方。这里所说的不详尽主要指一些法规的内容过于原则。比如，《企业国有产权转让管理暂行办法》（国资委3号令）规定交易双方进场交易时必须提供书面文件以供审查，实践证明，这是保证市场健康运行的必要措施，但是，审核主体的合法性以及审核标准并不明确，因此，大大削弱了这个环节的监管职能。不统一主要指从立法角度考查，不同的法规赋予市场主体职能的差别。比如，3号令规定国有产权转让必须进场，同时规定“经公开征集产生两个以上受让方时，转让方应当与产权交易机构协商，根据转让标的的具体情况采取拍卖或者招投标方式组织实施产权交易。”但《招标投标法》和《拍卖法》规定，组织招投标和拍卖活动的中介代理机构应当具有法定的招标和拍卖资质，而产权交易机构一般不具有招标代理资质或者拍卖行资质。

随着经济体制改革的不断深化，服务于市场的政策、规则、办法也应该与时俱进，在不断完善的基础上尽量做到详尽具体，克服只有原则、没有具体内容，只定性不定量的习惯，否则良好、健康的市场秩序很难建立。

3．制度的缺失

这里所说的制度缺失，主要指监督制度的缺失。任何市场行为要想达到预期的效果，除了建立并形成良好的自律机制以外，一定要建立科学、完善的监督制度。市场行为一但失去监督，公开、公平、公正的市场原则就会受到冲击和干扰，健康、有序的市场秩序就很难建立。任何制度安排首先要合法，要有法可依。否则就没有约束力和权威性。其次，制度要尽量做到详尽、准确，有较强的针对性。而产权交易市场的监督制度就不够完善，比如受让条件的设置和审核制度。尽管3号令对受让条件的设置和审核做了一些规定，但是不够明确，更重要的是对受让条件审核权的规定即不详尽又无法可依。另外，产权交易市场的监管单位很多，比如国资委、工商局、房管局、监察局等相关政府部门都对产权交易进行监管，但是法律真正赋予职能的监管单位又很少。这样，交易过程中的监管，形式上热热闹闹，实际上苍白无力，结果可想而知。

三、利益冲突可能导致的市场风险

国资委3号令同以往有关国有企业改制的政府文件的一个显著不同就是十分注重防范风险。在企业国有产权交易中如何防范风险，这既是各级国资委高度关注的问题，也是各级人民政府授权国有资产监督管理机构履行出资人职责的企业非常关心的问题。可见，产权交易过程中利益冲突可能导致的市场风险，已经引起有关方面的高度重视。但是由于方方面面的原因，现行的有关法规还有一些不尽完善的地方，还不能充分起到防范、化解风险的作用。

1．导致市场公信力下降的风险

市场公信力既是成熟市场的重要标志，又是市场软实力的象征。一个成熟、健康的市场，一定是公信力较高的市场。市场的公信力，是靠构成市场的各有关主体，在市场公开、公平、公正原则的规范下，通过诚实、守信的市场行为和公开、有序的市场竞争，以及良好的产品和服务，日积月累逐步形成的。但是，在市场潜规则的作用下，产权市场的有关规则和办法大打折扣，相关的中介服务机构的规则和秩序，也深受影响。这样，构成市场秩序的大部分内容都走了样。长此以往，市场公信力必然下降。由于市场公信力下降直接影响市场主体参于市场交易的信心和积极性，因此，又极大地影响了市场的流动性。

2．导致弱化甚至破坏市场功能的风险

鉴于产权交易过程中存在的诸多风险，国资委3号令明确要求，产权交易由包括会计师事务所、资产评估机构和律师事务所等在内的专业中介机构提供产权转让程序中相关的服务工作。目的是利用中介机构的专业技能和从业经验，化解交易过程中存在的风险。中介机构根据其职责分别对企业国有产权转让的不同事项承担责任。应该说，除了其他内容以外，计划模式和市场模式的本质区别，就在于市场具有特殊的、不可替代的功能。比如信息披露功能、评估、报价功能、定价、撮合功能、确认、交割功能等。不但市场供需双方的利益，是通过上述市场功能在化解市场风险的前提下完成的，而且生产要素的合理配置、经济的平衡发展，也离不开市场功能的调节。在公开、公平、公正的原则下，健康的市场功能，在保证市场各方实现利益最大化的同时，还可以通过市场功能自我完善、不断提高和发展。而利益冲突，直接导致了各种不公平的市场行为的发生，冲淡了中介机构化解风险的作用。

结果，不但损害了国家利益、导致了腐败，而且还弱化甚至破坏了市场配置功能的基础性作用。

3．导致挑战公开、公平、公正市场原则的风险

公开、公平、公正的市场原则，是市场的生命。特别对于还在市场化建设过程中的要素市场，尤为重要。改革开放30年来，我国的市场环境不但优化、市场条件不断完善。但是，还应该看到我们的市场化程度还不高，市场经验还不多，市场环境和市场条件还有许多需要改进和完善的地方。一句话我们的市场化建设还任重道远。因此，坚持公开、公平、公正的市场原则，进一步优化市场环境、改善市场条件，不断提高市场化程度，是建立社会主义市场经济体制，实现建设小康社会宏伟目标的必然选择。不规范的交易行为，严重冲击了市场的法规、制度和程序，违反了公开、公平、公正的市场原则，导致挑战公开、公平、公正市场原则的风险。

四、对策与建议

1．进一步统一、完善产权交易市场的相关法规

实践证明，进一步统一、完善产权交易市场的相关法规是化解产权交易市场利益冲突极其关键的工作。产权交易机构是国有企业改革的产物。从其功能的角度划分，也属于中介服务机构的范畴。这个平台除了具有中介服务机构的功能以外，还可以通过交易数量、交易品种、交易方式、交易价格等交易信息的变化，适时反映出企业国有产权转让的实际情况和动态，国资委极其相关部门可以通过这个平台及时了解和掌握相关的情况和信息，因此具有一定的监测功能。为了更好的利用这个平台，应该就一些具体问题、比如监测环节、监测内容，检测方法等，都应该以立法的形式作出详尽的规定。这样才能充分发挥产权交易机构的功能。尽管国资委3号令在第十条、第十七条中对产权交易机构的职责有一些规定，但是规定的并不详尽。此外，国资委3号令还规定了国有产权转让时，企业必须提交书面文件（其中包括设置的受让条件），由国有资产授权经营单位对这些文件进行审查，我们认为，由国有资产授权经营单位对这些文件进行审查是必要的，为维护公开、公平、公正的市场原则，从市场的角度，产权交易机构也应该对这些文件进行再次审查，并有权提出修改或不同的意见，针对提出的意见，企业必须进行调整和修改，直至达标为止。这样做，才能体现产权交易机构的市场监测作用。但是，没有任何法规赋予产权交易机构这样的职责。虽然有些地方政府（如北京、上海、天津）针对产权交易机构的职责作了若干规定，但这些规定只是根据地方的具体情况做了一些原则性的要求。既没有明确产权交易机构的监测职责、也不一定适合或不完全适合目前我国产权交易的现状。由于相关法规内容的不详尽和不统一，产权交易机构很难发挥应有的作用。因此，建议国务院尽早统一、完善产权交易市场的相关法规，进一步明确、完善产权交易机构的职责。以确保产权交易机构功能的正常发挥。

2．突破体制障碍

如何突破体制障碍、真正按照《公司法》建立起有效的法人治理结构（机制）意义重大。改革开放以来，国有企业的管理办法有了很大的变化，特别是在面向市场搞活经营等方面，取得了较大的成绩。但是，在人事管理特别是企业主要领导人的任免方面，还没有实质的突破。政企不分、用管理行政机构和官员的办法管理企业和企业领导者的现象还很普遍。建立有效的法人治理结构，依然是企业面临的重大问题。企业是面向市场的经济实体，不是行政部门，它的主要任务是向社会提供合格的产品和服务。因此，用管理行政机关的办法管理企业是不合适的。所以一定要改变目前企业主要领导人的任命办法。我们认为应该从实际出发，企业领导人完全可以直接从行业或企业中选拔为好。这样做至少有以下几个好处，一是这样的人熟悉市场、了解企业，有较多的实际经验。二是从实际岗位走出来的人，少有官场的习气，想得更多的不是如何作官，而是企业发展的实际问题。三是这样产生的领导，与班子其他成员没有距离、更容易沟通，有利于形成集体领导的局面。只要德才兼备、年富力强，尽管没有做官的经历，经过实践和企业相关部门考核后也可以委以重任。由这样的人组成的领导

班子才有可能建立起有效的法人治理机制，才能真正做到集体领导、科学决策。为全面贯彻党的十七大和十七届四中全会精神，切实加强国有企业反腐倡廉建设，进一步促进国有企业领导人员廉洁从业，规范决策行为，提高决策水平，防范决策风险，保证国有企业科学发展，近日，中共中央办公厅、国务院办公厅印发了《关于进一步推进国有企业贯彻落实“三重一大”决策制度的意见》，意见明确要求企业凡属重大决策、重要人事任免、重大项目安排和大额度资金运作（简称“三重一大”）事项必须由领导班子集体作出决定。

3．加强市场自律与制度建设

市场的自律机制与监督机制共同构成了市场监管制度的全部内容。目前，我们的市场化程度还不高，自律与监督机制还不完善，但是我们的目标是建立一个健康、高效的社会主义市场经济体制，因此，从我国产权市场的实际出发，以提高市场自律、强化市场监管为目的，加强市场自律与制度建设，是一项及其重要的基础性工作。首先，要提高市场主体参与市场、建设市场、维护市场的意识和自觉性。明确各自的义务和责任，提倡互相监督、从我做起；其次，科学安排确有实效的监管制度，避免假、大、空；第三、在明确责任与义务的基础上，针对目前违规交易的行为，制定适度的、操作性强的惩戒办法。这一条非常重要，特别是在目前的情况下，对于保护国有资产、预防腐败、维护市场主体的合法权利，杜绝以权寻租、暗箱操作、违规交易，从而建立健康、有序的市场秩序，具有举足轻重的作用。做好加强市场自律与制度建设这项工作，一是制度安排要从实际出发，做到有的放矢。二是制度安排要有法可依，确保制度的权威性和约束性。三是制度内容要有较强的针对性和可操作性，尽量详尽，不能过于原则。四是要营造以诚实、守信为荣的社会风气，为建立公开、公平、公正的市场秩序创造良好的社会氛围。

总之，产权交易市场是我国要素市场的重要组成部分，实践证明，产权交易市场在产权流动、资源配置、企业重组等方面发挥着不可替代的作用。而且，随着我国经济的快速发展和改革的不断深化，产权交易市场的作用会越来越重要。市场培育过程中出现这样那样的问题不足为怪，重要的是敢于面对问题、不回避问题并从实际出发，找到解决问题的好办法。我们认为，从政策引导、组织建设、制度安排和完善机制等方面支持产权交易市场建设和发展，即是解决目前产权市场存在问题的根本办法，也是正常发挥产权交易市场功能和作用并不断创新发展的重要保证。完全可以相信，在我国社会主义市场体系建设中、一个规范、健康、成熟的产权交易市场一定会出现并发挥更重要的作用。

央企执业会员制度应趋向统一

上海市产权交易管理办公室主任　**沈立群**

央企执业会员制度的规范统一，央企执业会员资源的合理共享，应当成为京津沪渝四地交易机构的共识

目前，以京津沪渝四地交易机构为龙头的产权交易市场已经实现了“四个统一”，即市场规则统一、信息发布统一、交易系统统一、项目监测统一。这是国务院国资委坚持推进央企产权交易试点机构两轮3年的制度建设所取得的成效，标志着产权交易市场规范化水平的整体提高。

然而，在构建产权交易大市场的进程中，与产权交易业务运作模式直接相关的交易机构央企执业会员（指从事央企产权交易中介业务的交易所会员）制度尚未统一，四地交易机构的竞争也伴有不和谐的“杂音”。

一、交易机构之竞争

京津沪渝四地交易机构客观上存在区域位置的差异，几年来，正在逐步形成各具特点的业务竞争格局。

央企国有产权转让项目是四地交易机构的主要业务资源。产权交易实行执业会员代理制的运行模式，以一家交易机构作为独立的业务平台而言，央企执业会员获取转让项目，就能够扩大市场份额；央企执业会员引入买受主体，就能够增加交易机会。因此，央企执业会员是交易机构规范化运行、市场化运作的必要支撑，构成了交易机构的竞争力。于是，交易机构固守本地执业会员、挖取异地执业会员的策略成为利益最大化的“潜规则”，造成既互相指责又相互仿效的尴尬局面。

二、制度应趋向统一

从京津沪渝四地交易机构的央企执业会员制度来看，申请成为执业会员的条件不尽相同，权利义务的规范也有一定的区别。所以，简单地采取另一交易机构确认异地央企执业会员的做法，势必会产生与原有执业会员管理制度的冲突，还会引发损害现有执业会员权利的一系列矛盾。

应当指出的是，执业会员制度不仅仅是一种形式，更重要的是依托这一制度而确立的产权交易业务运作模式。四地交易机构要着手梳理央企执业会员制度，清除影响统一规范的障碍，这不仅涉及到市场运作的理念问题，还直接关系到执业会员资源的综合开发和合理利用。规范、统一、开放，是产权交易大市场的发展方向，“四个统一”已经奠定了良好的基础，趁势而为，四地交易机构应当将央企执业会员制度的规范统一提上议事日程。

三、规范统一，资源共享

央企执业会员制度的规范统一，央企执业会员资源的合理共享，应当成为京津沪渝四地交易机构的共识。

统一央企执业会员的条件。起点规范是基础，四地交易机构是国务院国资委选择确定的央企国有产权交易试点机构，完全可以对成为从事央企交易中介业务执业会员的条件提出统一要求，规定履行必要的义务，享有无差别的权利，进而形成具有开放活力的市场环境。

统一央企执业会员的规范。执业规范是根本，四地交易机构作为市场规则的执行者，要从维护市场秩序的高度，共同自觉地规范央企执业会员的执业行为，在资源共享的前提下，提高市场运行的交易效率。

加强培训和监管。培训和监管是保障，四地交易机构应当完善执业培训制度，共同采用统一培训

要求、分片组织实施的方法，切实提高央企执业会员及其从业人员的规范执业水平；京津沪渝四地交易机构还应当加强对央企执业会员的监管，建立诚信执业记录，形成优胜劣汰机制。

规范统一的央企执业会员制度，同时必须是有利于加强监管，防范风险的制度，从现在抓起，为时不晚！

摘自《上海国资》2010年第7期

强化行政事业单位国有资产产权管理的思考

财政部《行政事业单位国有资产产权管理研究》课题组

一、行政事业单位国有资产产权管理的界定

产权不能简单地等同于“所有权”，而是所有权的一种结构形式，是特定主体对特定财产的一组权利，即所有权、占有权、使用权、收益权和处置权的不同组合。因此，行政事业单位国有资产产权是行政事业单位国有资产各种权利在不同主体之间的不同组合。具体说来，行政事业单位国有资产产权管理包括以下基本要素：

（一）管理主体

毋庸置疑，行政事业单位国有资产的最终所有权人为国家。在实际管理中，国家可将行政事业单位国有资产委托给中央政府和地方政府来管理，具体又可进一步委托给相关政府部门，如财政部门、行政事业单位主管部门以及行政事业单位自身等。在不同的国家，公共部门国有资产委托管理的具体主体和方式都有所不同，但财政部门在委托管理中发挥的作用不可或缺。受体制变动等多方面因素的影响，我国行政事业单位国有资产管理主体的职责尚未根本理顺。因此，理顺管理体制并明确相关主体权责仍旧是我国行政事业单位国有资产产权管理的重要内容。

（二）管理客体

从理论上讲，行政事业单位国有资产产权管理的客体应该是行政事业单位占有、使用的全部国有资产。但是，在行政事业单位国有资产的具体管理中，包括车辆在内的绝大部分动产的产权相对比较清晰，有购置凭证，产权证明相对完整，不作为研究重点。而土地、房屋等不动产数量较多，在国有资产价值中所占比例较高，普遍存在产权不清的现象。同时，行政事业单位利用国有资产对外投资，包括对外投资的债权、股权等有价证券以及行政事业单位所属企业的产权管理等方面的问题也比较复杂，能否有效管理事关国有资产的安全与完整。因此，土地、房屋以及对外投资的产权管理是目前我国行政事业单位国有资产产权管理的重点和难点。

（三）管理内容

行政事业单位国有资产产权的管理内容包括对各种权能的管理，即对所有权、占有权、使用权、收益权和处置权的监管。具体而言，产权管理包括对各项权能的确认及权利界定，产权从确立、变更到消灭的全过程管理，产权纠纷的调处及责任承担等各项内容。对所有权的管理，是指对“法定所有权”的管理，以土地、房屋为例，就是对土地证、房产证的管理。从法律层面上看，所有权的归属是清晰的。我国《宪法》、《物权法》都明确规定了行政事业单位国有资产归国家所有（即国家为终极所有权人）。因此，对所有权的管理主要是具体执行层面的问题，即由谁代表国家行使所有权？如何行使？“法定所有权”登记如何办理？所有权变更与消灭如何操作等；对占有权和使用权的管理，是指对产权权属中“占有权”与“使用权”权能设立、变更、消灭的管理。财政部35号、36号令（以下称“两令”）明确规定，行政事业单位享有对资产的占有权和使用权。落实到具体管理工作中则是如何界定资产占有、使用单位的权利及责任范围的问题。对收益权的管理，是指对行政事业单位国有

资产使用、处置过程中产生的各项收入的管理。具体而言，包括对收入性质的界定、收入上缴的原则及程序、收入使用的方向及方式的管理等。

产权证是行政事业单位国有资产产权管理内容清晰的重要凭证。行政事业单位国有资产的产权证包括法律层面上的所有权权属凭证（如土地管理部门颁发的土地使用权证和房产管理部门颁发的房屋所有权证，以下简称“所有权证”）和具体管理层面上的占有、使用权凭证（即财政部门颁发的对行政事业单位占有、使用国有资产进一步确权的证明，以下简称为“产权登记证”）。从二者的关系上看，“所有权证”的法律效力高于“产权登记证”，“产权登记证”的办理必须以“所有权证”为基础和依据。

（四）管理方式

行政事业单位国有资产产权管理的方式是指管理主体如何对管理对象进行管理。由于行政事业单位国有资产涉及多方利益关系，具体产权管理方式的形成是各方相互博弈的结果，如何提高行政事业单位国有资产管理效率，并充分调动相关部门积极性和主动性，以更好地履行行政事业单位国有资产管理职能，也是课题研究的重要内容。

二、行政事业单位国有资产产权管理的探索

我国对行政事业单位国有资产产权管理的探索从中央和地方两个层面展开。财政部“两令”对行政事业单位国有资产的占有、使用、收益、处分等各项权能的产权登记和产权纠纷做了原则性规定，此后还制定并出台了资产使用、处置及其收益方面的制度规章，为相关法律法规的完善奠定了基础。地方财政部门也在行政事业单位国有资产产权管理方面进行了大量探索。通过对北京市、辽宁省、吉林省、江西省等地开展的调研，可将地方在行政事业单位国有资产产权管理方面的探索总结为以下几个方面：

（一）依法明确管理主体

地方各级财政部门及相关部门普遍认为，国家是行政事业单位国有资产的“老板”，但“老板”的作用必须要有一定的政府职能部门来具体执行，也就是要由政府财政部门来履行。政府财政部门承担受托责任基于多方面的考虑：一是行政事业单位国有资产的形成大部分来自财政预算拨款；二是从历史实践来看，行政事业单位国有资产的管理置于财政预算管理框架下，管理效果很好；三是绝大多数预算单位认可财政部门的受托所有权人的地位。同时，各级地方政府严格遵守财政部“两令”规定，基本上理顺了行政事业单位国有资产管理体制，即由财政部门履行行政事业单位国有资产的综合监管职责。第一，从财政部门内部机构设置来看，绝大部分地方都已经在财政部门内部设立了专门的资产管理部门；第二，积极协调资产管理部门与相关预算管理部门间的关系，为资产管理与预算管理的有效结合奠定了坚实的体制基础；第三，准确定位财政部门与机关事务管理局之间的关系，进一步巩固了财政部门的行政事业单位国有资产管理权威，有效避免了多头管理的尴尬。例如，辽宁省财政厅与其省机关事务管理局之间确立了“委托与受托”的权责利定位模式。

（二）科学界定管理对象

从目前各地产权管理的实践来看，行政事业单位国有资产产权管理主要是土地、房屋等不动产以及行政事业单位所属企业的产权管理。大部分地方认为，低质易耗办公用品，产权管理方面存在的问题较少，不作为产权管理的重点。车辆由占有、使用单位进行管理，处置需要报财政部门审批，到相应的产权交易所处置，收益上交财政，单位需要购置新车，则再按照预算采购制度重新配置。因此，车辆从购置到处置的全过程凭证齐全、产权比较清楚。土地和房屋是行政事业单位国有资产的主要组成部分，规模较大，而且也很少与其他经济主体发生关系。加之各种历史因素的影响，行政事业单位占有、使用的土地和房屋等不动产产权归属及其管理问题就成为产权管理的重点和难点。因此，各地在推进产权管理工作的过程中也主要是集中在对土地和房屋的管理上。同时，行政事业单位对外投资资产的产权登记、变更、消灭及其管理也是目前各地行政事业单位国有资产产权管理的一个重要对象。

（三）全面充实管理内容

在产权管理的内容上，各地基本上达成了“全过程、多层次、动态化”的管理共识。所谓全过程，是指产权管理囊括了产权设立、变更及消灭的全过程；所谓多层次，是指产权管理是对所有权、占有权、使用权、处置权、收益权等各项权能的综合管理；所谓动态化，是指部分地方充分利用资产管理信息平台对产权管理实行动态、实时监管。在对各项权能的管理上，各地结合自身实际积极探索各种管理路径，不断充实管理内容，很好地预防和堵塞了国有资产流失的漏洞。在所有权的管理上，各地财政部门和行政事业单位在思想认识上基本达成共识，行政事业单位国有资产终极所有权归国家，即全民所有。对于“法定所有权证”管理，目前较为普遍的形式是“分散管理模式”，即土地证、房产证由行政事业单位自行保管，这种管理模式虽然可以给资产的占有、使用单位提供较大的方便，但其最大问题是财政部门和主管部门难以很好地进行风险控制和监管，从而造成国有资产的浪费与流失。为了更好地防范风险，确保资产安全、完整，辽宁省抚顺市将市直各单位的办公用房所有权证书（即土地证、房产证）统一集中到财政部门进行管理，这种“集中保管所有权凭证”的模式较好地防止了各单位随意转让房产、出租、出借等问题，防止了国有资产的流失。这种模式虽然在一定程度上对行政事业单位随意使用、处置资产的行为起到了控制作用，但对于土地证和房产证登记在行政事业单位名下的情况只能起到形式上的控制，难以从根本上改变持证行政事业单位“资产所有人”的认识及行为。辽宁省铁岭市、辽阳市将市直行政事业单位办公用房的所有权由原单位直接划转至市财政局或其管理的资产管理中心统一权属管理。这种从根本上统一所有权归属的模式可以很好地控制行政事业单位的资产占有、使用行为，如果能够与预算管理、财务管理很好地结合起来，将是未来改革的重要方向。在占有权与使用权的管理上，各地基本按照财政部“两令”规定明确了行政事业单位对国有资产的占有、使用权，部分地方纷纷开展了各种形式的产权确认和登记工作。在收益权的管理上，各级财政部门纷纷结合本地实际情况，本着“所有权与收益权相统一”的原则，制定各项收入管理制度，基本上实现了“收支两条线”的管理。当然，为了激发行政事业单位有效使用并处置国有资产的积极性和主动性，有的地方还制定了灵活的应对政策，如规定限额以下的资产使用收入列入单位预算；按照单位组织收入的情况进行适当的收入返还等。

（四）积极创新管理方法

为了更好地防止行政事业单位随意变更其占有、使用国有资产的产权，提高国有资产管理效率，并实现管理效益最大化，各地纷纷通过各种方式实现了行政事业单位国有资产产权的进场交易。北京市《关于加强市级行政事业单位国有资产处置管理工作的通知》中明确要求从2007年10月1日开始，规定范围内的市级行政事业单位国有资产处置要通过北京产权交易所进行。吉林省相关文件中明确规定行政事业单位国有资产处置要以吉林长春产权交易所为平台，全面实现场内公开挂牌交易。辽宁省行政事业单位国有资产产权转让工作要严格按照“三公”原则，通过沈阳联合产权交易所进行公开拍卖。

三、行政事业单位国有资产产权管理中存在的主要问题

虽然有些地方行政事业单位国有资产产权管理工作成绩显著，但是从全国范围来看，行政事业单位国有资产产权管理工作的水平可谓参差不齐，尚存在很多有待进一步研究和解决的问题。

（一）产权意识淡薄

不少地方行政事业单位对资产产权管理缺乏应有重视，存在着“重预算申请、轻资产管理”的现象。一方面，我国行政事业单位国有资产（特别是土地、房屋等）最初都是通过无偿划拨等方式取得的，当时很多单位认为资产都是国家给的，办不办产权证无所谓；另一方面，这些单位长期占有和使用国有资产，逐步形成了单位就是国有资产“所有者”的认识，很多单位随意出租出借资产，随意变更土地、房屋产权，或者私自变更产权归属，造成大量国有资产脱离监管，流失浪费。

（二）产权归属不清

由于历史或现实的原因，我国有一部分行政事业单位占有、使用的国有土地、房屋原始资料凭证丢失或不齐全，没有及时办理所有权登记或不办所有权登记，这就使得财政部门的产权登记工作缺乏依据和基础。由于“所有权证”的缺失，“产权登记证”依据不足，各单位在改制或者变更土地用途过程中，普遍感到产权变动成本高，程序复杂。例如，一些行政事业单位对其国有资产进行对外投资，造成所属经济实体脱钩过程中资产产权不清和国有资产流失。又如，受体制变动等因素的影响，国家在处理行政事业单位产权与周边单位产权、行政事业单位与集体土地的产权边界等方面存在较大阻力。

（三）管理体制不顺

2006年，财政部“两令”对行政事业单位国有资产管理体制已做了明确规定，即各级财政部门是政府负责行政事业单位国有资产管理的职能部门，对行政事业单位国有资产实施综合管理。但是在具体实施过程中，财政部与个别部门在行政事业单位国有资产管理的职责边界仍未分清，中央部门行政事业单位国有资产的管理体制仍未根本理顺。这种情况在地方也客观存在：一些地方财政部门与国资管理部门或者机关事务管理部门在行政事业单位国有资产职责划分上并不十分清晰，导致行政事业单位国有资产管理缺位或多头管理的问题。此外，财政部对于行政事业单位国有资产的管理机构分散在部内两个司，而地方财政部门对行政事业单位国有资产的管理是统一放在一个资产处，这种机构设置不利于中央与地方资产管理工作的全面顺利对接。

（四）法律不健全

主要表现在以下几个方面：一是层次较低。财政部“两令”是我国规范行政事业单位国有资产管理最高约束力的规章制度，低于国务院的条例，更低于专项法律，其法律级次较低，约束力较弱。二是内容不细。财政部“两令”对产权管理的规定原则性太强，缺乏相应的实施细则和指导意见，一旦涉及行政事业单位国有资产产权管理的具体问题就会变得无法可依。三是衔接不够。首先，“两令”与相关法律法规衔接不够。在行政事业单位国有资产产权管理过程中还存在与地方规章制度及土地、房产等相关法律规章、制度政策的衔接与协调问题。其次，“两令”与地方政府规章衔接不够。“36号令”明确规定《产权登记证》应由财政部统一印制。但是，地方已经印制并颁发的产权证是否有效，如何与财政部的统一规定对接成为地方行政事业单位国有资产管理工作中的障碍。

（五）配套措施滞后

行政事业单位国有资产产权管理工作是一项系统工程，单靠一项或几项政策制度是难以满足管理需要的。目前，相关配套制度严重滞后，如政府会计制度的缺失、全方位动态监管系统的不完善、绩效评价制度的缺失等。这些配套制度的滞后，导致具体产权管理过程中执行难度较大，成本较高。

四、强化行政事业单位国有资产产权管理的基本原则

鉴于行政事业单位国有资产具有其特殊性，相应的产权管理就应遵循以下几项基本原则。

（一）安全完整

维护国有资产的安全和完整，合理配置国有资产，提高国有资产使用效益，保障行政事业单位很好地履行职能，是加强行政事业单位国有资产管理的重要目标。因此，作为行政事业单位国有资产管理重要组成部分的产权管理工作也必须以充分保障资产的安全完整为基本原则。所谓安全是指通过合理、高效的产权管理制度的设计，实现产权清晰，堵塞国有资产流失的漏洞。所谓完整是指产权管理是对所有权、占有权、使用权、收益权和处置权的全方位管理，即包括产权的设立、变更（出租、出借、处置、调剂使用等）、消灭（报废）各个方面。

（二）便捷高效

产权管理要坚持便捷高效原则。所谓便捷，是指产权制度的设计和产权管理方式方法的选择既要充分考虑全国各地的普遍性，又要适当照顾各地参差不齐的资产管理水平，确保制度设计通俗易懂，模式选择多样化，具备可操作性。所谓高效，是指产权管理要尽量减少不必要的环节，通过合理、高效的制度设计减少交易成本，提高管理效率，如通过明确相关部门职能减少相互推诿现象，通过明晰产权减少不必要的产权纠纷，通过公开的市场化操作

实现产权管理效益最大化等。

（三）循序渐进

行政事业单位国有资产产权管理工作不仅涉及复杂的历史遗留问题的解决，还涉及各相关部门利益的统筹考虑和全面协调。因此，此项工作的推进不可能一蹴而就，需要本着循序渐进的原则逐步推进。一方面，对于历史遗留问题的解决要本着“老人老办法，新人新办法”的原则，在妥善处理历史产权纠纷的基础上，逐步过渡到现有制度框架下进行管理；另一方面，要在现有体制框架下，逐步理顺相关部门之间的管理职责定位，相关政策的制定和出台可以本着“先试点，后推广”的原则稳步推进，确保政策后续的操作性和效果。（以下略）

（本文为财政部行政政法司和财政部科研所2010年完成的课题研究成果，摘自《国有资产管理》2011年第1期）

事业国资改革破题

财政部教科文司事业资产处处长　**董为民**

近年来，社会各界越来越关心事业资产的管理工作，已形成了良好的社会氛围，财政部门-主管部门-事业单位的事业资产管理体制进一步得到健全，监管制度和监管方式也得到了进一步的完善。

这期间，财政部先后出台了《事业单位国有资产管理暂行办法》《中央级事业单位国有资产管理暂行办法》《中央级事业单位国有资产使用管理暂行办法》《中央级事业单位国有资产处置管理暂行办法》《行政事业单位资产清查暂行办法》《行政事业单位资产核实暂行办法》等办法，地方财政部门也根据各地实际，出台了加强事业资产管理的有关规章制度，进一步加强了事业单位的国有资产管理。

但随着事业资产管理工作的逐步深入，事业资产管理工作的重点、难点、创新点还在逐步的实践和探索中，还没有真正破题，亟待进一步完善和加强。其中，有八个方面工作需要探索和突破：

一是按照财政工作科学化、精细化管理要求，作为财政重要改革工作之一的事业资产管理，如何实现科学化和精细化管理问题还没有完全破题。

二是事业单位资产管理与预算管理结合问题，目前全国各地财政部门、主管部门、事业单位均在积极探索，但怎样形成一个充分发挥预算部门和资产部门的管理积极性，实现主体明确、配合默契的管理机制，同时在实际工作中顺畅操作的工作机制和工作流程尚未建立。

三是事业单位资产配置标准问题，如何启动事业单位资产配置标准制定工作，怎样做好事业资产配置标准制定的顶层设计和规划，制定哪些标准，如何具体实施？

四是怎样解决事业单位资产配置不均问题，存量资产和新增资产如何规范？

五是借鉴国外先进的事业资产管理经验问题，世界上发达国家、发展中国家是如何规范事业资产（非盈利组织）管理的，有没有资产配置、使用、更新标准，对资产配置有什么样的要求？这些情况我们目前了解甚少。

六是如何考核事业资产的使用绩效问题，怎样设计考核指标，如何和事业单位提供的公共服务相结合，等等。

七是加强事业单位所办企业的资产管理问题，目前事业单位办企业的情况十分普遍，是支持还是约束，是加强管理还是规范管理，是兼并重组还是脱钩划转？

八是事业单位对外担保问题，有关规定目前是较为原则的，行还是不行？是不是对事业单位的担保作出一些限制性的规定，因为我国的担保法只提到公益性的事业单位不允许对外担保。比如医院、学校、幼儿园。那么其他事业单位能不能对外担保，比如质押、抵押，等等。

这些问题都是事业资产管理工作的重点、难点和创新点，应该引起我们关注、研究和探讨，以更好地为事业资产管理工作服务。

近期，初步考虑将在四个方面加强事业资产管理的主要工作：

其一，进一步完善事业资产的管理制度，拟出台《关于加强中央级事业单位资产评估管理的若干规定》和《关于加强中央级事业单位所办企业资产和财务管理的规定》。事业单位资产评估的相关规定，基本上是散见在国务院、各部委的一些文件中，这些都不便于加强事业资产的具体评估管理工作，应该把相关政策归拢到一个文件中来进行规范。

同时，事业单位所办企业的资产财务管理目前是一个盲点，财政部门、主管部门、事业单位的管理职责和管理边界尚不清晰，如何管理，监管到哪一级，监管哪些事项，依据哪些规定等等均不十分明确，而这些经营性资产均是事业单位资产的重要组成部分，因此需尽快出台规定加强对事业单位经营性资产的管理。

其二，加强事业单位资产配置标准的研究和制定工作。将通过座谈会、研讨会和认真调研，集中专家学者和有关部门、单位的意见，形成制定事业单位资产配置标准的总体思路和顶层设计方案，按照先易后难、重点突破、逐步深入、梯次推进的原则，力争成熟一项、出台一项，为资产管理与预算管理的有机结合夯实基础。

其三，要全面实施行政事业资产管理信息系统。按照财政部关于信息系统实施的有关要求，今年将进一步加强系统的实施。同时按照国务院的要求，财政部将会同有关部门下发行政事业单位资产统计报表，对全国行政事业资产进行统计、汇总和分析。报表拟用信息系统中现有的一些报表，并把这些表精简一下，自动生成进行上报，不会让部门、单位重复劳动，以提高工作效率。

其四，配合国家标准委员会正式颁发固定资产编码系统国标版，为资产管理精细化、科学化服务。

摘自《瞭望》2010年第40期

关于金融国有资产管理体制改革的思考

中国社会科学院投融资研究中心主任　**董裕平**

金融国有资产现行管理体制是随着我国经济社会发展和经济体制改革逐步形成的，在防范金融风险、维护金融稳定、促进金融国有资产保值增值方面发挥了积极作用，但也在体制机制上逐渐暴露出一系列深层次的矛盾和问题，而2008年爆发的国际金融危机再次凸显了我国金融国有资产管理上存在的问题，目前有关部门正在组织研究探讨推进相关的改革，可以说，这已成为我国金融业进一步改革发展的一个难以回避的重要环节。

一、金融国有资产管理的实质

从银行金融企业的资产负债结构总体情况来看，相对于实体经济的企业而言，金融企业具有高杠杆的特性，即在金融企业的资产总额中，由负债所形成的占比很高，而所有者权益对应的资产比例较低，往往低于所谓的银行资本充足率水平（因为银行在计算附属资本时包含了期限较长的次级债券等），因此，从严格的所有权意义上讲，金融国有资产应该是指金融企业资产负债结构中国有权益部分所对应的资产形态。然而，由于所有者（或受其委托的代理人）掌握了企业的剩余控制权，在正常状态下，债权人（如银行的存款人）基本上无权干预企业的经营管理，例如，金融企业持有的资产组合结构及其调整（资金运用）是由所有者或其委托代理人决定的，存款人则是按照合同规定获得利息并在到期时收回本金。所以，尽管严格意义上的金融国有资产对应的只是政府所占有的权益部分，但通过履行这部分权益的资本职能，就可以支配规模庞大的金融资产，从而对金融和经济施加决定性的影响。

由此可见，金融国有资产管理的实质意义在于，明确各个金融企业国有股权的出资人职能和其人格化的代表，按照政府股东的意志完整地履行职责，管理好所能控制的金融资产，不仅要实现金融国有资本保值增值的效益目标，更要有利于实现政府维护金融稳定和经济安全的战略性目标。

二、我国金融国有资产管理的现状与问题

我国现有各种金融企业约8000家，实收资本总额约4万亿元，其中，国有金融资本（国家资本和法人资本）全资、控股或参股的金融企业占大多数，从金融企业实收资本的构成情况来看，国有资本占了总额的65%以上。在所有的金融国有资产中，由中央直接管理的36家金融企业所属金融资产占据了绝对比重，其国有资本也占到全部金融业国有资本的80%以上。从类型上看，银行业金融机构的国有资本占全部金融业国有资本的80%以上，居于绝对主导地位。截至2008年底，银监会负责监管的银行业金融机构共有法人企业5634家，资产总额达62.4万亿元，负债总额为58.6万亿元，所有者权益合计3.8万亿元。与上一年的情况相比，这些指标都有较为显著的增长。的确值得肯定的是，在我国金融业近年来的改革过程中，国有金融资本不仅很好地实现了保值增值，而且所控制的金融资产规模发展迅速，质量也在不断提高，成绩较为显著。然而，在涉及到金融业关键环节的深层次改革时，总是难以绕开资产管理的体制机制性障碍和由此所带来的矛盾。

我国的金融国有资产管理职责过于分散。目前存在着“管人、管事、管资产”不统一，出资人实际上并不够明确的问题。从政府出资的性质而言，本应可以由财政部门作为股东代表完整地履行职责，实际上，组织人事、财政、行业监管等多个部门从不同角度、不同程度上介入了金融国有资产的具体管理过程，形成多头管理又无实际负责、都管又都不管的局面，管理的重复交叉与真空现象同时并存。在我国现行体制下，按照金融类企业国有资产管理部门职责分工的有关规定，财政部门负责基础管理工作，主要包括金融类企业国有资产的清产核资、资本金权属界定和登记、统计、分析、评估，以及对金融国有资产的转让、划转处置进行管理。组织人事部门按级别负责国有金融企业的党建、主要干部考核任免以及薪酬等相关工作。行业监管部门在实施专业监管的同时，也对金融工委撤消后所划管的金融企业的党建和领导班子进行管理。在国有金融企业改制过程中，汇金公司（现为中投公司下属企业）通过资本金注入获得了股东地位，虽然出资人身份是明确的，但其公司属性与完整的政府目标之间存在一定程度的背离，从而可能导致其管理行为的变异，加上原有的部门分工管理体制并没有实质性变化，在实践中也就难免会发生各种冲突，影响管理效能。由地方政府控股或参股的金融企业的资产管理状况也存在类似问题。

缺乏明确的出资人，授权经营制度不健全。因此，我国金融企业的内部经营者比较容易越位代为行使出资人职责，往往自行做出一些可能有违政府股东意愿的重大决策。国有金融企业实施股份制改革之后，尽管建立了董事会、监事会和高管层的新型治理架构，但这并不意味着已经实现了有效的公司治理，在实际运行中，以党委会为核心的传统治理模式仍然发挥着重要作用，新老治理框架之间需要进一步探索、协调和磨合，在此过程中，难免出现一些冲突，乃至方便内部人利用内部治理不到位实施控制。当内部人控制现象较为严重时，必然会削弱国家作为金融国有资本所有者的权力，造成国有金融企业利益的内部化与损失的外部化。例如，有的国有金融企业的领导人在“做大做强”理念推动下，缺乏充分论证和严密控制程序就拍板决定加大境外投资；有的企业在境内外层层设立子公司来绕开外部的监管。

管理分散化也导致了缺乏一个负责的部门对金

融企业进行系统化的监督管理。这不仅使得国有金融企业的绩效评价和激励约束机制难以形成，而且可能为金融企业提供了获取“监管套利”的方便。长期以来，国家对国有金融机构及其经营者缺乏科学明确的业绩评价标准，以及设计与业绩评价标准相关联的激励机制，关键原因可能是，在部门分散化的管理模式下，部门都愿意唱“红脸”，而没有一个部门真正愿意扮演“黑脸”的角色来对金融企业实施考核与问责。尽管财政部门已经着手开展了对部分中央金融企业的国有资本保值增值结果的确认工作，但并未充分发挥其功能，对经营者仍然缺乏合理的考核，对金融机构也缺乏深入科学的评价。高管人员薪酬水平的升降和职务升迁与金融机构的业绩之间依然缺乏直接关联，对管理层的有效激励和约束不够。有的被内部人操控的金融企业，可以通过董事会机制合法合规地自行决定高额的薪酬水平，尽管这很可能违背或者不符合政府股东的意志，但政府往往难以从股东角度来纠正其行为。

宏观上看，现行的管理体制也不利于形成金融国有资产的总体发展战略和科学布局，从而有效的维护金融稳定与经济安全。目前以多头管理和权力分割为主要特征的金融国有资产管理体制，由于权力的部门化等原因，使得国家很难甚至无法真正从全局高度出发、算清大账，统筹考虑金融国有资产布局和发展规划等重大问题，这在一定程度上制约了我国金融国有资产的长远战略发展，也不利于国家作为所有者来有效维护金融的稳定与安全。例如，在美国次贷危机发生之后，没有一个部门或机构能够及时统计和汇总各家金融企业在境外投资的基本情况，不得不花费很长的时间和气力来搜集基本数据，这在市场瞬息万变的情况下，很可能导致误判和决策损失。另外，我国不同金融企业在海外市场经营中，往往各自为政、恶性竞争，结果损害国家的整体利益。如国内金融企业在收购境外有关资产或机构时，相互抬价；而在为外国客户提供金融服务（如信贷）方面，则相互杀价，结果受损的都是本国利益，显然缺乏从股东一致性的视角来考虑问题。

三、大力推进金融国有资产管理改革的基本设想

金融是现代经济的核心，金融业的国有资产管理除了自身的保值增值，更要服务于我国金融总体发展和社会主义市场经济建设的大局，维护国家的金融安全与稳定，促进金融业的健康发展，为国民经济长期、快速、健康和稳定发展创造可持续的良好金融生态环境。为此，需要进一步大力推进金融国有资产管理体制机制上的深化改革，加强相对集中有效的管理，从而有利于促进金融企业完善适合中国特色的公司治理模式，不断提高资源配置效率，更好地满足经济社会发展的各种金融需求，同时强化风险防范，保持经济与金融秩序的稳定。

按照权力和责任相匹配的原则，明确划分各个相关利益主体的权责，明确一家责任单位对金融国有资产施行集中管理。这一责任部门作为统一的平台，代表国家股东，从战略高度对金融资产的资源配置、激励机制、委派出资人代表和监督等问题进行研究，并制定相关政策实施管理。至于如何设计这一责任部门，鉴于我国现行对非金融企业实施管理的国资委模式已经取得了较好的实践运作经验，在此基础上，再充分考虑到金融业的特点，可以效仿这一模式，在中央设立专门的金融国资委实施集中管理。另外，也可以调整现行的管理部门职责分工，即在“三定”方案中明确由财政部门统一管理金融国有资产的职责，但由于财政部门本身的事务非常繁杂，而对金融国有资产的管理又需要很强的专业能力与经验，因此，由财政部门集中负责可能会导致管理消极化，甚至会出现过多的行政禁令以规避风险的可能，这不利于促进我国金融业的发展和提升国际竞争能力。

在确定统一管理的平台之后，需要进一步明确履行出资人代表职责的机制。由于金融国有资本控制和影响的金融资产数量极为庞大，而且在金融创新和派生乘数效应的作用下，金融资产很容易快速增长，作为统一的金融国有资产管理部门（如金融国资委）如果直接持有各家国有金融企业的股权，将会出现一家超级庞大的、横跨银行、证券期货与保险等全面综合性的金融控股机构，这一机构本身的管理运行可能会出现各种问题，对风险管理的要

求也将难以想象，操作的可行性较差。为此，应该考虑在统一管理的平台之下设置若干家控股机构，这些控股机构的职责是接受金融国有资产管理部门的授权委托，作为出资人代表，按照金融国有资产管理部门制定的相关制度和考核要求，具体执行管理职能。从目前改革的情况看，中国投资公司所属的汇金公司、财政部各自根据具体的出资状况，已经开始在部分金融企业中委派股权董事，行使出资人权利，但效果还具有较多争议。下一步的深化改革，宜结合现有基础，由统一的金融国有资产管理部门根据需要来组建若干控股机构，并对其授权持有金融企业的股权，最终形成统一管理、相对集中控股和企业分散经营3个层次的金融国有资产管理体系。

由金融国有资产管理部门对金融国有资产进行科学调整和战略布局。金融国有资产管理部门负责制定政策，需要统筹研究和认真规划开放条件下的国有金融资本的战略布局，确定国有金融资本的进退原则、范围和程度，进一步优化资本配置的宏观效率。根据我国经济发展不同阶段的需要，顺应国家整体发展战略和市场经济的基本要求，调整和优化国有金融资本行业布局、地域布局、分布结构和持股比例，由此加强国有金融资本的控制力和引导力，促进金融企业大幅提升国际竞争力，在提高金融资产运行效率的同时，更好的维护国家金融安全和金融稳定。

制定科学的经营绩效考评与激励机制。以此促进国有金融企业继续完善公司治理结构，按照市场化原则具体经营金融国有资产，确保金融国有资本的保值增值。实施金融国有资产的集中管理，需要建立以国有金融资本保值增值为核心的国有金融企业经营绩效考评体系，充分考虑中国国情，并借鉴国外经验，加强研究适合我国历史、文化与制度的金融行业薪酬机制，坚持薪酬与风险、责任相一致，短期激励与中长期激励相结合的原则，推进国有金融企业薪酬收入体系的市场化、货币化和规范化，避免激励有余，约束不足。还应将绩效评价结果和引导金融企业健康发展相结合，促进国有金融企业改善公司治理，使企业不仅重视当期利润目标和薪酬，也关注持续发展能力和市场竞争力的培养，提高投资决策的有效性。

摘自《银行家》2010年第10期

地方国资重组模式研究：沪式重组与粤式重组

怀新投资公司研究员、经济学博士　**孙清岩**

在当前省级国资整合重组中，比较突出或是有特色的，无疑是上海国资重组和广东国资重组，我们在这里称之为沪式重组和粤式重组。分析和解读沪粤两地国资重组的路径及模式，对其他省市的国资改革或许会有所启示。

一、沪式重组：政府主导，自上而下

被称为打响地方国资整合高潮第一枪的上海，其国资（这里指地方国资，不包括央企国资）无论是数量还是所涉及的行业都是任何一个省市不能与之比肩的。虽然从改革开放到现在，上海一直也在进行着国有企业改革，但由于历史遗留的问题太多，以及政策上、法律法规上的障碍，让上海这个当年以工业制造闻名于世的重工业大都市，直到现在还在进行着国资改革的攻坚之战。

由于上海国资的特点，决定了在上海进行国资改革只能是政府主导。上海的市管国企有76家，覆盖的上市公司有72家之多，而且这些国企相互持股现象十分严重，错综复杂，使得本来就是很复杂的上海国资改革又加难题。如果政府不进行强有力的干预，只是起协调作用，恐怕深入的国资改革难以为继，很可能半途而废。只有政府主导，进行自上而下的改革，加上各方的力量的积极配合，上海的国资改革才能真正成功。上海的国资重组的具体形式主要是通过定向增发整体上市，加上吸收合并及借壳上市。

二、粤式重组：政府引导，自下而上

与上海不同，广东省（不包括深圳）的国资规模较上海小很多，无论是企业的数量还是覆盖的行业都不能与上海相比。广东省国资委目前共有24家省属企业，4家持股企业和2家代管企业。截至去年底，全省国资监管企业资产总额达15775亿元，其中省属国资企业的资产总量近6000亿元，不到上海的一半。比较大的公司有粤电集团、广东省交通集团、韶钢集团、广东省水电集团、广新、广晟、广弘、广业，还有准备要组建的广东矿业集团、丝绸集团及兴业投资控股等。覆盖的行业主要有电力、交通、钢铁、有色等，但几乎没有一个行业是全国的龙头。

虽然广东省离资本市场较近，上市公司很多，但国资背景的上市公司不多，24家省属企业中有上市公司资产的只有8家，另外16家名单中，有些因为情况特殊不能进行证券化。

由于广东是中国改革开放的桥头堡，是市场经济发展最充分的地方，整个经济基础以民营经济为主。所以广东省在进行国资重组中，自下而上的力量很大，政府只是起到引导和协调的作用，这就决定了粤式国资重组的特点：政府引导，自下而上，突出主业，做精做强。广东的国资重组的具体形式主要是借壳上市及IPO。

其实，无论是沪模式还是粤模式，其国资重组的主体思路是都是把经营性国资进行主辅分离，做大做强主业，而这也正是在国务院国资委整合央企的做法，理所当然地成为了各地方国资重组的指导思想。

另外，无论是上海还是广东，之所以能在国资整合重组中能走在全国的前列，成为样板，除了都是东部沿海地区这一共性之外，最主要的是这些地区都是资本市场高度发达的地区，同时也是最善于利用资本市场的地区。而无论是央企的改革还是地方国资的整合，中央政府都鼓励要充分利用资本市场，这不仅符合国家政策可以得到政策支持，而且是唯一的路径选择，至少现在是这样。

摘自《证券时报》2010年10月21日

本栏目审稿：李　桑

中国产权市场年鉴 2011

China Property Rights Exchange Market Yearbook

实践探索

北京在中国要素市场积极创新探索

“努力成为各类要素高效流转的领跑者和推动者。”这是北京产权交易所的愿景，也是北交所人常说的一句话。

2010年，北交所及其旗下的各专业要素市场共完成各类产权交易10106宗，同比增长165.6%；成交额2227.25亿元，同比增长71.83%。

一、业务创新探索——“自体培育”创新模式扩大领域

在北交所网站上，有一个编号为“Z10bj000001”的项目，这个特殊的编号背后，是北交所的又一次业务创新——为中小企业融资服务的“增资扩股附返售权交易”。

该业务的首个“尝鲜”者是湖南麓南环保有限公司。它是中国电力企业联合会和国家电监委确认的国内首批12家火电厂脱硫示范推荐单位。快速发展的麓南环保急需6000万元增资扩产，但同样遭遇了“融资难”。

麓南环保负责人杨健找到北交所，北交所为其设计了一个全新的“解决方案”：麓南环保通过出让30%的股权融资6000万元；3年后，新进入的投资者可以每年8%的溢价，即7558.272万元的价格，要求麓南环保回购这30%的股权——这就是“返售权”。这个方案以中小企业可以接受的成本解决了其融资需求，也给投资者的回报和退出提供了保障。

眼下，专为中小企业服务的“投融资部”已成为北交所的新兴业务部门。“当看到一种新的可能，我们就会在内部设立一个部门对这种业务进行培育。等市场成熟了，这个部门就可以单飞，新成立一个新的平台。已经挂牌的金融产权交易所和即将挂牌的文化产权交易所就是这样产生的。”北交所董事长熊焰称这种业务创新模式为“自体培育”。

最初北交所是为服务于国有产权流转而存在的，它一直以实现国资业务“全覆盖”为己任，环境、林权、矿权等交易所就是在这样的抱负下成立的，尽管有的在短期内并无收成。在探索精神与责任感的双重驱使下，北交所形成了“一托十”的业务架构，北交所集团作为北京要素市场重要建设者和运营者的地位不断提升。

二、交易方式创新探索——电子商务打造“永不落幕的拍卖会”

北交所三层交易大厅以前每周要举办几场拍卖会，总是门庭若市；2009年以后，北交所门前冷清了，业务规模却成倍放大了，因为更多的拍卖会在网上举行。

与传统拍卖活动相比，网上拍卖的优势太多了，鞍钢集团处置闲置公务车时就深刻领会到网上拍卖的好处。2009年2月，鞍钢实施公务车改革，要集中处置六七百辆二手车。同年4月，鞍钢派专人来向北交所求助。北交所通过金马甲网站为鞍钢的二手公务车组织了网上拍卖会，在买家隐身、保密的情况下，成交率高达80%。尝到甜头的鞍钢集团把公司的工程车、闲置设备、闲置厂房等又全都交给了“金马甲”处置，累计回收了1.1亿元资金，整体溢价率120%。

网上拍卖会不受时间、地点限制，全国乃至全球的买家都可参与竞买，最大限度地吸引买家；网上拍卖会还可以省略拍卖公司等中间环节，减少拍

卖成本；北交所还创造性地推出了“网络竞价”、“动态报价”等新的竞价方式，大大提高了资产处置效率。在北交所去年处置的国有企业股权转让竞价项目中，7成以上采用了网络竞价。

三、服务创新探索——创下15%的项目竞价率

数字显示，2010年北交所竞价率超过15%，比上年翻了一番，竞价项目的平均增值率达到62.78%。

许多项目到产权市场挂牌转让时，已经找到了意向投资人。熊焰认为，产权市场该做的，就是在项目出让方找到的那个意向投资人之外，再帮他找到更多的投资人。这种“发现投资人，发现价格”的能力，便是产权市场的核心竞争力。

熊焰预计，“十二五”末期，北交所集团的交易额将冲击万亿元，“中国已经成为全球第二大经济体，但我们的金融市场无论是规模还是深度，都有不小的差距。”这种差距，恰是产权市场的机会。

北交所，在中国要素市场上积极创新探索，未来可期。

摘自《北京日报》2011年2月13日

发挥天津优势　建全方位资本要素市场体系

一、天津产权全方位要素市场雏形初现

“以天津产权交易中心为核心，近几年我们成立了天津股权交易所、天津排放权交易所、天津贵金属交易所、天津技术产权交易所、天津金融资产交易所、天津实物转让调剂市场等专业市场，2011年还将成立天津农村产权交易所和天津文化产权交易所，届时将形成了天津产权市场“一拖八”的格局，天津产权交易集团化要素市场体系也将初步形成”，高峦主任这样告诉新浪产权。

自2008年开始，建立集团化交易所，健全全方位的要素市场体系成为国内最具实力的产权交易机构明确的发展方向。去年10月28日，广州交易所集团正式成立，成为国内第一个正式成立的集团化产权交易机构，而产权市场的传统四强京津沪渝在最近几年也先后成立了专业化的创新业务平台，其中几家交易所改组成立交易所集团据悉应是迟早之事。

高峦对新浪产权指出，集团化的产权交易平台符合国家建设多层次资本市场和要素市场的要求，随着“泛产权交易”概念步入市场实体建设阶段，随着市场业务范围的迅速扩展，专业交易平台的设立能够有利于迅速完善各专业平台的业务品种，有利于实现市场的专业化和服务的精细化。

“各类要素资源多种多样，有着明显的差异，几乎每个新业务都代表着一个新的领域，每个平台周围聚集着一群新的市场主体，各业务的交易规则和市场背景也不一样，这样的客观情况下必须有专业的平台和队伍，交易所集团化、专业化也就成了必由之路”。

在高峦看来，天津产权市场的集团化概念不仅仅在于建立多个专业性平台，还在于建立了全方位的、由点及面的市场体系。

“比如在软硬件建设方面，我们有六套支持软件，涵盖了产权项目挂牌、交易、竞价、监测等每个环节，在市场服务方面，天津产权交易中心市场拥有200多家各类会员单位，有1200多人的经纪人队伍，这大大提高了交易的成功率和交易成效”。

在国内合作方面，天津产权交易中心也形成了成熟的模式，作为央企交易平台，天津产权交易中心与其他三家央企交易平台共同出台了统一的交易规则，确立了央企项目联合发布制度，并统一了交易系统和监测系统。

此外，天津产权交易中心一直是中国最大的区域性产权交易市场组织——北方产权交易共同市场的理事长单位，该市场目前的会员数量达到74家，遍布全国各地，各机构在市场互动、软硬件建设以及行业自律等方面都因此大为受益。

与此同时，由全国产权交易机构联办、中国产权界唯一一本行业杂志《产权导刊》编辑部也位于该中心，他们还建有全国市场中唯一一个产权研究院，为传播产权市场信息和市场操作经验、研究产权市场发展中的问题做了大量工作，在为产权市场大发展做出贡献的同时，也扩大了天津产权交易中心在全国的影响力和辐射力。

在国外合作方面，天津产权交易中心近年来着眼于为国内企业融资，通过“走出去”战略为国内企业搭建融通国际资本市场的平台。

新浪产权了解到，天津产权交易中心先后成立了天津产权交易中心驻德国办事处和驻英国代表处，其中“中德合作建设中国产权交易市场体系”项目可以说是中国产权市场“走出去”战略的经典之作。

这一项目是中国产权界首次获得的外国政府援助项目，该项目是德国黑森州政府与天津市政府开展的合作项目。第一期项目中，德方无偿提供150万欧元资金援助和技术、专家支持，中国政府配套资金1500万人民币，天津产权交易中心是中方执行机构，执行日期自2007年3月到2010年3月。

“第一期项目执行中，我们先后举办了中国企业赴德国上市培训会、资本市场研讨会以及产权市场高级管理人员赴德培训班，北方产权交易共同市场部分理事单位参加了培训，我们还为部分市场成员单位的交易系统、信息发布系统、网站、防火墙等进行了一系列升级改造，支持天津滨海产权研究院完成了14个课题，出版了三部系列丛书和资本市场蓝皮书《中国场外交易市场发展报告》(2009-2010)，弥补了我国系统研究中国场外交易市场的空白，受到各方好评”。

高峦介绍说，由于出色地完成了中德合作一期项目，德国方面决定第二期合作项目“天津现代服务体系建设”项目继续与天津市合作，德方援助200万欧元，天津市配套2000万元人民币，“二期项目共7项内容，其中支持天津股权交易所、排放权交易所、贵金属交易所和债券交易所等四项内容都与天津产权交易中心直接相关”。

“建设全方位的要素市场体系就像建一座大厦，搭建创新的业务平台好像是修建大厦的每一间房子，光建好了房子还不能用，还需要各种装修、各种软硬件的安装，需要走出去、引进来，这也就是我们中心一直强调的八字真经：规范、联合、创新、服务，正是按照这个思路，我们形成了比较完备的发展理念和比较成熟的模式体系”。

二、产权市场要做好融资这篇大文章

正如“十二五”规划纲要提出“要显著提高融资比重”，近几年来，天津产权交易中心在为企业融资方面做了多项创新和尝试。

“规范和创新是产权市场永恒的话题，如果说规范是产权市场的生命线，那么创新就是其持续发展的生命力，我认为产权市场的创新应该体现在3个方面，那就是提升市场功能，增加交易品种，扩大交易量3个方面”。

高峦对新浪产权指出，20多年来产权市场更多的属于一般生产要素转让市场，通过自身的功能帮助各类企事业单位完成了产股权转让，实现了企业改制重组，盘活了资产和债权，可以说产权市场很好地完成了最初的使命。

“随着国际国内经济形势的变化，随着国有企业的发展和做强做大的要求，企业在解决了人往哪儿去的问题后，还需要解决钱从哪儿来的问题，从现实情况讲，不论是银行信贷、民间借贷还是上市融资都有各自的问题，导致企业融资成本高、周期长、风险大，这样的情况下，产权市场的机会就来了”。

2008年10月，天津产权交易中心等3家机构共同出资成立了天津股权交易所，该所致力于为成长型企业、中小企业和高新技术企业以及私募基金提供快捷、高效、低成本的融资服务，并打造了“小额、多次、快速、低成本”的融资模式，截止2010年底，共挂牌企业61家，市值超过100亿元，共为企业融资30多亿元。

“应该说天交所一直以来走的很稳健，首先它是在国家金融创新的明确政策下开展的非上市企业股权交易，具有国家政策上的正统性，其次天交所依托北方产权交易共同市场进行全国性市场体系建设，在共建、共享、共同发展的基础上，有利于形成治理健全、运营高效、覆盖全国的市场网络，我想这是产权市场在为企业融资方面做出的重要创新和努力”。

据了解，目前天交所已经在山东、河北、内蒙古、安徽等地建立了多个区域分市场，其中山东分市场已经有10几家企业挂牌交易，还有一些各地产权交易机构或其他机构正在与天交所对接，天交所的市场规模在2011年也将有新的突破，“预期到今年底挂牌企业将达到200家”，高峦指出。

当然，为服务于企业融资，天津产权交易中心不仅仅是成立了天津股权交易所，他们还运用产权市场连接资本、项目以及各类中介机构的优势，为多个企业实现了融资，其中为空客320系列飞机天津总装线厂的融资项目获得了圆满成功，成为产权市场的重要市场创新。

高峦介绍说，当时天津保税区投资有限公司需要扩大生产建设规模，急需建设资金30亿元，但苦于无其他权属可做抵押，难以从银行获得贷款，而通过转让现有厂房来获得融资也不现实，因为该项目是与欧洲空客公司合作的大型项目，天保公司必须保证生产建设的正常运营，在两难抉择下，天保公司找到了交易中心。

“我们经过实地调研，周密策划，提出了一个全新的创意，即通过产权转让返租方式为企业融资，即以企业资产评估值挂牌转让空客A320系列飞机天津总装线厂现有厂房，银行凭天津产权交易中心出具的鉴证书贷款给受让方天津渤海租赁公司，转让方成为担保方，受让方在接受转让后必须再租给转让方，转让方按年支付租金，租期15年，全部租金相当于转让价款加利息，到期后受让方再以名义价格即象征性价格或者零价格转让给原转让方”。

高峦解释说，这样的结果可以说达到了“四赢”的效果，“转让方既获得了30亿融资款，又可以继续运作该项目，不影响飞机的生产，受让方则获得了该笔转让价款分15年付清的利息，银行因为有了担保方，可以放心贷款，坐收利息，产权市场扩大了交易额，实现了融资业务”。

“这种转让方的财产所有权在一定时期内转让给受让方、双方签订租约、转让方仍享有使用权、租期满后归还转让方的方式被称为‘售后回租’模式，深受企业欢迎，也得到政府的高度评价，这个项目之后，我们又做了蓟县外环公路权的‘售后回租’交易，这都是产权市场服务于企业融资的创新之举”。

三、天津产权市场发展具备金融创新基地优势

其实，天津产权市场的上述发展和成就不仅包含了天津产权人的智慧和勇气，还有来自于国家给予天津金融创新和先行先试的沃土，这些政策也成为天津产权市场继续发展的强大动力和支撑。

新浪产权了解到，整个“十一五”计划中，国家的多个政策明确了天津金融创新的地位。

2006年，国务院出台《关于推进滨海新区开发开放有关问题的意见》，其中明确在金融企业、金融业务、金融市场和金融开放等方面重大改革原则上可安排在天津滨海新区先行先试。

2008年3月，国务院在《天津滨海新区综合配套改革试验总体方案的批复》中又明确天津要以金融体制改革为重点，办好全国金融改革创新基地，加快健全资本市场体系和金融服务功能，为天津滨海新区设立全国性非上市公众公司股权交易市场创造条件。

“在这样的背景下，天津股权交易所应运而生，国家之后出台的政策文件中也提到其他地区开展诸如非上市股权交易、OTC市场探索等，但提出建立全国性的非上市公众公司股权交易市场试点只有天津一地，这让天津开展场外市场探索具备更多优势”。

高峦介绍说，天津市也非常重视天津非上市公司股权交易的探索，2008年5月，天津市政府就出台文件批准天津产权交易中心为开展“两高两非”股权和私募投资基金份额交易的实施机构，并纳入天津市政府金融改革创新20项重要工作之一。

“当年10月，天津市政府在《滨海新区综合配套改革试验总体方3年实施计划（2008～2010）》中进一步明确，要“建设金融交易平台，开展私募基金和债券交易试点”。

而在2009年9月，经国务院同意，国家发改委

对《天津滨海新区综合配套改革试验金融创新专项方案》做出批复，“支持天津产权交易中心提升市场功能，增加交易品种，扩大交易量”；“支持天津股权交易所不断完善运作机制，规范交易程序，健全服务网络，拓展业务范围，扩大市场规模，充分发挥市场功能，为中小企业和成长性企业提供高效便捷的股权投融资服务”；“搞好排放权交易综合试点”。

“这是国务院首次在正式文件中提到对一个产权交易机构发展的支持，这大大增强了我们不断探索创新的信心和勇气，2010年，我们启动成立了天津贵金属交易所和天津金融资产交易所，其中天津贵金属交易所是天津金融创新的又一个力作”。

高峦对新浪产权说，天津贵金属交易所的创新重点在于其“现货延期交易”的交易模式，填补了现货和期货交易之间的空白，并且交易所实行24小时连续交易，这样能够和国际贵金属市场实现无缝对接，并实现全球自由交易。

“交易所业务正式启动不到一年，交易量已经达到1000多亿元，应该说这在整个产权交易市场中也是很大的交易量，可以说是国务院批复中‘扩大交易量’的一种实现”。

“在国家政策的指引下，天津已经成为金融创新的基地，这与当前整个产权市场的创新发展是相切合的，天津产权交易中心将紧紧抓住这个机会，实现跨越式发展”。

摘自《新浪产权》2011年1月30日

产权市场信息化发展趋势及内蒙古产权市场实践探索

内蒙古产权交易中心总裁　马志春

近年来，围绕一系列区域经济建设规划和西部大开发相关政策出台，中国经济已经进入大转型、大调整的发展阶段，而中国产权市场经过22年的积累，得益于国家政策的扶持和区域经济的发展也进入了大发展的关键时期。之所以说关键时期，是由于此时的市场建设要扩品种、上层次才能抓住机遇、跟上时代，因此国务院国资委和交易机构的龙头大哥们围绕“制度化、程序化、规范化、信息化、市场化、国际化”，提出产权市场的战略发展方向。我感觉作为产权交易机构对这个“信息化”应当说体会最深，不但信息化与其他五化均有关联，而且信息化的落实也最彻底，因为“信息化”在操作过程中可以说是“目标清晰、标准统一，流程完整、效果明显”。下面谈几点对产权市场信息化的认识。

一、产权市场的发展定位和交易模式的变革

产权市场是服务于国有企业改革应运而生的有中国特色的专业市场，市场成立之初的目的是实现公有产权阳光交易，防止国有资产流失和杜绝暗箱操作，市场发展到今天其功能定位主要有两条主线：第一条主线，随着企业国资、金融国资、行政事业性国资陆续强制进场，工信部、文化、农业、林业、交通、司法、地矿、环境等部门也相继出台一系列管理办法，逐步将各类国有资产、公有资产甚至民营资产纳入产权市场交易范围，而且部分行业有出台全国性法律法规的趋势，产权市场已成为了体现国有经济结构调整成果的显示器，也已成为各类国有经济生产力要素供求关系的市场化晴雨表。第二条主线，随着大量的非上市企业进入产权市场进行股权托管、私募融资和股权流动，在地方政府的政策支持下，越来越多的中小企业寻求产权市场的帮助和扶持，很多产权交易所以全国性或区域柜台市场为发展方向建立起区域性的非上市企业初级资本市场，以天津、浙江、深圳、重庆等地为代表已经成为不可忽视的资本市场新力量。可以说区域资本市场需求旺盛、资源丰富、急需加强、尚

待规范，但必竟产权市场走出了一条全新的资本市场体系建设之路，为完善中国多层次资本市场功不可没。

产权市场从成立之初，也扮演过只做买卖双方交易鉴证手续的过场服务角色，在但在恶劣的环境和生存危机之下，以发挥市场功能，防范交易风险为主的交易模式创新开始不断涌现。特别是十六届三中全会之后，全国产权市场很快就体现出勃勃的生机，不断发挥市场的信息推介、传播、扩散功能，创新完善或组合应用拍卖、招投标、电子竞价、网络竞价、多次报价等交易方式，并最终以部门规章或法律法规的形式将上述创新加以规范。更可喜的是，很多大的交易所已经将各类交易模式应用到产权交易系统软件当中，使这种产权市场有独特竞争力的创新成果，在技术上进一步标准化，在操作上进一步简便化，这也是信息化对产权市场基础建设的一大贡献。

二、产权市场信息化建设的思路和现状

产权交易过程中最大的、也是最为重要的成本就是信息获取成本，而信息化建设要解决的首要问题就是解决买卖双方信息不对称的问题，所以我们经常说，产权市场首先是信息平台。中国产权市场信息化建设大致可分为以下几个阶段：

1．国务院国资委成立后首次将产权市场信息平台进行了统一规范，国资委3号令以交易机构网站作为信息发布起点联合主流纸媒体作为产权市场信息平台最初构架，这是信息平台的最低要求也是最简单的要求，当初的产权市场信息更多依靠纸媒的影响力，而不是产权交易机构进行推广；

2．为扩大市场信息覆盖面，各机构逐步向机构网站联合推进，交易信息由多点分散发布向异地同步发布迈进，但鉴于标的区域性、信息的非标准化和机构之间的合作机制不完善，使得这种联合发布未能取得实质性进展，产权市场信息平台仍然未进入主流；

3．随着产权市场的影响力和社会认知度越来越大，产权市场的信息平台得到了社会的进一步关注，为了节省投资人的查询成本，很多机构在想有必要将全国产权信息平台进行统一，国内主要产权交易机构在这方面都经过了很长一段时间的探索，包括几个共同市场网站、异地同步挂牌系统、资本道等，虽然模式不同，但在在信息标准化方面进行了有益的实践和探索，为后期信息平台的开发提供了宝贵的经验；

4．但由于产权交易是实体交易，信息发布不能够充分解决交易过程中违规操作和控制交易的行为，因此交易软件系统建设便提上日程。以上海、北京等交易机构为主先后开发了基于3号令的产权交易系统已成功上线，并实现了系统统一和与国家国资委的交易监测系统对接的问题，这样企业国有产权阳光交易的问题通过系统操作基本上得到了解决；

5．企业国有产权在系统建设上取得了实质性展，但是系统对于产权市场广泛的交易品种，灵活、高效的参与需求仍然是个问题，产权市场的流动性不足成为发展中最大的障碍，信息的传播速度、交易的复杂性成为了影响产权流动性的最主要问题，为了使投融资需求和产权价值能够实现快速集中的发现，所以基于互联网的电子商务平台开发成为了产权市场最为迫切的需求，这就是金马甲等类似平台诞生的背景。金马甲就如同用高速铁路联结起来的中心城市，不但信息资源聚集，交易品种丰富，交易成本低廉，而且交易过程快速灵活，竞价方式还可以实现动态报价，彻底打破了交易时间和空间的限制，交易方式更加趋近于成熟资本市场的模式。可以想象，这样的信息系统应用于中国产权市场，将对中国资本市场实现根本性突破，今后中国资本市场将由两块屏幕构成，一块是证券市场的虚拟股票即时交易，另一块是产权市场的实体产权即时交易系统。

三、内蒙古产权市场的信息化实践

内蒙古产权市场起步较晚，但从一开始就认识到信息平台的重要性，特别是对信息相对闭塞的边疆少数民族地区尤为重要，我们的信息化建设主要从以下几个方面进行：

1．构建全媒体信息平台，平台的主要构成包括内部局域网、外部网站、内刊外化、合作媒体以

及会员合作体系，而且实现了多平台互动，起到了互相促进的作用。其中内网承担了中心几乎全部的沟通交流工作，达到了异地办公、及时沟通、资源共享的目的。外部网站坚持时效性，强调信息量，已经成为自治区首席资本流动网络平台，特别是今年由门户型网站向功能型网站转变调整后，点击率出现大幅上升，目前日均点击率6000余次。中心还创办内部刊物《碰撞》，淡化产权市场特点，突出资本市场功能，关注产权变革与投融资需求，适应各类群体阅读习惯，力争打造区域资本市场第一刊。中心还根据自治区地域广阔，沟通成本偏高的特点，以会员制建立覆盖全区的会员信息和服务网络，形成产权市场信息平台的区域支点；

2．借助同行业的影响力形成覆盖全国的信息传播网络，中心积极参加各类区域市场组织和行业协会，加强区域间的沟通与合作，利用生物界的寄生原理，将内蒙古的产权项目尽可能向全国性信息平台或其他区域市场低成本、高效率地传播和配送，而且关键要持之以恒，经过了三年多的努力，目前中心已经与全国23家省级产权交易机构签订了信息异地同步挂牌的合作协议，基本做到了每一个项目都全国挂牌，充分利用兄弟机构的影响力和公信力，很好地起到了推介项目和挖掘投资人的作用，无形中也将内蒙古产权的品牌打向全国；

3．完善各类交易系统实现全电子化操作。中心已经安装了企业国有产权交易系统、国务院国资委监测系统、企业国有产权登记系统、股权登记托管系统、网络竞价系统以及金马甲网络交易系统等，基本上做到了全部项目全程或部分环节进入软件系统操作，随着中心投入的不断增加和制度体系的进一步完善，必将实现各类交易全电子化操作；

4．积极调整角色定位加入全国性交易平台。由于区域经济的差异性，全国产权交易机构发展阶段不同、模式各异，随着区域市场竞争和全国市场整合步伐的不断加快，全国产权交易机构不可能按照同一个模式发展，交易机构之间必然要出现角色分工与合作的格局。例如“金马甲”通过建立股权关系和协调利益分配机制，很好地解决了信息统一发布和网上集中交易的问题，所以就实现了一次性整合全国大部分地区的产权项目资源、人才资源和投资人资源的目的，区域覆盖东部、中部和西部，包括发达地区和欠发达地区，影响力和竞争力是空前的。内蒙古产权交易中心是内蒙古区域市场的核心运作机构，既可以通过“金马甲”推广和运作内蒙古的产权交易项目，也可以整合内蒙古的投资人资源运作“金马甲”上发布的全国性产权项目。“金马甲”公司通过在内蒙古产权交易中心设立工作站，使“金马甲”的线上操作平台和线下服务组织一次性在内蒙古落地，而且为了保证市场操作的规范性和公信力。内蒙古产权交易中心的会员机构可以整合全区的产权资源，并且共同为“金马甲”上线项目进行线下服务。自今年年初到目前，我中心联合会员机构利用“金马甲”操作项目共11宗，项目涵盖旧企业股权、机动车、房地产、企业闲置报废资产，成交金额达5727.8万元，平均增值率达36.73%。

内蒙古产权交易中心今年年初到目前，联合会员机构利用金马甲操作项目共11宗，项目涵盖旧企业股权、机动车、房地产、企业闲置报废资产，成交金额达5727.8万元，平均增值率达36.73%。

四、产权市场信息化发展方向判断

产权市场信息化是提升市场发展层次最重要的技术手段，信息化的发展方向其实就是市场的具体建设目标。

1．市场虚拟化、服务网络化。产权市场应用信息技术的结果就是有形市场逐步淡化，大量的信息和交易过程通过网络完成，但围绕产权交易的市场服务机构将遍布全国，方便各地交易双方的衔接和沟通，形成以一家或几家全国性交易所为核心组织机构、以各类服务机构（也包括省、市、县交易机构）为支持体系的全国大市场网络。各地产权交易机构一定会实现功能分置，这也是机构之间竞争和整合的结果。

2．交易便捷化、板块多样化。信息系统将可以解决今后各类产权的电子化挂牌和交易需求，投资人上网交易非常便捷，信息系统应当可以设计多种板块的交易平台和制度体系，交易双方的各种需求都可以得到满足，产权交易所将成为涵盖综合要素市场与初级资本市场的产权大市场格局，产权交易业务涉及非标准化标的、半标准化标的和标准化标的，产权市场真正成为以信息化为支撑的、各类资源丰富的、操作方便快捷的综合性、基础性资产、资本流动平台。

3．区域统一化、服务差异化。信息技术使产权市场彻底实现跨跃时间和空间的交易，区域方面已不会形成障碍，但国内产权市场很可能形成各具优势的几个大交易所，其影响力均可以覆盖全国联通海外，在区域上实现统一，但在竞争优势上却各具所长，每个交易所的品种和特色将会有所区别，每个产权市场在更高层次上强调市场的专业化、便捷化、差异化，甚至消费习惯等文化特色，因此，信息化不会简单的带来市场的单一化或垄断化，而是仍然要支持一个丰富多彩的多样化产权市场。

总之，正像我们核心理念所说的“汇聚市场资源，融通天下产权”，这个理想只有通过产权市场的信息化才能得到最终实现。

黑龙江拓展产权市场职能　为国有企业提供更多服务

哈尔滨产权交易中心

我国产权市场是国有企业产权转让公开交易的平台，更是纪检监察部门源头治腐的重要窗口。近年来，这个市场不断完善，在全国已经形成体系，市场功能和作用正在被政府部门和企事业单位所认可。随着我国国有企业公司制改革工作逐步阶段性结束，全国产权市场都面临着向什么方向发展和如何发展的问题。

一、哈尔滨市国资委赋予了产权市场新职能

哈尔滨市国资委为加大对市属国有企业监管力度，切实履行出资人职责，针对出资企业财产保险、大宗货物采购、物流运输等费率各不相同、费率差距大等现象，决定对市国资委出资企业的财产保险、大宗物资采购、物流运输公司选择采取统一公开方式。鉴于哈尔滨产权交易中心（以下简称产权交易中心）是独立于国有企业和服务客户的市场组织，也是独立于市国资委并接受市国资委和纪检监察部门监管的市场组织，并且产权交易中心有为国有企业提供市场化服务的经验和理念，所以，哈尔滨市国资委委托产权交易中心完成这项工作。

二、产权交易中心切实发挥了市场职能，为国有企业提供了新的市场服务

开展为国有企业选择保险机构、大宗物资采购以及物流运输公司等业务，对产权交易中心来说也是一项新业务。为做好这项业务，产权交易中心重点做了以下几方面工作：

（一）接受企业委托

企业与保险公司、物资供应商、物流运输公司为企业投保、采购、物流运输的当事人，国资委作为政府的出资人代表，是国有企业的监管机构，但独立于企业的经营活动之外。为加大对国有企业监管力度，切实履行出资人职责，市国资委引入了独立于企业、供应商以及国资委的第四方——产权交易中心。

产权交易中心是独立于国有企业和供应商的服务组织，也是独立于国资委并接受国资委和纪检监察部门监管的市场组织，所以企业需向产权交易中心发出委托，产权交易中心接受企业委托后，对外公布信息，利用自身的优势，广泛征集供应商，并根据供应商的申报材料优选供应商。

（二）确定询价方式

哈尔滨市国资委和产权交易中心经过多方论证，最终确定采取询价方式。询价方式是选择选择保险机构、大宗物资采购以及选择物流运输公司的有效方式之一。询价方式具有广泛的公开性，能够广泛的征集到符合条件的保险机构，同时评审过程又具有相对的封闭性，符合选择保险机构工作的特点。产权交易中心在接受企业委托后，立即着手组织询价工作。随后，市国资委和产权交易中心联合印发了文件，针对国有企业的需求，面向社会广泛征集意向供应商。

（三）制定并发放询价文件

产权交易中心根据企业的要求，综合行业诸多因素，制定详细的《报价文件》，就各供应商的报价、技术能力、财务状况、经营规模、企业信誉、服务水平等内容进行了要件详述。同时，还制定了《评审标准》。随后，产权交易中心向供应商递发了《询价文件》，并规定了递交《报价文件》的最终截止日。

（四）组织询价评审工作

发出《报价文件》后，产权交易中心组建了5人评审专家组。为了实现企业的切身需求，其中一名专家为企业代表，其他4位则由产权交易中心从专家库中随机抽取。这四名专家，都从事相关专业领域工作满8年并具有高级职称，熟悉《政府采购》等有关方面的法律、法规，并具有丰富的实践经验，能够认真、公正、诚实、廉洁地履行职责。

产权交易中心在供应商《报价文件》递交截止后，随即组织召开了询价集中评审会。国资、纪检、工商等部门人员作为监督成员，与市场专职人员和委托企业一起组成工作组，共同组织完成询价评审工作，现场进行了全程监督，省监察厅通过全省监测系统，全程监控并录像。

（五）向委托方公布询价结果，并报市国资委备案

评审专家对参与询价的《报价文件》，对照《评审标准》逐项进行打分，根据最终得分，推荐排名靠前的参与供应商作为入选报价人。产权交易中心将最终优选的四家供应商报送市国资委备案，委托企业结合自身实际进行最终选择，产权交易中心对选择结果予以公示。

三、开展为国有企业选择保险机构、大宗物资采购以及物流运输公司等业务具有“一举改革，实现四赢”的重要意义

国有企业的投保、大宗物资采购、物流运输的过程中，市场参与者受各自利益驱动，可能会出现暗箱操作、私相授受、权钱交易等行为倾向，这样就会产生信息不对称，给买卖双方带来风险，还可能会造成国有资产流失。产权交易中心本着“公开、公平、公正”的原则，可规避交易风险。在询价工作开始前，产权交易中心制定了详细的工作制度，并邀请国资、财政、纪检、工商等部门作为监督成员，建立监督机制，共同完成询价工作，达到国资委、委托企业、产权交易中心、供应商四方共赢。

（一）出资人监管职能得到了加强

《企业国有资产法》明确了各级国资委代表本级政府履行出资人职责，对出资企业依法享有参与重大决策权。国家出资企业包括国有独资企业、国有独资公司、国有控股公司以及国有参股公司。我市国资委落实《企业国有资产法》，在不干预企业经营活动的前提下，要求企业统一公开选择财产保险、大宗物资采购及物流运输供应商。首先，它将市国资委的监管职能具体化、微观化，有助于国资监管职能的发挥；其次，通过引进第三方工作，形成监督制约机制，规范企业基础管理工作，实现从制度上监管的目标；第三，通过阳光操作，预防国有企业在选择保险机构过程中出现个人腐败行为，实现通过制度来保护干部的监管职责。

（二）委托企业实现了获利

通过公开选择保险机构、大宗物资采购以及物流运输公司，监管企业一方面可以统一选择有实力的供应商，多维度比较参与报价的供应商，从而优中选优；另一方面还可以通过供应商之间的竞争，压低费率，直接减少企业财务支出，增加企业利润。

（三）产权市场服务功能进一步增强

产权交易中心是企业国有产权公开交易的专业市场平台，近年来，交易范围不断扩大，交易品种

不断增加，市场功能不断完善，将国有企业公开统一选择公开保险机构、大宗物资采购以及物流运输公司的工作交给产权交易中心，既增加了产权市场功能，使产权市场能够更好地为国有企业改革服务，又不用增加政府投入，从而达到事半功倍的效果。

（四）有实力的供应商市场占有率得到了提高

为国有企业统一公开选择保险机构、大宗物资采购以及物流运输公司的目的是在降低费率的同时，选择有实力的供应商强强联合。产权交易中心将按照这一宗旨，根据企业财产规模、性质和不同要求为国有企业选择不同的保险公司、物资供应商和物流运输公司。总的看，这项工作将有助于有实力的供应商增加市场占有率。

上海推进开放性市场化重组的实践与思考

上海市国资委党委书记、主任　**杨国雄**

2008年市委、市政府出台《关于进一步推进上海国资国企改革发展若干意见》（以下简称《若干意见》）以后，上海市国资国企按照“重组是企业发展的重要手段、重组的目的是发展生产力、重组的决策主体是企业”的要求，以开放性、市场化为导向，以产权为纽带，加快与央企、外省市国企以及民企等各方经济主体的有效对接，初步形成优势互补、互利双赢、共同发展的新格局。

一、推行开放性市场化重组联合的认识和考虑

提出并实施企业开放性市场化重组联合，有一个认识不断深化的过程。从1990年代起，我们就认识到重组联合是优化国资布局结构、提升企业发展能级的重要手段和途径。1990年代中后期上海抓住行政局改制契机，以组织结构调整为重点，形成几十个综合性、多元化的大型企业集团。针对国有企业人多、债多、历史负担重的问题，这些企业集团发挥“人员托底、资金托底”作用，实施再就业工程，通过增资减债推进调整重组，产业结构、资本结构得到了优化。

上海市国资委成立以后，以控股公司改革为突破口，实施新一轮重组联合，先后组建了一批在国内有一定影响力的企业集团，如百联集团、锦江国际集团、光明食品集团等，总体上重组取得了一定成效。

同时，社会各方面提出了很多很好的建议，大家认为，市属国有企业重组在一定程度上存在体制内重组多、体制外联动少，区域内整合多、跨地区跨部门联合少，行政推动多、市场作用发挥少的情况，导致部分重组项目效果不够理想：比如，由于重组大部分在上海地方国有企业之间完成，存量整合难度大，加上没有引进外部优质资源，资源无法在更大的范围内实现优化配置。又如，行政推动重组联合，虽然决策、合并过程比较短，但由于对企业发展规律认识不足，被重组企业内部思想不够统一，再加上原有企业的人力资源和市场体制基础薄弱，在相当一段时期，重组只完成了企业报表、名称和人员的合并，业务运作难以整合，产业发展无法协同。

2008年起，按照《若干意见》以及全市国资国企改革发展工作会议精神，上海大力推动国有企业跨地区、跨所有制重组，吸引中央企业、全国地方企业及外资企业、民营企业参与上海国资调整和国有企业重组，大力推动企业整体上市或核心业务资产上市，推动上海企业走向全国、走向世界。开放性市场化重组联合成为上海国资国企改革发展的一项重要指导原则。

所谓开放性，就是要立足上海，面向全国，走向世界，吸引全国、全球的优势企业到上海来发展，鼓励上海企业到全国、全球去发展；就是要按照“两个毫不动摇”的要求，推动公有制经济和非公有制经济的共同发展。

所谓市场化，就是遵循市场规律优胜劣汰，谁抓住机遇做得强、做得精，谁就留下；谁丧失机遇，

做不出业绩，谁就被淘汰；就是按市场法则公平交易，抓住“转让主体、交易平台、中介机构”三个关节点，把好“规范决策、科学评估、产权交易”三道关，经得起历史检验。

二、上海推进开放性市场化重组联合的实践

几年来，围绕贯彻落实《若干意见》精神，上海地方国有企业坚持宽领域、多层次推进开放性、市场化重组，形成优势互补、互利共赢、共同发展的新格局，一批优势企业在产业整合中做优做强，均势企业在联合重组中提升能级，劣势企业在调整转型中稳妥退出：

三、对接中央企业竞争优势，推动央地联合

国务院国资委和中央企业历来支持上海国有企业的发展。国电集团、中航集团等先后与上海市政府签订全面合作协议。上海企业通过对接中央企业资本、技术以及管理等优势，实现产业结构优化、层级提升、规模扩大和效益提高。

上海航空与东方航空联合重组，实现上海地区航空资源有效集聚，有力推动了上海国际航运中心的建设。

上海电气先后与国家核电合作，加快发展第三代数字化核电仪控系统技术引进后的消化吸收和国产化进程；与中电投资合作，共同推进核电自主制造、批量生产和标准化建设；与北车集团合作，加快轨道交通设备制造产业发展。

国盛集团继与中国建材集团就上海新建重型机械公司开展合作后，又与国电集团签署协议，加快在卡琳娜循环技术工程应用，以及风电、光伏发电等领域开展合作。

申能集团在与中电投开展IGCC等项目合作后，又与中国海运合作成立航运公司，携手保障上海电厂的煤炭海上运输。

上海仪电与中航技集团就第五代TFT-LCD生产线进行合作。目前，大部分项目进展良好、初见成效。TFT五代线上半年实现营业收入9.7亿元，预计全年超过30亿元，实现扭亏为盈。东航上航合并后，实现营业收入288.66亿元，同比增长39.2%，盈利16.82亿元。

中国北车与轨道交通重组后，上半年实现净利润4000万，预计全年可达7000万元。

四、积极参与区域经济发展，推动沪省合作

通过与兄弟省市的战略合作，依托地方经济的特色资源、市场和劳动力优势，在积极融入当地发展战略的同时获得自身发展。

百联集团先后与安徽、浙江、江苏、山东等地开展合作，配合当地商业规划设计，不少项目已纳入当地工作重点。

光明食品集团与安徽省政府签署农业产业化交流与合作框架协议，利用其在现代农业发展上的技术、品牌和网络优势，助推安徽加快农业产业化步伐。

近年来，随着兄弟省市市场成熟度、开放度不断提高，涌现出一批龙头企业，上海企业在业务拓展的过程中与很多省市企业建立了良好的合作关系，奠定了联合重组的基础。

上海医药先后与福建省医药公司以及山东济南、江苏常州、广东广州等地4家分销龙头企业进行战略合作，共同打造覆盖华东地区的医药销售网络。

光明食品集团在收购云南英茂糖业后，积极推动英茂糖业香港上市，进一步做强糖业产业。

五、拓展产业发展空间，推动中外（港）合作

通过“借梯登高”、“借船出海”，不断提升技术能级和产业发展空间。

上汽集团收购上海通用1%股权实现控股，与美国通用在香港组建合资公司，联手打开印度市场。

上海电气收购美国高斯公司，力求借助高斯公司国际化运营的丰富经验，以及优秀的管理团队，加快进入全球印刷机械产业“第一阵营”。

锦江国际联手美国德尔集团收购美国州际集团后，州际集团222家酒店4万多间客房资源成为锦江酒店产业的重要组成部分；与日本三井共同投资3亿元，建造具有世界一流水平的超低温冷库，填补上海现代冷藏物流业空白。

上海机场与香港机场管理局合资成立沪港机场管理有限公司，管理虹桥机场东西航站楼、虹桥综合交通枢纽东交通中心与旅客流程相关区域等，全面提升上海机场的运营效率和管理服务水平。

今年以来，上港集团收购比利时泽布吕赫公司股权，百联集团收购香港柯普恩公司100%股权，光明乳业收购新西兰塞恩莱特公司等项目，都取得重大进展。

六、项目带动机制转变，推动“国”“民”共进

通过与非公经济开展项目合作，引入民营企业的活力，实现国资、民资共同发展。

据上海产权交易市场统计，2009年民营企业受让国有产权651宗，成交金额48.6亿元。其中包括城建集团与民营企业公成建设共同投资青浦污水二厂，上海纺织联特实业公司100%股权转让民营企业。此外，上海电气、锦江国际、交运集团、国盛集团通过股权转让、项目合作等方式加强与非公经济合作，下属一批企业以机制创新赢得新的发展机遇。

2006年以来，上海国有企业积极实施开放性市场化重组联合，涉及各类资产总额超过2000亿元。一大批企业集团的核心竞争力和行业地位有明显提升。上汽集团2009年销量和国内市场占有率全国第一，首次进入全球汽车销售前10名。上海电气集中发展现代装备业，成为中国规模最大的发电设备制造企业之一，百万千瓦超临界和超超临界技术代表了国际火力发电技术的先进水平。锦江国际集团2009年酒店规模达530家，跻身全球酒店业300强第13位。

七、推进开放性、市场化联合重组的主要体会

1．实施开放性市场化重组联合离不开市委、市政府的坚定决心和正确领导

上海市委、市政府领导十分重视国资国企改革，对重组的原则和方向作出了明确指示。俞正声书记指出，“重组是企业发展的重要手段、重组的目的是发展生产力、重组的决策主体是企业”。韩正市长也明确，上海要实现新一轮国资布局结构调整和产业升级，必须冲破习惯思维和传统做法束缚，突破地域和所有制限制，加快要素在更大范围、更大区域流动，加快推进企业开放性、市场化重组联合，做到“三个结合”：“引进来”和“走出去”相结合、整合资源与主业发展相结合、政府引导与市场运作相结合。在工作推进中，市委、市政府领导多次听取情况汇报及项目介绍，帮助协调政策支持。特别是开放性、市场化重组涉及利益格局的调整，一些老领导和干部职工对部分有基础、有潜力的企业让出控股权，感情上难以割舍，对此，市领导大力倡导解放思想，并主动帮助一起做工作，为推进企业开放性、市场化重组创造良好的外部环境。

2．开放性市场化重组联合要按照优势互补、合作共赢原则，多种方式、多种渠道推进

成功的重组联合必须优势互补、合作共赢。在优势互补、合作共赢的前提下，可以采取多种渠道、多种方式的重组联合方式，既可以“请进来”，也要“走出去”；既可以着眼于产业链协同整合上下游企业，也可以实行产品链横向联合；既可以着眼于强强联合、提升国际竞争力实施重组，也支持以降低成本、拓展市场为目的实施并购；既鼓励与央企全面合作，也重视与地方行业龙头企业联合或者市区联手，更期待有实力的民营企业积极参与进来；既可以按照传统方式利用存量资产进行联合，也要充分利用资本市场，通过创新金融工具提高重组效率。

3．牢牢把握重组开放性市场化重组联合的目标方向，坚持以企业为主体平稳有序推进

在实践中，我们感到，实施开放性市场化重组，一定要突出市场化的导向，遵循企业发展的规律，发挥企业的主体作用，不能为重组而重组。在具体操作中，一定要坚持在“两大前提”下组织推动：一是干部职工人心思改，人心求变，二是按照产业链的关系，形成协同效应。在工作原则上，我们坚持“四个基本原则”：一是过程民主原则，切实提高操作的透明度和公众参与度；二是利益均衡原则，防止出现牺牲一方利益换取另一方利益的现象，坚决不损害职工群众的利益；三是渐进退出原则，科学把握工作节奏，合理设置“缓冲期”、“适应期”，确保职工队伍稳定；四是依法改制原

则，依法合规，在法律法规指导下严格审核把关。同时，我们积极开展重组项目后评估工作，确保开放性市场化重组联合取得实效。今年以来，先后建立了工作检查、项目抽查和交易稽查“三查合一”机制，对15个资产评估项目进行检查。建立重大重组项目跟踪检查制度，确保重大重组项目落地、落实。

企业开放性市场化重组联合是一项涉及面较广、实践性较强的工作。目前，国资委系统前20家企业集团的国资规模，已占出资企业国资总量的90%以上，其中，前10家大企业集团比重接近80%。

下一步，我们将根据全市产业发展导向，以延伸产业链、增强价值链为原则，通过对深化开放性、市场化联合重组，进一步提高国有经济的影响力、国有资本的控制力、国有企业的竞争力。

摘自《上海国资》2010年第12期

浙江产权交易所“再谋生”

作为中国最早一批成立的产权交易所之一，浙江产权交易所14年间经历的倒闭、重建、革新的故事，是中国产权交易市场发展历程的一个缩影。

7月6日，浙江产权交易所（下文简称“浙交所”），拍卖大厅内平静如常。

如果不是硕大的电子显示屏不断闪烁着买家的实时竞价信息：报价时间、加价幅度、报价、竞买人号码，很容易让人忽略了正在进行的一场竞拍。竞拍的是浙江熊猫乳品有限公司42%的股权、浙江省粮油食品进出口股份有限公司“熊猫”乳品类系列商标所有权，总标的评估价1666.17万元。现场不见喧嚣，只有快速变动的报价透着紧张的气息。当其中一位竞买人报出最高价以后，其他竞买人有90秒的时间来考虑是否要加价。如果原股东接受这一最高报价，则有优先购买权。最终，该标的由002号竞买人以1721.17万元买走，溢价55万元。现场的公证机构全程见证了这一切，并通过摄像记录了全过程。竞拍结束后，录影将被刻成光盘，送给竞拍当事人。

自2004年至2009年，浙交所5年累计完成省属国资交易172宗，评估总价38.65亿元，单向成交金额52.05亿元，成交总价比评估总值高出13.4亿元，平均增值近35%。其中，2007年最突出，共完成省属国资交易40宗，评估总值11.38亿元，成交总价19.87亿元，增值8.49亿元，平均溢价74.59%。而同时期，浙江省市级国资交易平均溢价率只有12.7%。

“一定要卖个好价钱！”看着交易完成，浙交所总经理姚上毅对记者说。这个外表儒雅的男士，有着一套非常简单的价值观，“发现价值”是他在解读产权交易市场时重复频率最高的一个词。4个字，他揣摩了7年。而浙交所，则花了前后14年的时间，来寻找适合自己生存的真经。

一、改制

20世纪90年代，国企改制带动的“国退民进”风潮在全国各个省市催生出一批产权交易所，浙交所也在1996年应运而生，由省体改委、上市办等三家省政府机构出资约3000万元。但到2000年时，初始资金全部耗光。

2003年参与浙交所重建、并成为总经理的姚上毅后来总结为，由于交易所由不同政府部门投资组建，造成监管上谁都管不了；另外，由于经营不善，当时的交易资源很混乱，后来干脆就没有了交易资源，生存困难。

一些产权界人士认为，初期的产权交易并没有特别强调“公开、公平、公正”，因为当时的国企大都处于亏损状态，“国退”强调的不是“竞争”，而是“动员民资购买”。所以产权交易所更像是一个办理产权转让手续的机构。

交易所改制成为现实选择。2003年12月30日，浙交所由省内的11家龙头企业（其中7家民营企业，4家国有企业）共同发起，不再是事业制性质，而采用有限公司方式，注册资本2200万元，每家股东的股份均等。由于不是政府投资，省国资委没有人事任免权。浙交所的不同项目分别由4个不同的政府部门监管：国有资产转让的项目由省国资委监管；非上市公司股权的转让由省金融办监管；中小企业项目由省经贸委监管。

对此，姚上毅认为，这样的结构在调动管理层的自主能动性上非常有效，由于股东之间势均力敌，这给了管理层很多创新的机会。

二、创新

最大的创新体现在对“会员制”的变革，独创了“直接受理和间接受理相结合”的运作模式。

交易所发展历史上延续下来的会员制要求是，任何到交易所挂牌的卖家，不论是国资委指定的、还是非指定的，都必须先向交易所指定的会员（即中介结构）报名，由会员审核、然后代理卖家到交易所进行买卖，并抽取高额比例的佣金费。

浙交所起先也照葫芦画瓢，甚至动员大家靠个人资源去拉会员，每个会员要交3万元年费，而其中的20%会奖励给拉来会员的人。这样拉来的会员，虽有数量，但质量很差。

“后来我开始反思，会员拉进来干什么？是为了钱做这个么？一个3万、一百个300万，但300万几年就消化掉了。”姚上毅说，“对于会员来讲意义不大，交费进场之后又没有什么项目，或者有项目也是大家排队做，今天轮到你，明天轮到他。慢慢地就没人愿意来了。”

两年后，浙交所把会员制由原来的“收费宽进”改变为“免费严进”，即会员可以免费进场，但自身必须带有一定的客户量。由此，一批诸如拍卖公司、会计师事务所、律师事务所、投资公司、私募基金、大型集团、证券公司等被集中到交易所旗下。这些会员的共同特点就是，他们自身拥有强大的客户群，大家共同的纽带就是利润。

同时，取消所有挂牌项目都必须通过会员代理的规定。凡是国资委指定的、或者转让方自己找上门来的项目，交易所就直接受理；凡是会员带来的项目，转让方要求由该会员出面，则交易所才间接受理。

针对与会员的不同合作方式，在佣金分成上也有细分。例如，某个律师事务所会员带来的客户，挂牌成交后，律所可以拿到50%的分成。如果买家也由该律所带来，则其可拿到80%的分成。

交易所还可以和某个会员共同成立一个专门的部门，比如“浙江产权交易所投资业务部”，是与某证券公司合作成立的，证券公司出人做项目，交易所是运作平台，项目完成后，证券公司拿80%的佣金分成，交易所拿20%。

目前，浙交所像这样与专业团队合作设立的业务部有：金融资产业务部、投资银行业务部、股权融资业务部、上市策划业务部、金融国际合作业务部、长江流域业务部、风险融资业务部、房地产与投融资业务部等。

会员制变革，成为浙交所命运的另一个转折点。

高质量的会员，一方面带来有效的供求，另一方面又可以最大程度地寻求资产溢价；价格卖得好，又会吸引更多的买家和卖家进场，以此形成集聚效应和正向循环。

“我们让利，宁可把利益让给合作者，我的原则是不在意一家一户赚多少钱，我在意这个平台做多大，平台做大了，交易所才能存活，让每个参与的人都有利可图，大家才会来和我合作。”姚上毅说。

在这种思路下，浙交所继2004年亏损80万元后，2005年弥补了上年亏损，并盈利100万元，2007年盈利2000多万元，2008年盈利3000多万元，2009年由于外部经济条件变动，盈利回落到1000多万元。

三、再突围

由省国资委主管，给了浙交所一个生存的条件，使其可以以国有产权转让为基础。但是，就像目前其他产交所面临的困境一样，随着国企改制接近尾声，非国有产权的转让逐渐成为市场主角。外部环境的变化，再次向浙交所发起生存挑战。

“走市场化也是逼出来的。”姚上毅说。

如果说2003年的改制是一次“死而后生”的被动转型，这一次他们开始寻求主动突围。一方面，浙交所把3/4的人力用于非国有产权交易的拓展上，从国有延伸到公有产权、非公有产权；另一方面，浙交所开始构建“产权交易超市”，进行省内扩张。

浙江省总共30多家产权交易所，浙交所虽地处省会，但按照国资分级管理的原则，各地市的国有和集体企业的股权转让，一般都被要求在本地产权交易所做，不能到省级交易所交易。

“逼得我要做全省的非国有产权转让这一大块市场。只有这样我才能有活路，要不然下面国有的都被瓜分掉了，我怎么办？一定要把各地的非指定交易标的拉进来”姚上毅认为，浙交所的出路在于，要做成一个有效产权转让信息的聚集地以及投融资客户资源的聚集地，聚集多层次的、各种不同的产权信息，像一个超市一样，品种一多，进来的人就会多，在这个平台里交易的成本也会低于在场外交易的成本。

据他介绍，2009年浙交所非指定交易首次超过了指定交易，占比接近60%。2004年进场交易的项目，全都是省属国有资产；2005年，近80%是指定性省属国有资产；2006年，非指定性项目的成交占比仅为27%；2007年，浙交所共成交各类项目77宗，成交金额达31.86亿元，其中非指定性项目37宗，占比为48%。当然，在整个成交量里，公共资源（包括国有)仍然占据绝大部分，占比达80%。

浙江是民营企业大省，但在浙交所，民营企业产权交易的成交量非常低，连1%都不到。包括接下去要做的林业产权交易、排污权交易，农化产业交易等，民营资本尚未进入这些领域，所以基本上都是国有或事业单位产权交易为主导。

“（民营的）有一宗就不得了了。”姚上毅说。这主要是因为，一般民营企业的生命周期是7年，做不好的小企业还没发育成熟就死掉了，做得好的企业都是不肯卖的。做得好的、又能卖掉的民企一般是法院查封的资产，目前这一资产的转让处理是由法院进行的。姚上毅透露，浙江省高院近期到交易所调研，准备要推广司法诉讼资产转让进入产权市场。这让他看到民企进场的一线曙光。

作为国内最早投身股票市场的人、曾经的上证所二期的红马甲，姚上毅在资本圈内人脉深厚。说到高兴时，他顺手摸了摸自己有些花白的头发，笑言“其实我现在还很年轻”。随即拿出一张纸，给记者画起了他所认为的产权市场的业务结构图以及市场发展的方向。当提到浙交所的未来发展规划时，他用手画了一个圈，“我希望浙交所能发展成为全国性的产权交易所”。

当然，这暂时还只是一个美好的愿景。浙交所目前仍以区域市场为主体，绝大部分业务建立在前述非股份公司的产权转让平台之上。

2009年1月，浙交所又启动了另一个平台：未上市公司股权转让。据介绍，该试点对股份公司和客户实行进场制度，即在浙江省注册、股东人数在200人以内、设立满一年的股份公司均可进场，有限责任公司则需变更为股份有限公司，满一年后方可进场。进场客户即股份转让对象只限定于浙江产权交易所会员及公司原有股东等特定投资人。

但迄今为止，该平台每天的成交基本上很少，来挂牌的企业也很少。姚上毅的解释是：优质的未上市企业早已被私募基金盯牢了，只要企业预期能够上市，就不会到交易所来挂牌转让。换句话说，大部分产交所，包括浙交所，目前的发展状况还不足以和私募基金相抗衡。“这个平台，可能今后不是以转让为主体，而是以融资为主体，才能做得大。”

就此而言，浙江产权交易所的探索才刚刚开始。

摘自《财经国家周刊》2010年第15期

福建创新产权交易方式　大力提升产权市场功能

福建省产权交易中心

产权交易方式的选择，直接关系到产权市场能否起到“发现买方、发现价格”的作用、关系到能否提高交易的竞价率和增值率、关系到能否充分发挥产权市场的内在功能。

一、交易方式创新的实践

在多年的工作实践中，福建省产权交易中心积极探索和创新产权交易方式，促进交易主体公开、公平与充分竞争，不断提升市场定价功能。经过充分研究和论证，福建省产权交易中心创新了多种复式竞价交易方式，如“密封式报价加网络竞价”、“两轮综合评审加密封式报价”、“综合评审加网络竞价”等等，有效地提高了交易的竞价率和增值率。

案例一：2010年9月14日，福建省产权交易中心受某水泥公司的委托，对其水泥厂1#、2#窑等资产进行公开转让。中心了采用“密封式报价加网络竞价”的复式竞价方式，即第一轮以密封式报价方式进行公开竞价，标的由评估价815.06万元竞争至1290万元，增值了474.94万元；然后按照竞买人的报价从高到低筛选出前10名，且以第一轮竞买人的最高报价为起价（1290万元），采用网络竞价系统再行竞价，10位竞买人又经过23轮次的激烈竞价，最终以1520万元成交，又增值了230万元。两轮合计增值额高达704.94万元，增值率达86.5%。

案例二：2011年5月7日，福建省产权交易中心组织了福建供销大厦1-2层商场及地下层整体招租项目，该场地原租赁价200万元/年。在保证原承租人行使优先权的情况下，“中心”精心运作，采用“密封式报价加网络竞价”的复式竞价方式，共有27家单位购买了竞价文件，18家单位参加竞价。按照确定的竞价规则，18家竞租人先以密封式报价方式进行公开竞价，再按报价从高到低筛选出前5名竞租人加上原承租人，采用海西网络竞价系统再行竞价，最终承租人以1260万元/年成交，比原租赁价增值1060万元/年，增值率达530%，创造了国内租赁权竞价的最高增值率。

案例三：2005年，福建省产权交易中心受福建雪津啤酒有限公司的委托，转让其100%股权。为防止商业机密被恶意竞买人窃取，交易中心采取了两轮“综合评审加密封式报价”的复式竞价方式。即组织专家先对第一轮的竞买人的要约承诺与密封式报价的情况进行评审，选出其中综合得分最高的前5名进入第二轮竞价，只有有资格进入第二轮竞价的合格竞买人才能进行第二轮的尽职调查，转让标的企业核心商业机密相应安排在该阶段披露。第二轮竞价以第一轮的最高报价为起价，进行第二轮密封式报价及综合评审，最终评估值净资产为5.3亿的标的以58.86亿元成交，溢价1010%，被业界誉为“雪津神话”。

二、交易方式创新的作用

一是竞争更充分，市场定价更精准。由于不同竞买人对同一标的的价值判断不同，对其他竞买人的竞争情况不了解，故报价必定不同，在单一的密封式报价中竞买人往往抱有侥幸心理，不愿将其心理价位全部报出，从而产生竞价不充分的情况。采用单一网络竞价方式，有时会出现所有竞买人缴纳竞价保证金后出于试探其他竞买人报价情况互相观望，无人应价局面，这样就不能挖掘出其心理的最高价位，影响交易项目的增值率。而采用“密封式报价加网络报价”的复式竞价方式，就可以较好地解决上述问题。当竞买人由于第一轮判断失误而想再加价时有了补救的机会，同时也可避免竞买人缴纳竞价保证金后互相观望而不应价的局面，促进了市场的充分竞争，实现交易项目最大幅度的增值。

二是可以有效防止恶意串通、围标串标行为的发生。由于复式竞价一般先采用密封式报价，要求竞买人在报名截止时前将竞买材料和密封式报价书递交到交易机构，因此各竞买人之间均不知道其他人的报价情况和报价人数，为确保能在竞争中胜出，一般都将其心理的基本价位报出，从而有效地遏制了恶意串通行为，实现了国有资产的大幅增值。

三是可以有效解决交易机构设备不足的问题。由于某些标的竞买人特别多，交易机构电脑报价席位有限，难以满足竞买人的局域网竞价需求，采用复式竞价交易方式可有效解决这一问题。

四是可以最大限度地保护标的企业的核心机密。采用两轮“综合评审加密封式报价”复式竞价时，按事先规则约定，只有经第一轮评审综合得分高的前若干名竞买人才有资格进入第二轮次的尽职调查，这样可把标的企业的核心机密锁定在有限的几位竞买人之中，并与其签订保密协议，把泄密风险控制在最低范围。

五是可以有效地发挥两种竞价方式的优点。由于每一竞价方式都有其特定的优点，也都有其不足之处，采用复式竞价可以实现两者的优势互补，并将最大限度克服其不足之处。

三、交易方式创新的要点

一是合规合法性问题。按照《企业国有资产法》规定，“除按照国家规定可以直接协议转让的以外，国有资产转让应当在依法设立的产权交易场所公开进行。转让方应当如实披露有关信息，征集受让方；征集产生的受让方为两个以上的，转让应当采用公开竞价的交易方式。”为此，在坚持公开、透明、规范的原则下，必须将复式竞价交易的程序、规则安排等以合同的方式事先提交给各竞买人确认，以确立交易程序和交易规则合法性。

二是编写好竞价文件。竞价文件是组织交易过程中的核心文件，是实施竞价的总指引。因此要将竞价的程序、规则、时间、地点注意事项和可能出现特殊情况的处置办法等表述清晰准确。让各竞买人对竞价的全过程和规则安排事先有全面、详尽的了解。

三是注意操作细节。细节决定成败。在交易中，大的原则和方向确定后，要十分关注每一环节的具体操作细节，做到公开、规范，确保交易万无一失。既要分阶段进行，又要将各阶段所要披露的信息安排事先告知所有竞买人。

四是科学安排信息披露的程序和范围。在涉及企业核心机密的保护时，既要确保信息的充分披露，又要注意信息披露的对称与对等，确保每一竞买人能在同一时间获得同等的标的信息。

江西产权市场为鄱阳湖生态经济区建设服务

江西省产权交易所总裁　任胜利

经国务院正式批复的国家发改委《鄱阳湖生态经济区规划》（以下简称《规划》）提出，加快发展统一规范的产权市场。这体现了国务院、江西省委省政府和国家发改委对江西省产权交易事业高度关心和重视，更寄托了对全省产权交易工作者做好各项工作的殷切希望。江西省应加快发展统一规范的产权市场，积极探索和开拓相关业务，提升产权市场功能，努力为鄱阳湖生态经济区建设提供市场服务。

一、按照《规划》要求，统一产权市场建设的思想认识

《规划》要求"建立公共资源统一交易平台。加快发展统一规范的产权交易市场。"在国务院批复的国家发改委文件中，第一次将产权市场和公共资源交易平台并列提出，是重大的理论创新，为江西省发展统一规范产权市场提供了强大的思想武器。我们应该统一思想，提高认识，增强发展统一规范产权市场的自觉性。

在改革开放的推动下，1988年我国开始有了产权市场。2002年1月25日，中纪委为从源头上治理国有产权交易领域腐败问题，要求各地区、各部门实行经营性土地使用权出让招标拍卖、建设工程项目公开招标投标、政府采购和产权交易进入市场等四项制度。2003年12月，国务院国资委和财政部在《企业国有产权转让管理暂行办法》中规定，"企业国有产权转让应当在依法设立的产权交易机构中公开进行，不受地区、行业、出资或者隶属关系的限制。"2008年12月颁布的《企业国有资产法》规定："除按照国家规定可以直接协议转让的以外，国有资产转让应当在依法设立的产权交易场所公开进行。"2009年5月1日开始实施的财政部《金融企业国有资产转让管理办法》规定，"非上市企业国有产权的转让应当在依法设立的省级以上（含省级）产权交易机构公开进行，不受地区、行业、出资或者隶属关系的限制。"现在，我国已形成了健全的企业国有产权进场交易制度，即企业国有产权转让在履行相关决策和批准程序后，进入省级以上国资委选择确定的产权交易机构如实披露有关信息，广泛征集受让方，实现企业国有产权公开转让的制度。我国产权市场已成为法律定位明确，交易和监管制度健全的市场。

2006年以来，为了从源头上治理公共产品和公共权力交易中的腐败问题，有的地方开始探索建立公共资源交易中心，并且取得了很好效果。但由于公共资源的法律特征比较模糊，一些地方将企业国有产权当作"公共资源"交易，有的甚至不顾国家法律规定，强制各类企业国有产权进入公共资源交易中心交易，这种做法不符合中纪委要求，也不符合国家法律法规规定，不利于发展统一规范的产权市场。

企业国有产权不是公共资源。企业国有产权是产权的一种特别存在形式，是具有明显排他性等资本特征的生产要素，在出资人手里，是出资人的投资权益，在法人手里，是法人财产，不属于"公共资源"，不需要、也不应该进入公共资源交易中心交易。我们必须按照《规划》的要求，按照江西省委《江西省贯彻落实<建立健全惩治和预防腐败体系2008～2012年工作规划>实施办法》的规定，一方面加强全省产权市场建设，严格实行企业国有产权进场交易制度；另一方面建立公共资源交易平台，规范土地使用权出让、政府采购和各类工程项目招

标投标等公共资源交易活动。只有这样，才能为鄱阳湖生态经济区的建设建立健全统一开放竞争有序的现代市场体系。

二、继续推进机构整合，加快全省产权市场统一步伐

江西省产权交易所从2004年开始推动全省集中统一产权市场建设，走在全国前列。几年来，按照“统一交易平台、统一交易规则、统一信息发布、统一交易凭证、统一收费标准”的原则，通过在设区市设立办事处，把交易网络延伸到基层，为市县两级国有产权进场交易提供服务，推进全省统一的产权市场建设。目前，已在上饶、九江、景德镇、宜春、鹰潭、新余、抚州、萍乡设立8家办事处。2004年～2009年，全省完成产权交易1431宗，8家办事处完成了376宗，占26%；成交金额90.59亿，8家办事处成交15.36亿，占17%。事实说明，《规划》将加快发展统一规范的产权市场摆在显著位置，是对江西省产权交易所开展机构整合工作的充分肯定。

建设全省统一规范的产权市场，是充分发挥市场在资源配置中基础性作用的需要，是关系到是否贯彻执行国家政策法规的大是大非问题，是实践科学发展观，建设鄱阳湖生态经济区，促进江西经济进位赶超、持续健康发展的重大举措。为此，我们一定要借贯彻落实《规划》的“东风”，加强与南昌、赣州、吉安3个设区市的沟通和联系，在坚持“五统一”的原则上，尽快设立分支机构，尽快实现全省产权市场集中统一。同时，要努力做好巩固和提高8家办事处的各项工作，帮助他们总结经验，克服困难，不断提高政策水平和业务水平，按规范程序开展业务，为全省产权交易提供优质便捷服务。要与鄱阳湖生态经济区的九江、新余、抚州、宜春、上饶5家办事处共同努力，开拓符合各自地方经济特色的产权交易业务，为有关设区市落实《规划》做出贡献。

三、健全各项制度，进一步提高规范水平

《规划》提出，深化国有企业改革，推进重点行业跨所有制、跨区域联合重组；积极推进国有企业公司制、股份制改革，完善国有资本有进有退、合理流动的机制。江西省产交所要按此要求，健全各项国有资产交易制度，进一步提高规范水平，争取2010年完成国有资产交易20亿元。

一是认真学习贯彻《企业国有资产法》、《企业国有产权转让管理暂行办法》、《金融企业国有资产转让管理办法》等法律法规，按照国务院国资委《企业国有产权交易操作细则》，修订和完善交易审核制度、综合评审和电子竞价交易制度，制订拍卖管理制度、交易价款结算制度，进一步规范国有资产的挂牌定价、信息公示、受让人登记、交易方式选择、成交签约、交割鉴证等程序。

二是要进一步健全国有产权信息监测系统数据录入工作制度，准确及时地向“信息监测系统”上传各类交易数据，自觉接受国务院国资委和省国资委动态监测，借助电子信息技术提高规范水平。

三是通过优质执业会员评选、经纪人员培训换证和违规会员单位诫勉谈话活动，加强会员管理，全面提高会员单位的规范执业水平，从根本上保障全省产权市场规范运行。2010年要全面做好企业国有资产、金融企业国有资产、行政事业单位国有资产交易服务工作，使挂牌项目成交率达到80%以上，竞价成交率达到45%以上，为贯彻落实《规划》，促进国有产权有序流转和优化配置做出新成绩。

四、创新业务品种，全面提升产权市场功能

（一）探索非上市公司股权交易，为鄱阳湖生态经济区企业发展提供资本支持国务院《关于进一步促进中小企业发展的若干意见》提出“积极培育和规范发展产权交易市场，为中小企业产权和股权交易提供服务”，《规划》提出开展保险资金投资未上市公司股权试点，给江西省产权市场的发展带来了新机遇。当前，解决中小企业融资难，是鄱阳湖生态经济区建设最紧迫的工作。江西省产交所作为区域资本流转平台，要加强人才培训，培养一批具有证券业从业资质的人才；要在以产权交易方式开展本地区非上市公司股权交易的基础上，依据国家政策，在中国证监会及省证监局指导下，积极开

展保险资金投资、私募股权基金投资未上市公司试点。借鉴天津、上海、重庆、湖北、福州等省市的经验，2010年在编制江西资本市场发展专项规划中，争取中国证监会的支持，在江西省产交所设立连接创业板和中小企业板的股权交易平台，将江西省产权市场逐步建设成为承上启下的区域性场外交易市场，搭建江西中小企业融资平台，为鄱阳湖生态经济区中小企业及全省中小企业发展提供新的融资渠道，为地方经济发展提供资金支持。

（二）拓展股权质押融资登记业务，为鄱阳湖生态经济区发展提供融资服务《规划》提出，要为鄱阳湖生态经济区建设拓宽融资渠道和扩大融资规模。江西省产交所是鄱阳湖生态经济区建设融资的理想平台，交易场所、交易设施、交易规则、交易程序以及丰富的从业经验等，能为各类融资业务提供高效和便利服务。因此，包括重大项目融资、水权交易、排污权交易、私募基金设立，都可以选择江西省产易所这个具有公信力的平台。这与另选或者另行设立交易机构相比，可以减少财政支出，缩短管理链条，降低社会成本和交易成本。其中，利用已经登记托管的非上市企业股权进行股权质押是为中小企业融资的捷径。

2006年以来，江西省产交所在做好股权登记托管的过程中，针对中小企业没有实物资产无法贷款融资的困难，努力开展股权质押贷款登记业务，3年中为企业融资26.47亿元，其中2009年为企业融资15.32亿元。2010年争取登记托管企业数量比2009年增长30%，股权质押融资额达到20亿元以上。根据《规划》要求，按照《江西省股权质押融资指导意见》的规定，认真履行专业股权登记托管机构的职责，认真做好企业股权质押融资登记业务。在人行江西支行的支持下，开好股权质押融资工作会议，加强与金融机构的联系，动员更多金融机构利用产权市场开展股权质押贷款业务。

（三）开拓适应鄱阳湖生态经济区发展需求的创新产品和创新业务。要联合信托、租赁等机构，为鄱阳湖生态经济区发展循环经济、改造提升传统优势产业、发展先进制造业、加快发展高技术产业，提供股权融资服务。要加强与信托、租赁机构的合作，通过信托计划发行为非上市企业融资，探索为信托受益人转让产权的新业务。要探索建立与银行业监管机构、银行业金融机构建立股权质押登记信息共享系统，有效防范和控制信贷风险。

在鄱阳湖生态经济区建设中，江西省产交所要努力创新业务品种，全面提升产权市场功能，为鄱阳湖生态经济区融资做好各项工作。利用与国内外基金管理人联系广泛的资源优势，在年内牵头募集一支2亿元规模的股权投资基金，重点投向鄱阳湖生态经济区的优质环保企业；按照省编委授予的技术产权“审核挂牌、交易组织和交割鉴证”的职责，推动全省技术产权交易，特别是推进以资源节约、环境保护技术为主要特色的技术产权交易；在水利厅的支持下，探索建立水权交易制度，开展水资源取（使）用权出让、转让和租赁业务；在环保厅的支持下，开展排污权交易和企业自愿减排指标交易，以建立上下游生态补偿机制以及排污权有偿使用和交易机制；与金融机构联手开展并购贷款业务，促进企业通过产权市场实现并购重组；充分利用与长三角、珠三角、海峡西岸地区以及全国产权交易机构联网的优势，联网发布各类融资信息，为鄱阳湖生态经济区重大建设项目引进资金。

鄱阳湖生态经济区范围包括南昌、景德镇、鹰潭3市，以及九江、新余、抚州、宜春、上饶、吉安的部分县（市、区），共38个县（市、区），面积5.12万平方公里，占全省的30%，总人口2006.6万人，占全省近50%，2008年实现地区生产总值3948亿元，占全省60%，突显江西“物华天宝，人杰地灵”之特色，是长江三角洲、珠江三角洲、海峡西岸经济区等重要经济板块的直接腹地，是中部地区正在加速形成的增长极之一。鄱阳湖生态经济区建设，对江西产权市场提出了巨大挑战，也带来了千载难逢的发展机遇。我们一定要深入贯彻落实科学发展观，抓住历史机遇，创新发展途径，巩固发展统一规范的产权市场，为保护鄱阳湖“一湖清水”、促进规划区生态与经济协调发展做出积极贡献！

摘自《产权导刊》2010年第4期

山东产权市场发挥制度防腐功能促产权高效流转

山东产权交易中心总裁　苗伟

市场经济环境下，制度防腐必须适应市场经济规律的要求。对于企业国有产权交易来说，阳光化的市场交易是从源头上防止腐败的有效措施，通过产权市场的阳光交易，能够将行政化资源配置方式转化为市场化的配置方式，大大提高各种资源的流转效率，降低流转成本，达到防止腐败的目的。

2002年中纪委第七次全会提出，各地区、各部门都要实行产权交易进入市场等4项制度。2003年至2008年，历届中纪委全会一直要求贯彻企业国有产权进场交易制度。中共中央在《建立健全惩治和预防腐败体系2008～2012年工作规划》再次强调推进产权交易市场建设。近年来，山东省深入贯彻“标本兼治、综合治理、惩防并举、注重预防”的反腐倡廉战略方针，不断完善产权交易制度，大力推动产权交易市场规范发展，深入拓展产权交易源头防腐功能。经过努力，产权交易的制度防腐在改制企业国有产权之外的泛国资领域获得突破，山东产权市场平台的功能得到了充分发挥。

一、山东产权市场以规范促发展，打造优良市场环境

（一）注重产权市场基础平台建设，推动市场规范发展

对全省产权交易机构进行了整合统一。2008年，以省交易中心为基础平台，山东省整合统一了全省的产权交易市场，将济南、烟台、济宁、菏泽、滨州、潍坊等六市原交易机构改造成省交易中心在各地市的办事处，全省企业国有产权交易实现了交易机构的统一。

确立了监管层、运行层、经纪层“三层分立”的产权市场运行机制。2007年，《山东省人民政府办公厅转发省国资委等部门关于加强企业国有产权交易监管有关问题的意见的通知》（鲁政办发[2007]99号）出台，在全国范围内首次以省政府文件的形式，明确了省国资委是全省产权交易机构监督管理的主管部门；全省范围内的地方企业国有产权交易，应在山东产权交易中心或其分支机构中公开进行；《山东省企业国有产权交易规则》（鲁国资产权[2008]12号）又进一步明确，产权交易实行交易代理制，从事产权交易活动的出让方、受让方应当委托交易中心会员进行产权交易活动。“三层分立”运行机制的确立，既做到了责任主体明确，逐级分层有力监管；又避免了产权交易机构既是“裁判员”又是“运动员”的问题。

加强制度建设，以制度规范产权交易各主体行为。本着“杜绝人为裁量权，一切尊章办事”的原则，依据“3号令”及其各项配套文件，山东省在全国范围内，率先出台了覆盖面最广、条款规定最细的《山东省企业国有产权交易规则》及其各项配套文件。根据这些文件，围绕规范操作、会员管理、风险防范等方面，交易中心内部建立了近乎苛刻的30多项规章制度，并在全国率先建立了产权交易的争议协调制度，等等。

（二）构建“三级”信息监测系统，以信息化带动产权市场的规范化

2008年以来，山东省大力推动产权市场的信息化建设，努力以信息化带动市场的规范化。一是在全国率先实现了产权交易“三级”信息监测系统对交易项目的全程、动态监测。2008年，交易中心交易系统在与省国资委交易监测系统对接的基础上，正式与国务院国资委全国企业国有产权交易信息监测系统成功对接，实现了国务院、省国资委对

全省企业国有产权交易项目的动态监测。2009年，交易中心又为全省16家市国资监管机构安装了山东省企业国有产权交易监测系统及其接口，从而实现了国家、省、市“三级”信息监测系统对交易项目的全程、动态监测。二是依托“山东产权交易网”建立了全省统一的产权交易网上平台，实现了与全国六十多家产权交易机构与国内众多投资机构的信息对接。通过信息化平台建设努力扩大交易项目信息覆盖面，促进交易项目的价值发现与竞价。目前，交易中心正进一步完善该平台功能，力求将其建成全省乃至全国产权交易信息发布平台、交易竞价平台、办公交流平台。

二、增大服务覆盖面，充分发挥产权市场平台源头防腐功能

在交易业务运作过程中，山东产权市场积累了许多有益的经验。为了使这些有益经验在产权交易制度防腐方面发挥更大作用，山东产权市场不断总结企业国有产权交易方面的成功经验。依据这些经验，交易中心在全国率先出台了《增资挂牌交易业务流程》、《实物资产进场交易流程》等各项创新业务的规则。在此基础上，交易中心先后开展了国有增量产权、国有实物资产、金融国资、行政事业资产、国有探矿权等方面的交易，均取得不错的效果。如济南钢铁集团总公司烟台标准件厂项目，是全国首个进场的主辅分离项目，进场后该项目通过竞价后成交，实现大幅增值253%；潍坊亚星集团有限公司增资扩股项目，通过进入交易中心挂牌、运作，亚星集团最终引入了两家韩资股东——韩国湖南石油化学株式会社和韩国大一素材株式会社，两家分别向亚星集团增资6609万元、661万元。

省内各地市、县政府积极推动所属各类国有资产进场交易。如威海市全面推动各类国有资产进场交易。截止2009年底，威海市共计推动32户企业进入交易中心挂牌交易，交易额3.97亿元，各类国有资产实现增值1.57亿元，增值率达65.42%；烟台市企业增量产权项目、探矿权与采矿权项目等实现了进场；济宁市虚拟产权项目、临沂市增量产权项目等实现了进场等等。区县方面，东营市广饶县大力推进县属企业实物资产项目、事业单位改制进场；枣庄市峄城区推进辖区内企业改制和上市项目进场；泰安市泰山区实物资产等转让项目全部进场；等等。

省内各类企业主体纷纷推动所属国有资产进场交易。如长城资产管理公司济南办事处把交易中心作为处置金融资产的主要平台，将其拥有的金融资产委托交易中心进行招商和交易，从而有效防范了金融国资转让过程中的腐败行为，确保了金融国资的保值增值。较为典型的如长城资产管理公司济宁恒力金属制品有限公司债权项目，通过交易中心创新性的采用电子竞价方式组织交易，经过108轮竞争性报价，该项目最终实现溢价184.33%。

产权市场的本质还是“市场”，产权交易制度防腐的根本也是利用市场机制的力量来防止腐败行为的发生。为此，山东产权市场在建设过程中，着力强化交易平台的市场机制与服务功能成为重点。经过几年来的努力，交易中心与省内外重点企业、国内外各类知名投资机构、全国各产权交易机构建立了密切的业务合作关系，构建了遍布海内外的投融资网络，形成了较为丰富的买方资源；交易中心业务运作方面采用了国际上先进的会员代理制，通过遍布省内外众多会员的积极运作，为每个项目的买卖方及时牵线搭桥；交易中心在为各类产权主体提供规范交易服务的同时，注重拓展服务深度，着力为企业提供高附加值服务。从目前来看，交易中心已基本建成包括股权、债权、实物资产、金融资产、知识产权等在内的综合性产权交易平台；交易中心还以产权交易为载体，通过引入战略投资者、质押融资以及并购贷款等形式帮助地方政府和企业解决发展所需要的资金与资源问题。山东产权市场正在向着异质的、非标准化的权益资产交易大市场逐步迈进。

产权市场创新与武汉“两型”社会建设

武汉光谷联合产权交易所

中国产权市场，作为中国特色的一种制度安排，是伴随着经济体制改革的不断深化和现代市场体系的建立与完善而逐渐发展起来的。特别是在《企业国有产权转让管理暂行办法》（以下简称3号令）生效实施以来，我国的产权市场发生了巨大而深刻的历史性变化。湖北产权市场从省产权交易中心的创立到武汉光谷联合产权交易所的组建，历经11年的建设和发展，从无到有，由小变大，由弱变强，已经成为我省企业国有产权流转的阳光通道，市场化配置资源的重要平台，和谐社会建设的坚实保障，全省多层次资本市场建设的切入点和武汉区域金融中心建设的重要突破口。本文着重从理论与实践的结合上，对产权市场创新促进武汉城市圈资源节约型和环境友好型社会建设谈几点思考。

一、产权市场在“两型”社会建设中的地位和作用

（一）产权市场是具有中国特色制度的重大创新

国有产权进场交易制度的建立是国有产权管理制度创新的重大举措。这种制度的建立和完善，破解了企业国有产权该不该卖，该由谁卖，该卖给谁，该以何种方式卖和卖个什么价等一系列难题，解除了长期以来国有企业改革和国资体制改革中极易引发争议和混乱的产权困扰。近年来，借助市场的力量，产权交易机构逐渐形成了一套“阳光”和“透明”的运行体系，其规范交易行为、信息集散、价格发现、资本进退、资源配置、上市培育等功能日益凸现强化，在防止国有资产流失、遏制腐败和产业结构调整等方面起到了不可替代的作用。产权市场作为企业并购重组的主要平台，对我国完善经济布局、优化资源配置将起到关键的基础性作用。

（二）产权市场是武汉“两型”社会建设的重要基础

2008年9月10日，国务院以“国函[2008]84号”批复了武汉城市圈两型社会建设综合配套改革试验总体方案。方案提出，要“推动武汉光谷联合产权交易所成为覆盖多种经济成份、多功能、多层次的综合性产权交易机构，加快向圈域内其他城市延伸设立分支机构。”2009年1月13日颁布的《湖北省人民政府关于推进金融创新支持武汉城市圈“两型”社会建设的意见》（鄂政发[2009]5号）提出，“加快发展产权交易市场。加快以光谷产权交易所为核心的产权交易机构整合重组，尽快形成立足城市圈、面向全省、服务全国的多功能、多层次的综合性产权市场。”这为我省产权市场的创新发展明确了功能定位和方向指引，也提出了更高的工作要求。

（三）产权市场是实现武汉“两型”社会金融发展战略的重大举措

建设产权市场，是省委省政府确定的培育湖北资本市场的切入点和建设武汉金融中心的重大举措。省政府通过的《武汉城市圈总体规划纲要》指出：要“以产权交易市场整合和发展为突破口，形成多层次资本市场体系”。金融作为现代经济的核心，是经济运行的血脉，加快金融改革与创新，关汉城市圈“两型”社会建设的全局。产业资本和金融资本的结合，是所有国家和地区经济良性发展的前提，要积极探索产业资本和金融资本结合的制度设计，为其提供便利条件。产权市场一头连着企业，一头连着投资机构和金融资本，可以在金融资本和产业资本的有效融合方面充当重要角色，为实现武汉“两型”社会金融发展战略创造条件。

（四）产权市场是促进社会和谐稳定的重要保障

国务院批复武汉建设“两型”社会试验区，是新一届中央领导和政府对构建和谐社会的新探索，也是实现经济社会可持续发展的重要改革探索和部署。“产权交易进场制度”是中纪委和省纪委部署源头治腐的“四项制度”之一。各类国有产权转让和国有资产的处置，按照国家和省政府有关规定进入产权市场阳光交易，有利于从源头上治理商业贿赂行为，防止国有资产流失；有利于保护各类投资

者的合法权益；有利于维护广大职工的根本利益，促进和谐社会的建设。

二、产权市场创新的探索与实践

近几年，湖北省产权交易市场保持了稳健发展的势头，业务创新一直走在全国产权市场的前列。武汉城市圈“两型”社会建设试点获批以来，武汉光谷联交所结合“两型”社会建设总体规划纲要的要求和产权市场的发展实际，积极探索业务创新，取得了较好的成效。

（一）优化市场整合，搭建统一平台，创新市场管理模式

从2005年开始，以贯彻落实3号令为契机，结合湖北产权市场的实际，我省提出以“统一监管机构，统一信息发布，统一交易规则，统一审核鉴证，统一收费标准”为原则，首先对省内除武汉市外的市州产权市场进行整合，其成效受到国务院国资委的充分肯定，被称为“湖北模式”向全国推荐。2006年，整合省和武汉市的各类产权交易机构，最终完成了全省产权交易统一平台的建设，组建武汉光谷联交所，在全国率先形成了全省统一的区域性产权交易大市场。目前，武汉光谷联交所在全省15个市（州）设有分支机构，各类产权转让信息实行联合发布，全省产权交易大市场的功能逐渐显现。

（二）巩固传统业务，开拓新领域，创新业务范围

我所当前的核心业务仍是为企业国有产权交易服务，在规范操作省内各级国资监管部门出资企业的产权进场交易的同时，也努力拓展央企辅业改制与产权转让业务。我所还积极开拓新领域，培植新的增长点，争取覆盖所有的国资领域。2009年6月，省财政厅下发了《关于确定武汉光谷联合产权交易所为全省地方金融企业国有资产转让定点机构的批复》（鄂财金复字[2009] 549号），确定我所为湖北省唯一地方金融企业国有资产交易机构。我所已与中国华融资产管理公司武汉办事处签订协议，携手推动金融资产进场交易。今年8月，省财政厅出台文件规定省直行政事业单位国有资产“凡涉及产权变更的资产处置，必须到依法设立的产权交易机构，以拍卖、招投标等方式实施交易”。行政事业单位资产已开始陆续进入我所规范交易。

（三）争取政策支持，服务高新企业，创新科技成果转化服务方式

近年来，我所积极争取政策环境，取得了相应的科技中介服务资质，为更好的开展技术产权交易和技术转化服务工作搭建了一个网络化、现代化的技术产权交易公共服务平台。我所被国家知识产权局批准为“国家专利技术展示交易中心”，被省科技厅批准为“技术交易合同登记点”机构，被科技部正式批准为首批“国家级技术转移示范机构”和“中小企业技术服务平台”，并被授予“国家科技计划（火炬计划）实施二十周年先进服务机构”荣誉称号。2008年，完成技术交易合同成交额认定登记10.45亿元，占武汉市技术交易成交额的16%，共为高科技企业办理了减免税金额近800万元。2009年，完成技术交易合同成交额认定登记12.02亿元。

（四）建立完善制度，开展排污权交易，创新环境保护市场机制

2008年10月，湖北省政府出台了《湖北省主要污染物排污权交易试行办法》，这是我国首个由省级人民政府制定出台的排污权交易地方性规章。2009年3月18日，湖北省主要污染物排污权交易在武汉光谷联交所正式启动。3月27日，省委书记罗清泉同志和国家环保部部长周生贤同志在武汉为“湖北环境资源交易所”成立揭牌。“湖北环境资源交易所”即设立在武汉光谷联交所，依托产权交易平台运营。截至2009年底，共完成四次排污权交易，累计交易主要污染物排污权2454吨，总成交金额916万元；其中，二氧化硫基价由最初1600元/吨上升到9840元/吨，化学需氧量基价由最初2000元/吨上升到34080元/吨，形成了较好的市场发现价格机制，在全国产权市场和各省市环保系统引起较强烈的反响。

（五）加强金融合作，发挥融资功能，创新直接融资途径

为促进湖北区域性资本市场的发展，缓解中小成长性企业融资难题，我所还在全国首创了非上市公司的股权质押融资业务。截至目前，累计为所托管股权的企业办理股权质押融资30多笔，融资金额总计近11亿元。产权交易市场的融资功能进一步提升。2009年9月15日，我所与交通银行湖北省分行签订了为期5年、总授信额为100亿元的并购贷款暨全面合作协议，该并购专项贷款额度将主要用于支

持优秀企业利用产权交易平台进行产权股权收购与并购重组。产权市场与金融市场的互动、对接和融合，对促进全省资本市场的发展，破解企业融资难题，推动企业并购重组和发展壮大，产生了积极的作用。为了深入贯彻省委、省政府关于加快推进我省未上市公司股权交易市场建设，构建具有湖北特色的多层次资本市场体系的一系列指示精神，我所联合相关政府部门组织专人专班抓紧开展搭建我省未上市公司股权交易平台研究和筹建工作。

（六）加强监管力度，规范交易行为，创新市场诚信体系

近几年来，我省产权交易市场坚持以贯彻3号令为主线，企业国有产权转让基本实现了公开、公平和公正的“阳光交易”。全省企业国有产权进场交易率逐年提高，场外交易、自卖自买国有产权等违规现象得到有效遏制，维护了产权交易市场的秩序，从源头上预防了腐败现象的发生，促进了企业和谐发展。省纪委、省监察厅于2004年出台了《关于违反国有、集体产权交易法律法规行为的纪律责任追究暂行办法》（鄂纪发[2004]7号），从制度上规范了产权交易行为。省国资委成立了湖北省产权交易市场管理办公室，出台了《湖北省产权交易市场监督管理暂行办法》（鄂国资产权[2008]371号）等一系列制度和文件，进一步提高了省国资委对全省产权市场的监管水平。

三、加快产权市场创新发展的举措

为推动我省产权市场建设和发展，促进各类产权的有序流转，更好地服务于武汉城市圈两型社会建设，特提出加快产权市场创新发展的以下几个方面的举措：

（一）明确功能定位，进一步提升战略发展意识

我省产权市场的功能定位，省委省政府已十分明确，简单说，就是“三多一综合”。这就要求我各级党委和政府，以及从事这项事业的有关部门，必须从战略的高度充分认识推进产权市场发展的重大战略意义。要在整个经济体制改革的设计和整个资本市场建设的布局中有地位，不能忽视，只能加强。

（二）完善市场体系，进一步提升市场主体素质

巩固和发展“五统一”的市场整合成果，进一步理顺对全省各市州分支机构的管理体制，将全部分支机构逐步改造成为管人、管事、管资产的“产权型”机构；实现股权托管市场和农村土地经营流转市场等相关资源的整合，完善以光谷联交所为核心平台的产权市场体系。

（三）壮大企业规模，进一步提升平台综合实力

积极争取省和武汉市政府有关部门支持，通过将中小国有企业的优良资产或股权以无偿划转或注资方式，对武汉光谷联交所实施增资扩股，尽快壮大综合实力，增强发展后劲，建立中部地区最具实力的产权交易大市场。

（四）拓宽业务领域，进一步提升市场服务功能

依托武汉光谷联合产权交易所设立各类专业性的产权交易机构，扩大资源配置范围。尽快实现武汉城市圈内企业国有产权、行政事业资产、金融资产、涉讼国有资产、土地流转权、排污权、城市户外广告权、林权、矿权等权益进入光谷联交所规范、有序流动，探索开展非上市非公众公司的股权转让试点，提高光谷联交所平台的综合资源配置效率。在业务拓展上，由传统单一的国有产权交易向多种经济成分、新领域、新产业转变。

（五）创新交易方式，进一步提升资源配置效率

在交易方式上，由传统交易模式向信息网络化转变，搭建武汉城市圈信息联发、投资群体共享的网络化平台；在金融资产、行政事业资产、央企资产、知识产权、资源权益等交易领域探索会员代理模式；吸纳会计师事务所、律师事务所、评估机构等中介机构进入光谷联交所开展业务，共享平台资源。

（六）建设一流团队，进一步提升规范诚信水平

要不断完善法人治理结构，理顺管理体制机制，抓好“四好”班子建设、党员队伍建设和廉洁从业建设，培养一支具有较强专业能力和良好职业操守的高素质的人才队伍。与此同时，要从完善制度、强化监督、严格流程等方面作出巨大努力，按照国家法律法规和市场交易的规则保护各类交易主体的合法权益，不断提高市场的规范化和诚信度，实现产权市场的健康持续发展。

产权市场的创新发展，不仅是建设“两型”社会的基础，也是其必然要求。正在迎来新一轮发展战略机遇期的我省产权市场，必将在建设武汉城市圈“两型”社会和打造武汉金融中心的宏伟工程中，进一步发挥更加积极、重要的作用，实现规范、持续、健康的大发展。

湖南在促进市场做大做强中严防腐败

湖南省联合产权交易所

国有资产进入依法设立的产权交易机构进行交易开启了国有资产“阳光交易”的大幕，然而在这种“阳光交易”中是否仍然要注重预防腐败，从事产权交易的机构和工作人员是否应特别注重廉洁自律，回答是肯定的。

一、产权进场交易中的腐败风险

在以产权为中心的经济体制改革中，企业国有产权发生了极大的变化，国有产权通过转让、重组的方式实现了资源的重新配置。一些利益相关者在国有产权转让重组过程中寻租，相互勾结，大量侵吞国有资产，造成国有资产的严重流失。

正是在这一背景下，带有中国特色的产权交易市场及其产权交易机构应运而生。自2004年国家国资委、财政部颁发《企业国有产权转让管理暂行办法》以来，国家及相关部委相继出台了包括《企业国有资产法》在内的多项法律法规以规范国有产权交易。可以说，产权交易机构为国有资产的优化配置、防止国有资产流失，为反腐倡廉作出了重要贡献。

但是，国有产权进场交易并不意味着与此相关的各种利益关系的消失，由于受制于进场交易这一制度安排的约束，受利益驱动的有些单位和个人必然会采取各种方式通过国有产权进场交易这一合法合规的外衣达到获取私利，损害国家利益的目的。正因为这样也就可能出现由于交易风险导致腐败行为的产生。这些年来从事产权交易的机构和员工对这种现象应该是深有体会的。

正是因为存在着场外交易风险转向场内的可能，腐败风险无疑是对产权交易机构和员工的一项经常性挑战。如何恪尽职守，履行职责，坚持“公开、公正、公平”的原则，通过控制交易风险预防腐败行为，是产权交易机构和全体员工必须严肃认真对待的重要事项。

二、坚持制度、坚持依法依规依程序办事，是预防腐败风险的基本保证

胡锦涛总书记在中纪委十七届五中全会的重要讲话中提出要建设科学、严密、完备、管用的反腐倡廉制度体系。湖南省产权交易所近几年来高度重视交易风险防范，从内部控制制度上采取了较为严密的防范措施，基本完善了风险预防机制，体现了中央反腐倡廉预防为主的基本精神。一是不断修订完善了一整套进场交易规则和审批程序。2009年，根据《企业国有资产法》、财政部54号令以及国家国资委颁布的统一交易规则等一系列新的法规制度，我所重新修改、补充了11个交易管理制度，严格了内部不同岗位之间的牵制与约束，并将这些规则制度报上级有关监管部门备案。二是建立了风险控制体系。2007年我所设立了风险控制总监岗位和风险控制委员会。所有交易项目资料必须经风险控制总监审查并提出独立意见方可对外挂牌发布转让信息。凡交易底价达5000万元以上或存在重大瑕疵且有勃于交易规则的项目都必须提交风险控制委员会研究并投票表决。同时规定风险控制委员会主任可以视情况行使一票否决权，但没有权利确定一票决定权。2009年先后召开风险控制委员会18次，提交讨论表决的项目达11宗，有的项目往往要通过多次会议反复讨论才能作出结论，力求慎重稳妥。三是坚持办事程序，充分体现公开、公平、公正，阳光交易的宗旨。进场交易项目必须坚持从委托申请、资料审查、信息披露（公开挂牌）、接受查询、组织交易、价款结算、出具交易鉴证等必要程序，以维护各相关方的合法权益；严

格审查转、受让方的必报资料，对缺漏、差错和不符合要求的资料切不可马虎迁就；四是信息披露必须清晰明朗。对受让方所设置的条件切不能有任何排他性，不可量身定做，对项目固有的瑕疵要如实披露，不得故意隐瞒；五是同一岗位不能同时兼容有关联的业务。为避免出现转、受让方利用产权交易机构工作人员提供的信息私下串通，暗箱操作，排斥其他意向受让方，接受转让方委托事项的经办人员与接受意向受让方的工作人员相互分离并有严格的纪律予以约束。总之，坚持风险控制优先是预防交易腐败，实现廉洁自律的重要保证。

三、全心全意诚实服务，维护各方的合法权益，在控制交易风险的同时树立廉洁自律的良好形象

产权交易的功能主要是通过公开竞价发现价值，推动产权流转，优化资源配置。因此提供全心全意诚信服务，维护交易各方的合法权益，促成产权顺利成交是产权交易机构和员工的主要职责。进场交易项目几乎都存在不同程度的复杂性，如何协助转、受让方或标的企业解决交易过程中的障碍，提高对相关法规和政策的理解，提高进场的信任度是对交易从业人员职业道德和专业水平的检验。

去年，我们服务了一宗从2008年延至2009年上半年的跨年度项目，其标的企业的管理层和员工拟参与受让企业股权。项目挂牌到期后有多个意向受让人报名欲参与竞价受让，标的企业的管理层及员工代表极力反对，向产权交易所提出许多排斥他人参与竞买的意见，致使交易无法按规定程序和时间正常进行。他们以社会稳定、职代会决议等等缘由向产权交易所施压。面对这种有失公平公正，影响国有资产竞价增值的要求，我们一方面多次开会研究并向上级监管部门报告，另一方面做细致耐心的解释工作。我们认为，作为国企改制的员工要求按政策给予合理的经济补偿，要求解决再就业等等实际困难问题都是应该的，正当的，应当充分理解；但是对于管理层和员工同时以国有企业股权的受让者身份出现，则必须以平等的身份与其他竞买者一道按照政策公平竞价。要讲优先也只能在同等条件下通过竞价优先受让。无条件的排斥他人参与竞价，就意味着只能按指定的底价转让，这显然违背“三公”原则。在上级有关部门的支持下，经反复解释磋商终于实现了多个意向受让人一道参与公平竞价，结果竞价增值幅度达100%以上。

近两年，在申请股权交易的项目中，标的企业常有重大的债务没有征得金融债权人的书面意见，为了维护债权人的合法权益，我所说服并协助转让方做了许多艰苦细致的工作，征求债权人的意见。对个别债权人态度暧昧，不肯出具是否同意的书面函件，我们则将征求函采取特快专递等方式强行送达，以尽职责。由于始终坚持风险控制优先，服务质量优先，几年来，进场项目没有出现违规违法行为和交易纠纷。我们的敬业精神得到了顾客的充分认可与赞赏，先后获得赞誉锦旗十多幅。

四、处理好市场开拓与廉洁自律的关系

产权交易是新兴的资本市场，还不被社会广泛认知，无论是制度安排、市场整合和交易品种拓展都任重道远。但是不论是市场整合还是交易品种的拓展，都时刻不能松懈风险控制和廉洁自律。市场整合是建立在规范市场秩序、严明市场纪律、统一交易规则基础上的。而不是一个简单的“求大”笼而统之。切不可因迁就各地区各行业的利益关系而放松基本原则和要求。

正是基于坚持以上基本原则和要求，近年来我所在整合全省产权交易市场中付出了艰辛的劳动，横向（部门行业）纵向（市州）反复与之磋商协调。我们深刻领会到新的资本市场的开拓、接受新的理念确实需要经历一个艰难的较长过程。交易品种的扩展不仅仅要向新的产权领域宣传推介产权交易的平台功能，而且更要展示维护国有资产利益、展示诚信服务、坚持以“三公”为宗旨的服务形象。交易机构要有激励机制将交易主业做大做强。但是也不能为了拿业务不讲原则，违法乱纪，甚至与客户相互勾结，行贿受贿。在争取业务进场交易中，既要热情周到，上门服务，又要坚持原则，抵制不正之风。因此处理业务开拓与廉洁自律的关系同样至关重要。

路漫漫其修远兮，吾将上下而求索，中国产权市场的做大做强还有很长的路要走，在这个过程中，努力防范交易风险，树立廉洁自律形象是我们的事业最终能够获得成功的关键，也是每个产权交易从业人员的社会责任和职业道德。

重庆司法拍卖改革迎来又一创新

2010年12月1日，重庆司法拍卖互联网电子竞价正式启动，今后，重庆司法拍卖资产的意向受买人不必到重交所现场即可参与竞价。当天首个互联网电子竞价项目——重庆渝中区雨田大厦第22层整层房屋拍卖项目即取得开门红，10位竞买人经过80次报价，最终以9154704元成交，增值率达到63.05%。

一、互联网竞价有效防范围标串标，利于“两个发现”

11月1日，重庆市高院出台的《关于司法拍卖工作的补充规定（一）》，其中第三条规定“司法拍卖试行在互联网上进行电子竞价的方式”，仅仅一个月之后，重庆联交所就开发出了基于互联网上的电子交易平台。

“从局域网到互联网，这是重庆司法拍卖改革不断深化过程中的又一个重要创新”，重庆市高院院长钱锋对新浪产权这样评价互联网电子竞价的启动。

当然，在作为执行层的重庆联交所看来，互联网电子竞价对他们更是意义重大。

重交所董事长刘轶荿指出，采用互联网竞价方式首先可以让意向买受人之间互不见面，有效地防止了围标串标，保证了司法拍卖的公开公正和透明。

“以前司法拍卖就有这样的问题发生，由于采用局域网竞价比如到交易所现场竞价，即便竞价时分开在不同的竞价室，但是防不住竞买人到现场后早就互相打听，围标串标无法规避”。

另一种情况则是，一个项目即便是被成功竞买，一些人还会尾随买受人对其施加一些影响，甚至是暴力威胁，阻碍买受人不能顺利受让过户而放弃，“这都是局域网无法解决而互联网能够实现的”。

同时，互联网的使用对竞买人的决策方式、竞买成本和发现投资人发现价格方面也会产生重要影响。刘轶荿指出，比如局域网竞价的时候，由于竞买方的老板很多时候不能够亲自到现场，只好委托代理人，在竞价的关键环节只能通过电话实时联系，这种间接性的操作方式会让信息传递存在延迟，最终决策人也缺乏现场感，不能及时果断做出决策。

“在互联网上进行电子竞价则完全不同，竞买方的老板完全可以在自己的办公室现场指挥，甚至可以亲自操作，这样就减少了决策时间，让最终决策人在第一时间做出判断”。

而且竞买人数量也不再受原来局域网系统席位数量、场地的限制，交易活动组织也更为便捷、从容，“这样的电子竞价可以多场同时进行，大大提高了交易效率，降低了交易所的组织成本”。

在竞价成本方面，由于竞买人不必到交易所现场竞买，这就大大降低了竞买人的时间成本和经济成本，也因为如此，互联网竞价的采用突破了区域限制，大大拓展了意向投资人的征集范围，提高了外地投资人参与竞拍的积极性。

新浪产权了解到，在12月1日当天的第一宗互联网电子竞价项目中，十个竞买人中就有好几位来自深圳等地的投资者。

“这宗雨田大厦房产项目已经流标了两次，第一次的评估价是700多万，此次拍卖底价降到500多万，但最后拍出了915万的高价，比第一次的评估价还要高出100多万，这其中当然有我们前期进行了大量的项目推介等原因，但互联网竞价的应用功不可没”，刘轶荿对新浪产权说。

二、司法拍卖改革成效显现，已引起国家高层关注

自从2005年开始操作涉讼国有资产以来，重交所共处理各类涉讼资产项目670宗，成交金额22.4亿元，成交率达到80.72%，平均增值率达到14%，

但就今年来说平均增值率更是达到16%。

重庆司法拍卖的成效也得到了中央和重庆市高2009年，中共中央政治局常委、中央政法委书记周永康就对重庆司法拍卖资产进场处置进行了高度的评价，指出“这一举措是社会管理的创新，值得向全国推广”。

而最新的批示来自于中纪委书记贺国强和重庆市委书记薄熙来，11月24日贺国强在关于《重庆市积极推进国有产权交易制度创新，确保国有资产阳光交易保值增值》的批示中指出，重庆等地“推进公共资源、公共资产、公共资金”管理和交易改革的做法很好，建立交易平台、实现阳光营运、健全相关制度，力求从源头上防治腐败”，并要求总结推广这方面的经验。

重庆市委书记薄熙来随后的批示中也指出，加强廉政制度建设，在经济领域防止腐败现象的滋生，要总结经验，继续深化。

作为重庆司法拍卖改革的主要设计者和坚定支持者，重庆市高院院长钱锋曾经背负了巨大的压力，而在此刻，他对司法拍卖改革之路的思考也更为坚定，“重庆司法拍卖改革的成果已经显现，我想从这个成果已经可以看出司法拍卖未来的发展方向”，在接受新浪产权采访时他这样指出。

三、重压下前行，重交所担负行业期待

“司法拍卖改革在重庆首先破冰，全国产权交易机构处置涉讼资产也无先例可循，所以交易所这几年来承受了很大的压力，”重交所总裁任斌坦言。

压力来自于重庆市委市政府、市高院以及各相关部门的信任和支持，来自于社会公众的期待，也来自于全国产权交易业界的关注，“既然选择要做这个事情，就一定要做好”。

任斌对新浪产权指出，这几年来，交易所一直把做好司法拍卖资产处置作为工作的重中之重来做，一方面重庆司法拍卖对全国司法拍卖的改革是重要的探索，另一方面重庆联交所也希望能够通过做好这项工作为全国产权市场提供可资借鉴和参考的经验，当然对于重交所本身来讲也希望通过这项工作锻炼队伍，壮大自身的业务能力，提高市场影响力、辐射度和号召力。

事实正是如此，随着重庆司法拍卖改革的深入，随着重交所司法拍卖工作的日渐成熟，重庆已经成为全国司法拍卖和产权交易业界关注的焦点。

一位产权交易机构负责人就对新浪产权指出，重交所的司法拍卖资产进场处置为产权市场的业务拓展打开了一扇窗，“非常希望重庆的做法能够得到国家高层和其他各地方政府的关注，希望未来司法拍卖进场处置能够在全国遍地开花，无论是对建立防止腐败惩防体系还是对产权交易市场发展来说都意义重大”。

摘自《新浪产权》2010年12月2日

西南联交易所努力助推川藏经济发展

作为全国第一个跨省、区的区域性产权交易机构，西南联合产权交易所成立半年多来，经过各方业务的磨合、企业文化的融合、业务流程的再造，克服了整合过程中的各种困难，各项工作取得了明显成效。目前，进入签约阶段的项目金额达12亿元，已挂牌项目及准备挂牌项目金额超过20亿元，预计全年成交金额将超过50亿元，能够全面完成董事会确定的经营目标。

为尽快形成统一、集中、规模化的区域性产权交易市场，有效发挥融资功能和资源配置功能，全面助推四川省“两个加快”的实施，四川省政府决定整合省内产权资源，组建西南联合产权交易所有限责任公司。2009年12月30日，西南联合产权交易所在成都挂牌，成为四川省、西藏自治区国资委授权的川、藏两省区惟一一家从事国有产权转让业务的交易机构。西南联交所的成立在国内产权市场乃至财经界都引起了巨大的反响，它是国内产权市场跨省区整合的第一例，是国内区域性产权市场建设的一大成果，对全国规范统一产权市场起到了积极的推动作用。

为促进西南联合产权交易所规范发展，尽快形成统一、集中、规模化的产权交易市场，发挥产权市场在企业国有产权交易中规范、有序、公开、监督的作用，切实加强川藏企业国有产权交易监督，落实进场交易制度，四川省、西藏自治区及成都市国资委还建立了川藏企业国有产权交易监督联席会议制度。

产权资源整合后，西南联交所直接服务于四川与西藏两地的各种产权交易及投融资业务。而新一轮西部大开发战略的实施将极大地带动交易所的业务拓展。与此同时，西南联交所也将成为资本投资川藏的重要窗口，为西部大开发添砖加瓦，推动川藏两地经济快速发展。

随着国内中西部承接东部产业转移的逐步实现，中西部拥有资源优势或区位优势的地区将迎来大发展。作为西部地区的枢纽，四川省牢牢地把握西部大开发的机遇，无论是在产业的布局方面，还是在基础设施的提升与完善等环节，都为经济社会发展打下了重要的基础。

西藏具有独特的地理位置、较为突出的资源优势，目前虽经济水平较低，但体现出来的发展潜力较大，在国家战略全局中占据重要地位。西部大开发10年来，西藏自治区经济发展连续10年保持10%以上的增速，农牧民收入连续7年保持两位数以上增长，有力地促进了西藏经济社会的跨越式发展。“十二五”西藏交通基础设施建设将迎来大发展机遇，将是国家重点投资的对象。

四川、西藏面临前所未有的发展机遇，这些为西南联交所提供了一个大展身手的机会。西南联交所作为从事各类产权交易的区域性产权交易机构，主要从事国有和非国有产权以及自然人、其他法人和组织的产权、物权、债权、矿权、林权、排污权、特许经营权、商标权、文化知识产权、涉讼资产等的交易。

西南联交所董事长李杰指出，依托两省区的资源优势，西南联交所将大力服务川、藏地区企业并购重组、招商引资、融资服务及科技成果转化，促进西部资源与各类资本的有效对接，促进川、藏两地的经济发展。

对于西南联交所的前景，四川省社科院法学研究所副所长郑鉉说，建立辐射西南的产权交易所不仅是构建多层次资本市场必经之路，而且它涉及领域非常广，门槛也比较低，其份额可超过证券市场。

在不到一年的时间里，西南联交所交易平台建设成绩突出：成立了成都文化产权交易所；丰富了交易品种，完成了金融资产进场交易工作，环境资源、涉讼资产进场交易工作取得实质性进展。西南联交所正朝“一主体多中心，交易品种齐全，具有区域优势的统一产权交易市场”的目标迈进。

西南联交所相关负责人表示，西南联交所将遵循“公开、公平、公正、竞争”的原则，围绕创建一流产权交易机构的目标，立足川藏，辐射西南，形成一主体多中心，交易品种齐全，业务运作规范，具有特色和比较优势的区域性产权交易机构。

除了要建成具有影响力的交易平台外，西南联交所还将加强与国内产权交易机构和各类VC、PE等投资机构合作，建设立足西南、面向全国、连接世界的投融资平台，促进资源与资本有效结合，为国有产权交易增值和促进川、藏经济发展作出贡献。

摘自《中国企业报》2010年10月14日

西部产权交易所打造区域综合性产权市场

近几年来，西部产权交易所取得了一系列重要成绩，在我国西部地区中率先实现产权市场的省内统一，接连被授予陕西省国有产权交易惟一指定机构、陕西省级行政事业单位国有资产交易机构、陕西省金融企业国有资产交易机构、陕西省技术产权交易机构、知识产权交易机构、国家专利技术（陕西）展示交易中心……作为西部地区最重要的产权交易机构之一，西部产权交易所在推进国有经济结构调整，国有资产保值增值，区域性要素市场和资本市场等方面发挥了不可替代的重要作用。

在西部产权交易所成立之初，该所就肩负了整合陕西省内产权市场的重要使命。早在2003年，陕西省人民政府出台的《关于进一步深化陕西省国有企业改革的意见》中就提出要“整合产权交易市场，建立全省统一的产权交易机构”。据此，省政府在2004年初将陕西省产权交易中心和陕西技术产权交易所两个省级机构整合，成立了西部产权交易所。之后，陕西产权市场开始了漫长的整合之路。到了2006年，《陕西省国民经济和社会发展第十一个五年规划纲要》又明确提出：“加快以西部产权交易所为核心的产权交易机构整合，建立健全全省统一的产权交易市场”的要求。

以西部产权交易所为核心，实现全省产权交易市场统一的基本思路确定之后，西部产权交易所在陕西省国资委的领导下用了一年多时间整合各市区产权交易市场，陆续在西安市以外的十个市区设立了办事处。2008年9月19日，西部产权交易所西安分所揭牌。自此，陕西省各地市产权交易机构都划归西部产权交易所旗下，在总所的统一组织下，通过划定市场范围，开展业务合作，逐步实现规范、高效的统一市场。

“陕西省产权市场的统一，将会使全省企业国有产权转让在一个统一的市场平台上进行，必将对全省国有企业改革和发展起到进一步推动作用”，西部产交所总裁骆东山对记者这样指出。

而随着西部产权市场的统一与西部产交所地位的确定，交易所的业务范围也不断扩展。2008年底，西部产交所被陕西省财政厅指定为省级行政事业单位国有资产交易机构并授牌。

近日，35辆省级行政事业单位的报废汽车通过西部产交所组织的电子竞价，被报废汽车回收公司以2.627万元的总价格竞得。此举标志着陕西省省级行政事业单位国有资产集中处置敲响了“第一槌”。骆东山介绍说，行政事业单位国有资产通过产权市场集中处置，一方面能够杜绝资产在处置过程中的一些不规范行为，客观地体现出资产的市场价值；另一方面也能够使类似于报废车辆的资产流入合规渠道，进行规范拆解利用，有效避免报废车辆二次流入市场带来不安全隐患。

今年，陕西省财政厅又批准西部产权交易所为陕西省金融企业国有资产指定交易机构，今后全省金融企业国有资产处置应当进入西部产权交易所公开交易。“至此，西部产交所已经成为企业产权交易、科技成果转化、知识产权交易、行政事业资产处置和金融企业国有产权等各类产权交易的综合性平台，必将对我省社会经济资源的优化配置，产权的有序流转做出重要贡献”，骆东山说。

除了担负起陕西省的产权交易平台，西部产交所还积极搭建投融资平台。据了解，西部产交所成立后积极开拓海外融资通道，先后同世界客属商会、香港盛富国际等外商投资机构建立联系，打通外资入陕通道，促使产权交易向国际市场辐射，促进陕西各类产权向国际市场的有序流动。在交易所的努力下，欧洲控股集团公司等多家外商投资机构已与西部产权交易所签署项目委托协议，希望借助产权市场之力，在陕西省寻找投资机会。

今年5月，西部产交所还与陕西省国际信托股份有限公司就集合资金信托计划受益权中途流转的合作事宜进行了沟通。陕国投希望能够充分利用交易所专业、规范的产权市场平台为其提供集合资金信托计划中途流转的通道。

除此之外，西部产权交易所在金融不良资产处置、科技企业股权转让等方面也卓有成绩，还通过组织参加每年的西洽会、中国专利技术展示交易周等活动增强了产权交易市场在中国资本市场中的影响。

“在省国资委的领导下，带领交易所全体职工抓住机遇，为将西部产权交易所建设成为国家区域性市场平台而努力”，骆东山如是说。

摘自《中国企业报》2010年10月25日

甘肃产交所借力西部开发占先机

近日，记者从甘肃省产权交易所及兰州国际商品拍卖有限责任公司共同组织的兰州明珠大厦整体产权拍卖会获悉，经过12位竞买人四十几轮的激烈竞价，明珠大厦项目最终以7850万元的价格成交，较5300万元的转让参考价高出48%。除刚成交的明珠大厦项目，处于挂牌期的定西大酒店在建工程整体转让推介项目、天水市亚太大酒店整体资产转让等项目也都吸引了多方投资者的关注。进入2010年，甘肃产权市场上的产权交易更加活跃。甘肃产交所提供的数据显示，截至6月30日，今年上半年甘肃产交所交易额比往年同期有大幅增长。

“随着深入实施西部大开发战略各项任务的全面部署以及甘肃三大‘国字号战略’的制定实施，甘肃获得西部下一个10年开发的先机，甘肃也必将实现新的跨越式发展。”产权人士表示，在此预期下，作为甘肃省惟一的产权交易市场平台，甘肃产交所即将迎来快速发展期，同时，甘肃产权市场也会在促进西部大开发与甘肃社会经济发展上作出更加卓越的贡献。

甘肃三个“国字号战略”即2009年6月国务院批复的《关中-天水经济区发展规划》、2009年12月国务院正式批准实施的《甘肃省循环经济总体规划》及今年5月国务院下发的《关于进一步支持甘肃经济社会发展的若干意见》“国扶47条”。

国扶47条中对甘肃省“中华民族重要的文化资源宝库”的战略定位催生了文化产业项目的产权交易。40集电视剧《雪域天骄》并套拍电影《武威会盟》等影视剧制作类项目、敦煌文化资源产业转换等文化旅游项目挂牌交易所后，也受到了多方投资者的极大追捧。

而传统的矿业项目一直是甘肃产权交易的热点。据甘肃产权交易所项目负责人介绍，甘肃是我国矿业资源大省，品种多、储量大。随着近年来矿业的价值不断凸显，每年甘肃省都有一些项目通过产权交易所成功出让，溢价还较高，买方基本上来自我国南方地区。

毋庸置疑，甘肃产交所作为优质项目对接平台的优势越来越明显。近期在甘肃产交所挂牌的一个植物油招商项目也十分惹眼。据悉，兰州昌盛植物油有限责任公司新厂拟采取增资扩股或合资合作的方式引进投资资金不少于5000万元的战略投资者。“该项目很受欢迎，目前已经接到很多投资者的问询电话。”交易所相关人士告诉记者。

几年来，甘肃产交所为甘肃省并购重组、资产转让、股权转让、债权转让、土地、矿产等公共资源性资产竞价拍卖以及破产企业的破产清算和资产拍卖变现等做了大量的专业服务工作，充分发挥了产权交易市场的综合平台优势，取得了良好的经济效益和社会效益，树立了良好的信誉。

在甘肃省资本市场发育仍然缓慢的现实情况下，作为多层次资本市场组成部分，产权市场自然而然地要肩负起优化资源配置、解决企业融资难等重大责任。为此，甘肃产交所与浙江商会、江苏商会等全省重点商会签订战略合作协议，建立了以民营企业为主的中小企业投融资服务平台。

并购是实现我国经济发展方式转变的重要途径，产业整合离不开融资支持。甘肃产交所与各大银行合作，建立了全省企业并购贷款融资平台，以100亿元人民币的并购专项意向性贷款额度，支持甘肃省优秀企业开展股权收购与兼并重组，搭建起了企业并购业务融资平台。

“通过与银行签约，为并购各方提供专业高效全方位服务，最终实现互惠共赢的同时，还将进一步拓宽我省企业融资渠道，加快我省优势企业的并购重组，推动经济结构调整，产业升级和行业整合，为我省‘扩内需、保增长’提供有力金融支撑，促进全省经济平稳较快发展。”甘肃省产交所董事长安涛表示。

据介绍，甘肃产交所在产权交易活动中发挥信息平台、撮合交易、交易鉴证、规范改制等功能，探索创设了网络竞价、拍卖、要约邀请公开竞价、公开询价、招投标、协议转让等多种形式的转让方式，可以满足不同项目的转让需要。

为了更好地满足市场需要，甘肃产交所不断创新产权交易方式与提升服务功能。今年7月金马甲甘肃工作站的成立标志着甘肃产权市场正式迈入E时代。

摘自《中国企业报》2010年9月3日

新疆产权打造阳光交易平台

编者按：2008年12月，新疆自治区国资委与新疆建设兵团国资签订合作协议，由新疆产权交易中心重组新疆联合产权交易所组建新的新疆产权交易所。两年来，新疆产权交易市场在新的领导团队带领下，取得了多个重要进展。近日，新疆自治区党委组织部北京交通大学经营管理骨干培训班举办之际，新浪产权专访了参加培训班的新疆产权交易所许永乐副主任，就新疆产权市场的发展现状和发展思路等话题进行了对话。

一、新疆经济发展新起点　新疆产权市场面临难得发展机遇

“新疆全区国有企业资产总额仅有2300多亿，这与其他省市区动辄万亿的国有资产总额有很大差距”，许永乐坦言，正因为全区国资存量较少，发展也很不平衡，国资委直管企业进场交易基本做到了全覆盖，而非直管企业进场率较差，全区企业国有资产的综合进场率只有大约40%，这让新疆产权市场的发展相对于其他省区一直比较慢，在2008年12月，新疆产权交易机构完成重组前，总的交易额只有13亿多元，年均交易额2亿元左右。

2008年12月，新疆产权市场迎来新的发展机遇，新疆自治区国资委和兵团国资委签订合作协议，由新疆产权交易中心重组新疆联合产权交易所成立新疆产权交易所，实现了地方和兵团的经济融合、资源共享，为自治区建立“公开透明、规范有序、优质高效”的区域性产权市场奠定了基础。

“2009年，我们就完成了交易额近8个亿，2010年初到现在，交易额也达到10亿多，可以说用两年的时间完成了过去多年的历史交易总额，特别是在今年一开局的两个项目中，分别实现增值率187%和62%，这在以前是从没有过的，对于新疆产权市场的发展来说意义重大”。

当然，新疆产权市场的发展还不仅体现在成交额和项目增值上，2010年，新疆自治区出台的关于新疆产权市场的政策措施更为值得关注。

7月7日，新疆自治区财政厅发布公告正式确定新疆产权交易中心为新疆维吾尔自治区金融企业国有资产交易机构。

8月2日，新疆自治区国资委、财政厅、工商局、监察厅联合发布《关于规范国有产权转让权属变更的通知》，明确规定新疆国有产权交易必须进场，否则国资管理部门将不予办理产权变动登记，工商行政管理部门也不予办理工商变更登记手续。

8月25日，新疆维吾尔自治区出台《新疆维吾尔自治区促进股权投资类企业发展暂行办法》，其中明确指出，“支持在自治区注册的股权投资类企业，利用自治区非上市公司股权登记管理中心和新疆产权交易所，进行项目对接、股权质押融资、股权拍卖转让，搭建企业、项目对接和退出平台”。

“类似的政策规定在其他省区市早已出台，极大推进了当地产权市场的发展，这两年来，我们一直在推进新疆关于产权交易发展的相关政策措施的出台，目前来看取得了一定的进展”。

许永乐对新浪产权指出，上述政策措施的出台体现了新疆自治区政府各相关政府部门对产权市场发展的重视和关注，“当然，我们还在争取更多的政策法规出台，争取尽快赶上其他省区先进产权交易机构的发展水平”。

他指出，今年5月17日至19日，中央召开了新疆工作座谈会，要求“切实做好新形势下的新疆工作，把新疆经济社会发展搞上去，把新疆长治久安工作搞扎实，推进新疆跨越式发展和长治久安，不断开创新疆工作新局面”。

“这给新疆经济社会发展注入了新的活力，不仅是中央政府安排的资金和项目、包括各对口支援

地区、中央企业和民营企业的多个资金和项目都有望进入新疆，这对新疆产权市场来说是个重要的发展机遇，是新疆产权市场发展的新起点，我们必须牢牢把握住，争取用产权市场良好的资源市场化配置功能和优势为新疆经济社会发展做出贡献”。

二、期待与业界展开更多合作 实现互利共赢

新的机遇来临的同时也给新疆产权交易所带来了巨大的挑战，许永乐坦言，新疆地处内陆，包括思想观念和人才储备方面都需要进一步拓展，而新疆产权交易所也在今年有了多个行动。

今年10月10日至22日，由新疆自治区国资委党委委员、纪委书记何东风，自治区政府发展研究中心副主任赵德儒带队，自治区党委政研室、自治区国资委、新疆产权交易中心、新疆日报社等有关部门工作人员共同组成联合调研组，赴内蒙古、上海、江西、湖南、重庆等5省市，考察学习内地省市产权交易市场建设、产权交易内容和业务创新等方面的先进经验和做法。

“这次考察带给大家的收获很大，这些兄弟省市在产权交易市场的建设方面具有一定的共性，又各具特色，共性在于这些省市地方政府都非常重视产权市场的发展，出台了多个利于产权市场发展的政策措施，这些交易所也形成很强的经营团队，结合本地实际走出了一条适合本区域产权市场发展的特色之路，在本地资本市场和要素流动市场非常活跃”。

许永乐告诉新浪产权，这次新疆自治区组织部在北交所的监管培训班在京开课，培训班全体成员也专程到北京产权交易所进行了拜访学习。

“培训班里的很多同学都是新疆各区县及区属国有企业的领导同志，通过到北交所的考察，他们对产权市场有了一个较为全面的认识，了解到产权交易市场不仅提供了投融资平台和综合服务平台，也为构建惩防体系建设提供了阳光操作平台，是区域性资本市场和要素市场的重要力量，很多同志还提出回新疆以后将多多进一步了解产权市场的功能，更多的运用产权市场实现发展。”

许永乐指出，新疆产权交易市场目前处在一个重要的发展机遇期，一方面是新疆建设发展的大环境，新疆产权市场也得到了自治区领导和各相关部门领导的关注和支持，同时全国产权市场的兴旺发展也让新疆政商界以及社会公众更加重视本区域产权市场的发展。

“一方面新疆自治区和兵团的国有资产将陆续进入新疆产权交易所交易，另一方面，在新疆的大开发大开放过程中，新疆各市区县的招商引资将有一个迅猛的发展，我们希望能够充分发挥产权市场的功能，做这样一个资金和项目对接的桥梁，也希望能够跟各兄弟交易所、各中央企业以及有着各种渠道资源的产权经纪机构、中介服务机构建立联系，实现共赢发展”。

三、注重纪检监察和廉洁自律 打造阳光透明交易平台

正如许永乐所言，新疆产权市场还处在夯实政策基础，夯实人才储备，培育和扩大疆内产权进场资源的阶段，而作为国有资产保值增值、从源头上防范腐败的重要抓手，产权交易机构的内部管理制度在发展之初就需要建立根基。

“自治区纪委和自治区国资委领导非常重视新疆产权交易所在建立惩防体系建设中发挥的作用。同时，在交易所内部加强廉洁自律，规范执业也有明确的制度”。

许永乐介绍说，新疆产权交易所为加强内部管理，制定了员工规范执业的“十不准”，与员工签订廉洁承诺书，并且每个周五都会抽出专门的时间学习党风廉政建设的相关内容，“产权交易机构首先是为国家办事，廉洁自律是一切工作的基础之一”。

另外据许永乐透露，根据新疆自治区纪委要求，新疆产权交易所内部将设立纪检机构，首先保障平台自身公开、透明的特质，“只有这些方面做到尽量完善才能吸引各类产权交易资源进场，才能保证这些进场资源能够实现最优化配置和价值最大化”。

摘自《新浪产权》2010年12月9日

打造中技所平台　服务创新型国家建设

中国技术交易所总裁　**郭书贵**

中国技术市场自上世纪20年代中期兴起，在国家科技部、地方政府各级机构的积极推动下，经过二十多年的探索实践，截止到2009年底，技术合同成交额超过3000亿元。技术市场制度体系逐步完善，技术交易服务体系逐步健全，技术转移转化的环境不断优化。但毋庸置疑的是我国的技术市场还存在着诸多问题，在很大程度上制约了技术市场的健康发展。

当前，开放式创新已经成为了发达国家企业的主流创新模式。建设开放式的创新体系对于创新型国家建设具有重要的意义，对于创新能力严重不足的中国企业，充分有效地利用分散式资源环境下的各类创新资源，是形成中国企业核心竞争力的最有效途径。

在后金融危机时代，我国经济正面临着国际金融危机和国内经济结构调整的双重挑战，我国市场机制需要进一步完善，自主创新能力急待提升。当前，我国大力培育战略性新兴产业，加大创新型企业的扶持力度，这也对技术市场的发展提出了新的更高要求，必须进一步转变方式、创新机制，大力促进技术转移，全面加速科技成果向现实生产力转化。

中国技术交易所正是在这样的历史背景下成立的，是中国的技术进步和产业升级达到一定阶段后的内在需求。创新是中技所之魂，中技所将在加速科技成果产业化的过程中积极创新和实践，服务创新型国家建设。

一、差异定位——打造技术交易的“第四方平台”

中国技术市场经过近30年的发展，已经成为了科技成果产业化的主渠道，但仍然存在诸多诸如定价难、环节缺失、信用体系不健全以及激励机制不足等瓶颈问题，严重制约了技术市场的健康发展。

针对中国技术市场存在的共性问题，建立集成化的开放式创新服务体系，充分发挥现有技术交易服务体系的能力，中技所采取了差异化的功能定位，来填补目前我国自主创新体系中的缺失环节。那么中国技术市场中各类要素资源是任何分布的？缺失的环节是什么？这是中技所一直在思考的问题。

中国不缺少科技资源。经过20多年的发展，中国已经形成了较为完备的科技创新体系，创新投入持续增长，创新环境进一步改善，创新能力进一步增强，关键领域的技术创新能力得到迅速提升。仅以北京中关村地区为例，拥有丰富的技术项目资源，而且有着为数众多的研发机构，具备强大的技术项目持续供给能力，技术交易合同成交额占全国1/3。

中国也不缺资金。技术与资本的有效对接是促进科技成果产业化的重要环节。据统计，2009年6月30日，全国基金资产总值为2.29万亿元；仅2009年7月集体入驻中关村海淀园的21家机构管理基金总额就达到910亿元。

技术交易服务机构是技术市场的主体，经过近30年的发展，中国已经形成了比较完善的技术交易服务体系，应该说中国是不缺技术交易服务机构的。据科技部统计，全国从事技术转移服务的各类机构超过一万家。

那么，中国技术市场缺的是什么？中技所的答案是：中国技术市场缺少的是一个独立、公正、开放、高效的第四方平台；一条解决中国技术市场问题的新思路；一种有效连接中国技术市场各个市场主体的新的市场化机制；一个推动技术与资本高效对接的桥梁。

二、集成服务资源——构建开放式创新的综合服务平台

中技所以技术需求为导向，有效汇聚技术项目资源、投资人资源和中介服务资源，积极创新交易品种和服务内容，充分发挥技术市场配置科技资源的基础性作用。

中技所已着手建设基于互联网平台，集成中介服务，实施“三全战略”的开放式创新综合服务平台。所谓三全，一是针对技术转移转化的多样化模式，为交易参与方提供包括转让、许可、联合开发、技术集成、企业并购等全方位服务；二是针对技术交易过程复杂、周期长的特点，与专业性中介机构合作为技术交易提供包括交易咨询、信息发布、交易撮合、价款结算、合同登记和融资配套等在内全流程服务；三是针对技术领域众多的特点，通过与各专业领域的权威机构合作联合建设专业性的技术转移平台，来提升中技所的专业化服务能力。

中技所将充分利用互联网工具来有效集成分布式资源环境下的各类资源，搭建开放式第四方服务平台。

三、创新技术交易模式——填补技术转移体系的缺失环节

技术价值的实现必须经过从创意——实验室小试——中试——产业化的阶段，其中从小试到中试（即技术的社会投资孵化阶段）是实现科技成果产业化的核心环节。而目前在我国科技创新体系建设中，这一环节是缺失的，而美国从70年代中期兴起的生物技术产业就是典型的代表。目前我国的大部分科技成果都处于产业化早期阶段，技术的有效供给与市场需求是脱节的，随着技术交易的复杂性增加、社会分工的细化以及技术产业化链条资源的全球化配置进一步加深，建设完整的技术转移体系在我国显得尤为重要，中技所通过引入专业性的技术投资和孵化机构，在这一领域进行了卓有成效的探索。

中技所针对EIT技术的产业化提供全程服务，便是一项很好的例证。2009年9月，第四军医大学、北京易布客科技有限公司和中技所达成三方协议，第四军医大学以专利普通许可交易的方式，授权易布客承接“颅脑实时动态连续图像监护装置”（简称EIT技术）科研成果产业化工作。

第一期专利许可入门费通过中技所支付给第四军医大学。易布客为此还成立了一家子公司——南京易爱医疗设备有限公司，作为EIT技术孵化平台，目前EIT技术样机已经研制完成。在此过程中，中技所为第四军医大学提供第三方监管和资金结算服务；另一方面北京易布客科技有限公司在进行EIT技术产业化的不同阶段如有资金需求，均委托中国技术交易所为其提供融资服务。

这种一站式全程服务模式的核心环节主要表现在，其一、利用专利许可模式规避了公共财政形成的高校职务科技成果产权不清晰的问题；其二、从第三方角度确定EIT项目的市场化价值，作为技术入股的依据；其三、具有公信力的第三方监管和结算解决了技术转移过程中的信用缺失问题；其四、成立专门的技术投资公司克服人才与资金瓶径；其五、成立全资子公司作为项目公司具体完成项目的产业化过程。

综上所述，一项专利技术的产业化要经过技术产品化、产品商业化、商品产业化三个阶段，周期性较长，每个环节都伴随着一定的风险，因此要由交易所对全过程进行监管和服务，为后续产品商业化及商品化产业过程提供包括评估、改制、融资等全方位的服务，从而建立完整的专利技术产业化服务链条。

四、创新科技金融服务——打通资本与技术对接的障碍

2010年6月，由中技所、北京国际信托有限公司（北国投）、北京中关村科技担保有限公司（中关村担保）和北京中小企业信用再担保有限公司（北京再担保）共同发起的中关村科技成果转化信托计划，已经成果发行第一期，为3家科技型中小企业成功融资1100万元。

资本是技术产业化的血液，带动广大的社会资本积极参与科技创新，建立完善的社会化的风险分散机制是建设中国科技创新体系的核心环节。科技

成果转化信托计划是中技所创新科技金融服务的一个成供的探索。目前中技所正在针对知识产权质押贷款中存在的瓶颈问题，正在探索建立知识产权质押贷款担保投资基金、知识产权质押贷款质权处置周转金、投贷结合等金融产品，力争通过市场化的手段来理顺这些瓶颈问题，为中小型科技企业融资难提供解决方案。

中技所发起创立了中技系列基金，目前已有一个亿的中关村国际技术引进投资基金，筹备中技富坤基金、中技环球基金、科技创业投资基金、技术投资孵化基金，有望带动近20亿元资金投资技术产业化项目。

五、实施股权激励——激发研发人员创业创新积极性

从当前市场发展现状来看，首先需要推动解决的，就是科研机构的股权激励问题。理论上，科研机构的技术成果尽管是由政府投资形成，故把产权归为国有也无可厚非；但也应该看到，一项技术成果的诞生，其中也有研发机构的协作贡献和科研人员的个人劳动贡献。以往由于并不重视对这两类贡献的计量，从而束缚了科研机构与个人在技术研发与转化过程中的积极性。经过长期的实践与试错过程，政府也开始直面这个问题，目前在中关村国家自主创新示范区内，已开始开展起股权激励试点工作，对园区内的科研试点单位和作出贡献的科研人员进行股权和分红权激励。中技所作为中关村自主创新示范区股权激励试点小组成员，也有着一块施展拳脚的广阔空间。

中技所的工作不止停留在为产权交易的表层，而是深入内里，介入到项目的源头，梳理从研发到产业化全过程中各当事人对科技成果的贡献情况，进而确定不同主体间的权益配比。如针对一个需产业化的技术项目，中技所会在该项目估值前，先行确认它的研发团队的权益贡献，根据贡献大小来确定其在技术成果中占有的权益。假定权益贡献认定为25%，那么日后如果该项目在市场交易中实现了1000万的收益，研发人员就会获得250万的相应回报。不同行业的技术项目，科研人员所分得的权益比例也是不同的。

此外，随着中技所在产权轴向上的业务深入，科研团队除可在技术研发上获得股权激励外，还可以进一步获得技术的“产业化期权”。仍以上个项目为例：为了激励研发团队走完技术产业化的全程，可以进一步完善股权激励设计体系，使该团队除在技术研发阶段能够获得25%的权益外，还可在产业化阶段获得另外5%的产业化期权，从而充分调动科研团队的参与积极性，增大技术产业化、商品化的力度。到此，技术确权工作才算完成。

这项工作对中国技术市场而言实际上具有“划时代”的意义，如果解决了确权问题后，中技所将进一步介入“技术入股”的工作领域。尽管目前的《公司法》规定无形资产、知识产权可以入股，但是操作性较差。中技所正在做这方面的规划设计，并和北京工商局探讨可行的实施方案，下一步会在中关村园区先行先试。具体工作开展中，中技所会充分发挥自身优势，通过各种方式提升技术作价入股的操作性。同时，一个项目在实现了技术入股后，还可进一步提供其他附加服务，如股权托管、分红服务等。

自成立伊始，中技所便肩负着政府和社会赋予的崇高使命，中技所将继续坚持创新和实践，打造技术交易的综合服务平台，服务于创新国家建设。

摘自《中国高新区》2010年8月12日

搭建杭州农村综合产权交易平台　构建农村产权交易新模式

杭州产权交易所

为创新农村产权交易制度，推动农村资源和产权规范、有序流转，加快构建统筹城乡、区域发展一体化新格局，2010年，杭州产权交易所成功搭建起集农业要素物权、债券、股权、知识产权等交易服务为一体的综合性、专业化农村产权交易平台。该平台以其强大的服务功能，构建起了农村产权交易的新模式。

首先，整合一系列资源，实现了统一集中管理。一是在交易平台上实施了归并，将过去分属规划、国土、房产、水务、农业、林业、知识产权等部门的产品进行了整合，搭建了统一的交易平台，有效地对行政资源、产权资源、交易平台等进行了整合，实现了各种资源的集约有效利用，既避免了各自为战、重复投资建设，也方便了广大农民、农村集体经济组织、投资业主的咨询和交易。二是依托杭州产权交易所完备的交易制度规则体系、遍布全国的信息系统和服务网络，以及软硬件服务平台，在短时间内用极低成本迅速搭建起了农村产权的综合性市场平台，提高了工作效率。三是采取“五统一”模式运作，即统一的交易平台、统一的信息发布、统一的交易规则、统一的培训机制、统一的网络建设，全面提升了平台功能。

其次，实行“三级联动”模式，将服务触角延伸到每个镇村。考虑农村产权的地域性、分散性特点，将产权交易机构延伸至区、县（市）、乡镇和村。各区、县（市）依托公共资源交易中心或农村经营管理机构设立杭州农交所分平台，乡镇（含有行政村的街道，下同）依托小额公共资源交易中心等设立交易服务中心，业务上接受市农村综合产权交易所管理，分别按照职能划分为全市农村各类产权流转交易提供场所、配套设施、信息发布、组织交易、鉴证、咨询、投融资等服务。初步建立起覆盖市、区县（市）、乡（镇）的三级交易平台，实行三级交易联动运作模式。

第三，以方便快捷的网络体系，构建起一体化的服务平台。依托杭州产权交易所的交易资源、软硬件服务平台（包括网站、LED大屏幕、电子竞价系统等），开发了一套拥有完全自主知识产权的网络信息传输系统和交易系统，并实现与三级机构的全面对接。该平台业务系统主要由农村产权审核系统、农村产权交易系统、农村产权统计系统三大系统组成。“三级联动”系统中的每级机构在网络中根据其自身的不同作用和功能被赋予不同的权限，共同在网络平台上完成信息传递、文件审核、项目挂牌、打印确认书、支付保证金及价款等一系列工作，真正做到让农民足不出户就可以轻松点击鼠标进行项目交易。与此同时，建立广阔的信息来源，通过整合资源信息网络，逐步实现农交所信息平台与各区县（市）、乡镇街、农业系统网站、相关市直部门的信息网络互联互通，实现三级网络信息有效传递，在较大范围和较深层次上实现了信息互通、资源共享。

杭州农交所经过一年来的紧张筹备，已步入规范运转轨道，已累计成交项目659宗，交易金额突破102735万元，其中：农村土地承包经营权流转面积达5.1万亩，成交金额2985万元；林权流转16万亩，成交金额11000万元；村级集体物业的租赁和转让项目68个，成交金额88750万元。

同时，农交所的成立和运营还带来了四个方面的可喜变化：一是农村产权流通更为便捷。交易平台的搭建为农村产权交易双方提供“一站式”服务，通过网络传输，信息传递速度快，降低交易成本，提高交易效率；二是农村各类资源进一步盘活。通过交易平台的运作，使农村各类资产资源信息在更大的范围内得到发布，有利于将农村资源财产化、资产化、财富化，从而增加农民的财产性收入，村级集体资产资源流动更趋活跃；三是城乡资源得到了有效整合。通过交易平台的作用，城乡资源配置进一步得到优化，激活农村各类生产要素，有利于农村资源价值发现，实现城乡资源的优化配置和合理利用，从而缩小城乡差距、破解二元结构，加快推进城乡一体化发展步伐；四是农村产权交易更加规范。通过交易平台的规范运作，村级集体资源交易更加公开、公平、透明，杜绝了集体资产交易过程中的暗箱操作行为，从源头上保护了交易各方的合法利益，推进了农村基层廉政建设，促进了农村的和谐稳定。

上海国有创投企业股权转让全部进入产权市场进行

今后上海国有创业投资企业股权转让都将在上海联交所进行，以完善国有创投企业投资退出机制，防止国有资产流失。同时，沪国有创投企业将可以引入国际化管理团队，而上海七大战略新兴产业、国企主业相关产业，以及高新技术企业将成为未来国有创投资金主要投资领域。

上海市发改委12月1日正式下发的《上海市国有创业投资企业股权转让管理暂行办法》（以下简称《办法》）透露，为了防止国有资产流失、规范国有创投企业投资行为，上海首度对后国有创业投资企业股权转让行为作出制度安排：今后所有的国有创投企业股权转让都将在上海联合产权交易所公开进行，联交所应指定专门部门和人员负责国有创业投资企业股权转让事宜，严格审查转让条件，同时联交所应每半年向上海市发改委和国资委报告国有创业投资企业股权转让交易情况。

从国有创业投资企业的投资方向看，今后沪“国有创业投资企业应当重点投资国家和本市战略性新兴产业，或与本企业主业相关的产业，支持和帮助相关领域中小企业发展”。这意味着，未来上海七大重点战略性新兴产业将成为国有创业投资企业重点投资的领域，国有创投资金将集中向新一代信息技术、高端装备制造、生物、新能源、新材料这五大主导产业，以及节能环保、新能源汽车这两大先导产业倾斜；同时考虑到上海国有企业发展、最大做强主业的大思路，与国有企业主业相关的产业也将成为国有创投企业重点投资领域，中小企业特别是中小高新技术企业也将获得国有创业投资企业的资金注入。

《办法》还从交易环节上，严格规范国有创投企业的股权退出行为。未来沪国有创业投资企业可在投资协议中对转让方式、转让条件、转让价格、转让对象等一项或若干项进行事前约定。但事前约定的股权转让事项，必须经过第一大股东逐级上报国资委备案后方可实施。同时，出资监管企业或区（县）国资委应对股权转让项目的转让方式、转让价格、价款收取等约定事项，需要审核备案，每半年将备案情况向发展改革委和国资委进行报告。

同时，新《办法》还鼓励国有创业投资企业在产权制度上进行探索和创新，可以尝试引入国际化管理团队或采取更为灵活的管理模式，建立健全尊重市场化规律与体现国资监管要求相协调的体制机制。

长期以来，国有创投公司的经理人往往同时兼任政府官员，在没有制度规范的条件下，纯市场化的国有创投企业在投资中存在着一些风险。上海一家私募投资副总经理认为，该办法的出台实际是防止国有资产流失的补充条款，不仅能够完善国有创投企业股权退出机制，还能借助上海联合产权交易所这一公开市场平台，拓宽创业投资通道。

摘自《证券时报》2010年12月2日

重庆户外广告位经营权实现进场交易

在司法拍卖实行互联网电子竞价之后，重庆产权交易市场再有创新之举。根据重庆市政府近日出台的《重庆市户外广告位经营权公开出让暂行办法》（以下简称“《暂行办法》”）的规定，自今年12月1日起，重庆市城市范围和公路建设控制区范围内的所有户外广告经营权全部进入重交所公开出让。

一、重庆破冰户外广告治理新机制

新浪产权了解到，近年来，随着城市化进程的不断深入，户外广告业取得了突飞猛进的发展，但由于户外广告市场的多头管理，在广告位规划和审批、广告制作和内容审查等多个方面存在缺失，导致了行业一直处于粗放式经营状态，城市也因这种无规划无秩序影响了整体的美观。

上述问题在重庆也同样存在，该领域的改革和治理也一直为重庆市政府所重视。

“重庆在2005年就出台了《户外广告管理条例》，但一直没有切实履行，户外广告位的审批虽然说是各区县的市政部门，但实际上的情况是，哪里设广告位、批给谁，基本上是各区县领导说了算”，重庆市市政委有关人士日前在接受媒体采访时介绍说。

到2008年8月，针对户外广告过多过乱，商业氛围太浓，内容档次低造成视觉污染等问题，重庆市政府发布了《关于清理整治主城区户外广告位的通知》，暂停了户外广告的审批，加快清理户外广告的拆除工作，同时启动行政首长问责制，就此拉开了重庆户外广告整治的大幕。

2009年9月，重庆市又制定了《户外广告专项治理工作方案》，开始探索建立户外广告管理长效机制，并于今年初在全国率先启动了户外广告“三性”(合法性、思想性和艺术性)审查，通过建立市、区两级广告内容评价专家咨询机制，规范户外广告发布，提升城市管理水平。

截至2010年10月，重庆主城区共拆除户外广告57万平方米，户外广告整治拆除工作全面完成，进入规划编制阶段，随后，重庆市政府就发布了《户外广告位经营权公开出让暂行办法》，规定重庆市城市范围和公路建设控制区范围内的所有户外广告经营权全部进入重交所公开出让，该办法于本月1日正式实施。

二、以市场优势搭建户外广告位经营权交易平台

事实上，户外广告位经营权出让在国内产权市场上已有先例，在一些地方还以政府令的方式将其纳入产权交易市场，上海、江西、湖南、安徽、杭州、珠海、中山等地产权交易所都开展了户外广告经营权交易业务，重庆此次出台的《暂行办法》既是对其他地区相关规定的经验总结，也不乏创新之处。

新浪产权注意到，这份《暂行办法》规定，市容环境卫生管理部门应根据城市总体规划，按照协调、美观的要求，会同规划、工商、建设等有关部门编制户外广告设置规划，报同级人民政府批准后公布实施。

“这次重庆市的户外广告规划将是一次彻底的、系统性的重构，目前全市已经拆除了大量户外广告，由相关部门进行重新规划并得到严格审批以后，才能由重交所受托出让，整个过程有着严格的程序设置，审批和出让机构是分开的，保证了公开和透明”，重交所董事长刘轶莪介绍说。

《暂行办法》规定，政府投资建设的公共设施范围内户外广告位经营权，由市容环境卫生管理部门作为出让人委托重交所公开出让，其他户外广告位经营权出让，由产权人向所在地市容环境卫生管理部门提出申请或由该部门征得产权人同意后，纳

入统一的公开出让方案，由该部门作为出让人委托重交所出让。

“属于政府投资建设形成的广告位经营权将有一半用于社会公益，另一半作为商业广告位出让，这会提高政府的财政收入，更好的用于城市设施基础建设和管理”。

另外《暂行办法》还规定，户外广告位经营权出让收入扣除出让成本，由政府和业主按照3:7比例分配，“通过公开交易有利于发现投资人、发现价格，这将让业主收入增长的可能性大大增加”，刘轶茂说。

在标的的设置和交易细节方面，《暂行办法》还规定“户外广告位经营权应当以区域或者道路为最小单位进行出让”、“户外广告位经营权有效期一般为3年，最长不得超过5年”、“受让人取得经营权的可以根据需要再次转让，但要符合对受让人的要求”等等。

刘轶茂对新浪产权说，与中共中央政治局常委、政法委书记周永康评价重庆司法拍卖指出的“这是社会管理的创新”相似，重庆户外广告位经营权进场公开出让也秉承了“社会管理创新”的思路，其益处显而易见。

首先，户外广告位经营权进场出让，是运用市场经济手段实现资源配置的最优化和效益的最大化，将有利于整合优势资源，促进重庆户外广告的可持续发展利用，促进户外广告业做大做强，为城市建设筹集更多资金。

其次，这一创新有利于探索精细化城市管理，提升重庆的品位和形象，“可以预见，根据户外广告合法性、思想性和艺术性的要求，重庆的户外广告无论从内容到表现形式上都将有一个大的进步，还会提升广告制作等相关产业的专业化水准，让城市更漂亮”。

同时，进场出让还能够从源头上推进重庆的党风廉政建设，“作为特许经营权的户外广告位经营权统一进场、集中交易、集中监管，在某种意义上，是市场化改革从国有经济领域向公共领域的延伸，彰显了产权市场在经济社会改革中扮演的重要角色，依托其规范、透明的市场化运作模式，发挥价值发现、源头治腐和资源优化配置的功能”。

三、产权市场的复制和叠加效应凸显

作为共和国最年轻的直辖市，作为四大央企产权交易平台中最年轻的一个，重交所在近几年来的发展中给业界的感觉非常踏实，非常稳健。

“我们的思路是每年会有一两个创新，不求多，但是每个创新都要做到尽善尽美，要力争做到100分”，刘轶茂对新浪产权指出。

从2004年成立，重交所由最初的重庆市属经营性国有企业交易，到2005年将重庆市国有涉讼资产交易纳入交易所，2007年成为第四家央企产权交易平台，2009年成为全社会各类涉讼资产交易平台，而今又实现了户外广告位经营权交易的进场。

数据显示，截至今年11月，重交所累积完成各类交易项目10577宗，实现交易所1596宗，成交率达到81%，竞价率58.7%，增值率逐渐递增，平均增值率达到16.6%，2010年至今的增值率更是达到20.8%。

刘轶茂指出，权益类资产交易尽管品种很多，但对软硬件和人才的要求具有很强的相似性，“一种进场资源做好了，积累了丰富的经验，就有可能吸引更多资源进场，这让产权交易市场有很强的复制性，产生业务逐步叠加的效果，同时也促进产权交易平台逐步壮大”。

摘自《新浪产权》2010年12月9日

哈尔滨新规要求公交线路拍卖等要进场公开交易

2010年11月25日，哈尔滨市政府第73次常务会议原则上通过了《哈尔滨市人民政府关于促进产权交易市场规范发展的实施意见》(以下简称《实施意见》)。今后，凡是国有资产和公共资源转让都要进入产权市场公开交易；非国有资产能进则进、进则规范、操作透明。

根据《实施意见》，企业国有产权转让一律进场公开交易。市产权交易中心是哈尔滨市企业国有产权转让唯一指定机构。市属及各区、县（市）所属企业国有产权转让必须在资产评估的基础上通过产权交易中心公开进行。

《实施意见》要求，行政事业单位国有资产转让及租赁权、市政公共设施的户外广告设置权、依附于城市市政公用设施所从事的项目经营权、执纪执法部门罚没物品的处置权以及公路客运、公交线路、出租小汽车营运牌照等特许经营权等5大类公共资源项目必须进入交易中心公开进行市场化配置。

《实施意见》中规定，市属及各区、县（市）所属行政事业单位的国有资产（包括房屋建筑物及附属设备、设施，机动车及财政部门要求集中处置的资产）以及行政事业单位所办经济实体的国有资产处置和租赁，要通过市产权交易中心公开选择买方及承租人。

《实施意见》还规定，哈尔滨市监管的金融企业国有资产转让要统一进入市产权交易中心公开进行。同时，应积极鼓励哈尔滨市监管的金融机构将经营中形成的不良债权及抵押物通过交易中心公开处置。

另外，《实施意见》要求哈尔滨市文化系统管理部门应当制订相关规章制度，规范各类文化物权、债权、股权、知识产权的交易行为，积极推动包括文化类企业的产股权交易、新闻出版发行、各类版权服务等在内的各类文化产权进入市产权交易中心公开交易。

摘自《哈尔滨新闻网》2010年11月26日

本栏目审稿：夏　平

中国产权市场年鉴 2011

China Property Rights Exchange Market Yearbook

交易统计

对统计资料的说明

一、关于交易机构排序的说明

本栏目各交易机构排名顺序，依据《全国县及县以上行政区划代码表（国家标准GBT2260—1999）》排列。

二、关于统计指标解释的说明

1.企业国有产权：本栏目所指“企业国有产权”，专指企业国有产（股）权，不包括实物资产，不包括金融企业国有产权。

2.交易宗数，指在统计期内成交的产权交易合同数量。

3.成交金额，指公开挂牌期满，经过竞价（或协议）成交程序后确定的，标的受让方为取得该转让标的而应向转让方支付的对价。

三、关于数据质量的说明

2009年12月31日前已接入国务院国资委“企业国有产权交易监测系统”的20家会员机构，其2010年企业国有产权交易数据，经由国务院国资委产权局审核。

2010年度内不同月份接入“企业国有产权交易监测系统”的6家会员机构自报的交易数据，按国务院国资委产权局的要求，统一归并为年度交易数据。

未接入“企业国有产权交易监测系统”的会员机构，在报送交易数据的同时，提供了2010年所有交易项目的标的净资产评估值、成交金额、增值率之明细表，使交易数据能够追踪核实。

考虑到协会统计制度方法体系尚在完善过程之中，发布全口径的统计数据尚不具备充分条件，所以，本卷年鉴只刊载2010年企业国有产权交易数据，且不汇总、不排名次。

此外，在“2010年度企业国有产权交易情况”表下，尚有部分机构的相关栏目空置。目前，对此能够给出的解释是：统计时间、统计方法、统计口经尚未统一，待填数据或无从追索、或无法审核、或难以确认，从而采取“宁缺勿错”的处置办法，实为确保信息发布权威性与可靠性所必须。

年鉴编辑部

2011年12月16日

北京产权交易所有限公司

单位性质：有限责任公司

注册资金：14250万元

法定代表人：熊焰

注册地址：北京市西城区金融大街甲17号

营业地址：北京市西城区金融大街甲17号

电话：010-66295566

传真：010-66295588

网址：www.cbex.com.cn

该交易机构立于2004年2月14日。

2010年度企业国有产权交易情况

	交易宗数（宗）	成交金额（万元）
企业国有产权交易	743	5155075.00

*本机构交易数据源自国务院国资委“企业国有产权交易监测系统”

天津产权交易中心

单位性质：事业法人

主管部门：天津市国资委

注册资金：8812万元

法定代表人：高峦

注册地址：天津市河西区琼州道103-1号

营业地址：天津市河西区琼州道103-1号

电话：022-58792861

传真：022-58792860

网址：www.tprtc.com

该交易机构成立于1994年4月。

2010年度企业国有产权交易情况

	交易宗数（宗）	成交金额（万元）
企业国有产权交易	186	897871.00

*本机构交易数据源自国务院国资委“企业国有产权交易监测系统”

河北省产权交易中心

单位性质：事业法人
主管部门：河北省国资委
法定代表人：王彪
注册地址：河北省石家庄市自强路35号
营业地址：河北省石家庄市自强路35号庄家金融大厦5层
电话：0311-87010805
传真：0311-87010891
网址：www.hbcqw.org.cn

该交易机构成立于1996年9月20日。

2010年度企业国有产权交易情况

	交易宗数（宗）	成交金额（万元）
企业国有产权交易	26	55487.00

*本机构交易数据源自国务院国资委“企业国有产权交易监测系统”

山西省产权交易市场

单位性质：国有独资企业
主管部门：山西省国资委
注册资金：100万元
法定代表人：刘胜
注册地址：山西省太原市平阳路297号国瑞大厦
营业地址：山西省太原市平阳路101号国瑞大厦2层
电话：0351-7218394
传真：0351-7218392
网址：www.sxpre.com

该交易机构成立于1994年1月11日。

2010年度企业国有产权交易情况

	交易宗数（宗）	成交金额（万元）
企业国有产权交易	5	13482.52

*本机构交易数据由会员机构自行报送

内蒙古产权交易中心

单位性质：国有独资企业
主管部门：内蒙古自治区国资委
注册资金：550万元
法定代表人：马志春
注册地址：内蒙古呼和浩特市中山东路7号诚信数码大厦

营业地址：内蒙古呼和浩特市中山东路7号诚信数码大厦10层
电话：0471-6930382
传真：0471-6963995
网址：www.nmcqjy.com

该交易机构成立于2002年12月24日。

2010年度企业国有产权交易情况

	交易宗数（宗）	成交金额（万元）
企业国有产权交易	16	75245.79

*本机构交易数据由会员机构自行报送

～ ～ ～ ～ ～ ～ ～ ～ ～ ～ ～ ～ ～ ～

沈阳联合产权交易所

单位性质：事业法人
主管部门：沈阳市国资委
注册资金：1200万元
法定代表人：王琳琳
注册地址：辽宁省沈阳市北站路51号

营业地址：辽宁省沈阳市沈河区奉天街328号
电话：024-22566240
传真：024-22566005
网址：www.sprtc.com

该交易机构成立于1994年3月16日。

2010年度企业国有产权交易情况

	交易宗数（宗）	成交金额（万元）
企业国有产权交易	11	23747.00

*本机构交易数据源自国务院国资委“企业国有产权交易监测系统”

大连产权交易所

单位性质：股份有限公司
主管部门：大连市国资委
注册资金：600万元
法定代表人：杨海琳
注册地址：辽宁省大连市沙河口区中山路576号
营业地址：辽宁省大连市沙河口区中山路576号
电话：0411-62636666
传真：0411-66995900
网址：www.daee.cn

该交易机构成立于1995年7月26日。

2010年度企业国有产权交易情况

	交易宗数（宗）	成交金额（万元）
企业国有产权交易		

～ ～ ～ ～ ～ ～ ～ ～ ～ ～ ～ ～ ～ ～

吉林长春产权交易中心

单位性质：事业法人
主管部门：长春市国资委
注册资金：3597万元
法定代表人：谭志刚
注册地址：吉林省长春市超达路333号
营业地址：吉林省长春市超达路333号
电话：0431-85176310
传真：0431-85176310
网址：www.ccprec.com

该交易机构成立于1993年7月15日。

2010年度企业国有产权交易情况

	交易宗数（宗）	成交金额（万元）
企业国有产权交易	31	72065.65

*本机构交易数据由会员机构自行报送

哈尔滨产权交易中心

单位性质：事业法人
主管部门：哈尔滨市国资委
注册资金：1000万元
法定代表人：徐志越
注册地址：黑龙江省哈尔滨市道里区东安街5号

营业地址：黑龙江省哈尔滨市道里区东安街5号
电话：0451-84642207
传真：0451-84642207
网址：www.hljcq.com

该交易机构成立于1995年5月。

2010年度企业国有产权交易情况

	交易宗数（宗）	成交金额（万元）
企业国有产权交易	11	30649.00

*本机构交易数据源自国务院国资委“企业国有产权交易监测系统”

～ ～ ～ ～ ～ ～ ～ ～ ～ ～ ～ ～ ～ ～

上海联合产权交易所

单位性质：事业法人
主管部门：上海市国资委
法定代表人：蔡敏勇
注册地址：上海市商城路660号乐凯大厦12楼

营业地址：上海市广东路689号海通大厦3楼
电话：021-63410000
传真：021-63410333
网址：www.suaee.com

该交易机构成立于2003年12月18日。

2010年度企业国有产权交易情况

	交易宗数（宗）	成交金额（万元）
企业国有产权交易	927	7760115.00

*本机构交易数据源自国务院国资委“企业国有产权交易监测系统”

江苏省产权交易所

单位性质：事业法人

主管部门：江苏省财政厅

注册资金：4039万元

法定代表人：陈磊

注册地址：江苏省南京市山西路128号和泰大厦29楼

营业地址：江苏省南京市山西路128号和泰大厦29楼

电话：025-83163355

传真：025-83163386

网址：www.jscq.com.cn

该交易机构成立于1993年8月4日。

2010年度企业国有产权交易情况

	交易宗数（宗）	成交金额（万元）
企业国有产权交易	38	85368.85

*本机构交易数据由会员机构自行报送

南京产权交易中心

单位性质：事业法人

主管部门：南京市国资委

注册资金：780万元

法定代表人：黄伟

注册地址：江苏省南京市中央路32号联通大厦17楼

营业地址：江苏省南京市白下区御道街56号正阳大厦7楼

电话：025-84688716

传真：025-84688720

网址：www.njcqjy.com

该交易机构成立于1994年12月19日。

2010年度企业国有产权交易情况

	交易宗数（宗）	成交金额（万元）
企业国有产权交易	15	62174.24

*本机构交易数据由会员机构自行报送

无锡产权交易所有限公司

单位性质：有限责任公司
注册资金：2000万元
法定代表人：姚志勇
注册地址：江苏省无锡市兴源北路401号

营业地址：江苏省无锡市太湖新城金融一街10号国联金融大厦A栋5楼
电话：0510-82833660
传真：0510-82832368
网址：www.wxcq.com.cn

该交易机构成立于2010年1月28日。

2010年度企业国有产权交易情况

	交易宗数（宗）	成交金额（万元）
企业国有产权交易	39	51395.30

*本机构交易数据由会员机构自行报送

～ ～ ～ ～ ～ ～ ～ ～ ～ ～ ～ ～ ～ ～

徐州产权交易所

单位性质：事业法人
主管部门：徐州市财政局
注册资金：100万元
法定代表人：李中亚
注册地址：江苏省徐州市中山南路55号

营业地址：江苏省徐州市中山南路55号
电话：0516-83705988
传真：0516-83705928
网址：http://www.hhcq.net

该交易机构成立于1996年11月。

2010年度企业国有产权交易情况

	交易宗数（宗）	成交金额（万元）
企业国有产权交易	5	69809.04

*本机构交易数据由会员机构自行报送

常州产权交易所

单位性质：事业法人
主管部门：常州市财政局
注册资金：500万元
法定代表人：王 昕
注册地址：江苏省常州市关河东路38号1301室

营业地址：江苏省常州市关河东路66号九洲环宇商务广场B座13楼
电话：0519-86620328
传真：0519-86609148
网址：www.czcq.com.cn

该交易机构成立于1997年4月2日。

2010年度企业国有产权交易情况

	交易宗数（宗）	成交金额（万元）
企业国有产权交易	14	124965.05

*本机构交易数据由会员机构自行报送

～ ～ ～ ～ ～ ～ ～ ～ ～ ～ ～ ～ ～ ～

苏州产权交易所

单位性质：事业法人
主管部门：苏州市财政局
注册资金：1100万元
法定代表人：李义
注册地址：江苏省苏州市胥江路471号

营业地址：江苏省苏州市胥江路471号
电话：0512-68228393
传真：0512-68221604
网址：www.szcjs.com

该交易机构成立于1996年9月20日。

2010年度企业国有产权交易情况

	交易宗数（宗）	成交金额（万元）
企业国有产权交易	27	119211.54

*本机构交易数据由会员机构自行报送

南通众和产权交易所有限公司

单位性质：有限责任公司
主管部门：南通市国有资产控股有限公司
注册资金：500万元
法定代表人：冯健
注册地址：江苏省南通市桃坞路服饰城5幢5层
营业地址：江苏省南通市濠东路168号2楼
电话：0513-85120028
传真：0513-85120039
网址：www.zhaee.com

该交易机构成立于2006年4月5日。

2010年度企业国有产权交易情况

	交易宗数（宗）	成交金额（万元）
企业国有产权交易	13	8627.22

*本机构交易数据由会员机构自行报送

～ ～ ～ ～ ～ ～ ～ ～ ～ ～ ～ ～ ～ ～

连云港市产权交易所有限公司

单位性质：有限责任公司
主管部门：江苏金海投资集团
注册资金：100万元
法定代表人：刘永军
注册地址：江苏省连云港市新浦区朝阳西路48号
营业地址：江苏省连云港市新浦区朝阳西路48号
电话：0518-85100969
传真：0518-85110035
网址：www.lygcq.com

该交易机构成立于2005年2月6日。

2010年度企业国有产权交易情况

	交易宗数（宗）	成交金额（万元）
企业国有产权交易	1	303.80

*本机构交易数据由会员机构自行报送

江苏淮安产权交易中心

单位性质：事业法人
法定代表人：王昌友
注册地址：江苏省淮安市深圳路16号
营业地址：江苏省淮安市深圳路16号5楼
电话：0517-83638200
传真：0517-83992519
网址：www.hacqjy.com

该交易机构成立于1995年。

2010年度企业国有产权交易情况

	交易宗数（宗）	成交金额（万元）
企业国有产权交易		

～ ～ ～ ～ ～ ～ ～ ～ ～ ～ ～ ～ ～ ～

盐城市产权交易所

单位性质：事业法人
主管部门：盐城市财政局
注册资金：100万元
法定代表人：韩旭东
注册地址：江苏省盐城市文峰路41号
营业地址：江苏省盐城市鹿鸣东路6号
电话：0515-88380811
传真：0515-88330811
网址：www.yccqw.com

该交易机构成立于1997年。

2010年度企业国有产权交易情况

	交易宗数（宗）	成交金额（万元）
企业国有产权交易	5	1773.03

*本机构交易数据由会员机构自行报送

扬州市产权交易中心

单位性质：事业法人
主管部门：扬州市财政局
注册资金：113万元
法定代表人：张立新
注册地址：江苏省扬州市文昌中路672号

营业地址：江苏省扬州市文昌中路672号人民大厦东侧
电话：0514-87314162
传真：0514-87314798
网址：www.yzcq.com.cn

该交易机构成立于1997年4月1日。

2010年度企业国有产权交易情况

	交易宗数（宗）	成交金额（万元）
企业国有产权交易	5	27537.89

*本机构交易数据由会员机构自行报送

～ ～ ～ ～ ～ ～ ～ ～ ～ ～ ～ ～ ～ ～

镇江市产权交易中心

单位性质：事业法人
主管部门：镇江市国资委
注册资金：355万元
法定代表人：冯智皓
注册地址：江苏省镇江市解放路22号8楼

营业地址：江苏省镇江市长江路33号广电大厦裙楼4层
电话：0511-84445008
传真：0511-84446555
网址：www.zjcqjy.net

该交易机构成立于1994年7月19日。

2010年度企业国有产权交易情况

	交易宗数（宗）	成交金额（万元）
企业国有产权交易	10	14657.00

*本机构交易数据由会员机构自行报送

泰州国联产权交易所有限公司

单位性质：有限责任公司
主管部门：泰州市国资委
注册资金：100万元
法定代表人：王桂芳
注册地址：江苏省泰州市东进西路76号

营业地址：江苏省泰州市东进西路76号213室
电话：0523-86233997
传真：0523-86232329
网址：www.tzcjs.com

该交易机构成立于2005年3月18日。

2010年度企业国有产权交易情况

	交易宗数（宗）	成交金额（万元）
企业国有产权交易		

～ ～ ～ ～ ～ ～ ～ ～ ～ ～ ～ ～ ～ ～

浙江产权交易所有限公司

单位性质：有限责任公司
主管部门：浙江省国资委
注册资金：2200万元
法定代表人：颜春友
注册地址：浙江省杭州市建国北路236号

营业地址：浙江省杭州市建国北路236号
诚信大厦16层
电话：0571-87291888
传真：0571-87293055
网址：www.zjpse.com

该交易机构成立于2003年12月30日。

2010年度企业国有产权交易情况

	交易宗数（宗）	成交金额（万元）
企业国有产权交易	30	50775.67

*本机构交易数据由会员机构自行报送

杭州产权交易所有限责任公司

单位性质：有限责任公司
主管部门：杭州市国资委
注册资金：8000万元
法定代表人：赵 胜
注册地址：浙江省杭州市东新路155号和平家私城4楼
营业地址：浙江省杭州市富春路188号市民中心A座5层
电话：0571-85085374
传真：0571-85085347
网址：www.hzcqjy.cn

该交易机构成立于2008年6月13日。

2010年度企业国有产权交易情况

	交易宗数（宗）	成交金额（万元）
企业国有产权交易	31	131324.04

*本机构交易数据由会员机构自行报送

～ ～ ～ ～ ～ ～ ～ ～ ～ ～ ～ ～ ～ ～

宁波市产权交易中心

单位性质：国有独资企业
主管部门：宁波市工商局、市国资委
注册资金：500万元
法定代表人：陆仁中
注册地址：浙江省宁波市江东区民安路1018号1412室
营业地址：浙江省宁波市江东区民安路1018号1412室
电话：0574-87196728
传真：0574-87195400
网址：www.nbcqjy.org

该交易机构成立于1994年5月23日。

2010年度企业国有产权交易情况

	交易宗数（宗）	成交金额（万元）
企业国有产权交易	28	25406.02

*本机构交易数据由会员机构自行报送

温州产权交易中心

单位性质：事业法人

主管部门：温州市公共资源交易中心

注册资金：500万元

法定代表人：郑滨

注册地址：浙江省温州市民航路128号

营业地址：浙江省温州市民航路128号

电话：0577-88151009

传真：0577-88152218

网址：www.wzzbtb.com

该交易机构成立于2004年7月1日。

2010年度企业国有产权交易情况

	交易宗数（宗）	成交金额（万元）
企业国有产权交易	3	9400.00

*本机构交易数据由会员机构自行报送

嘉兴市产权交易中心

单位性质：事业法人

主管部门：嘉兴市公共资源管理委员会办公室

注册资金：600万元

法定代表人：王金标

注册地址：浙江省嘉兴市广场路350号

营业地址：浙江省嘉兴市广场路350号

电话：0573-82512026

传真：0573-82512026

网址：www.jxcq.gov.cn

该交易机构成立于1994年4月23日。

2010年度企业国有产权交易情况

	交易宗数（宗）	成交金额（万元）
企业国有产权交易		

金华产权交易所有限公司

单位性质：有限责任公司
主管部门：金华市国资委
注册资金：800万元
法定代表人：陈海斌
注册地址：浙江省金华市八一南街387号11楼

营业地址：浙江省金华市双龙南街1698号工商大楼3楼
电话：0579-82050706
传真：0579-82050706
网址：www.jhcqjy.com

该交易机构成立于1995年。

2010年度企业国有产权交易情况

	交易宗数（宗）	成交金额（万元）
企业国有产权交易		

台州市产权交易所有限公司

单位性质：有限责任公司
主管部门：台州市国资委
注册资金：800万元
法定代表人：余敏富
注册地址：浙江省台州市新台州大厦4楼

营业地址：浙江省台州市新台州大厦4楼
电话：0576-88685177
传真：0576-88685177
网址：www.tzpre.com

该交易机构成立于2003年12月25日。

2010年度企业国有产权交易情况

	交易宗数（宗）	成交金额（万元）
企业国有产权交易	4	2553.46

*本机构交易数据由会员机构自行报送

安徽省产权交易中心有限责任公司

单位性质：有限责任公司
主管部门：安徽省国资委
注册资金：1760万元
法定代表人：郑承乾
注册地址：安徽省合肥市屯溪路239号富广大厦17楼
营业地址：安徽省合肥市屯溪路239号富广大厦17楼
电话：0551-2871610
传真：0551-2871600
网址：www.aaee.com.cn

该交易机构成立于2005年8月31日。

2010年度企业国有产权交易情况

	交易宗数（宗）	成交金额（万元）
企业国有产权交易	31	87630.42

*本机构交易数据由会员机构自行报送

合肥市产权交易中心

单位性质：事业法人
主管部门：合肥市招标投标监督管理局
注册资金：3331万元
法定代表人：刘冰
注册地址：安徽省合肥市阜阳路17号
营业地址：安徽省合肥市阜阳路17号
电话：0551-2675104
传真：0551-2610397
网址：www.haee.com.cn

该交易机构成立于1998年11月。

2010年度企业国有产权交易情况

	交易宗数（宗）	成交金额（万元）
企业国有产权交易	21	206887.63

*本机构交易数据由会员机构自行报送

蚌埠市产权交易中心

单位性质：非公司制企业

主管部门：蚌埠市招标采购管理局

注册资金：100万元

法定代表人：韩伟文

营业地址：安徽省蚌埠市胜利东路1525号

营业地址：安徽省蚌埠市胜利东路1525号

电话：0552-2073319

传真：0552-2073319

网址：www.bbztb.cn

该交易机构成立于1997年12月。

2010年度企业国有产权交易情况

	交易宗数（宗）	成交金额（万元）
企业国有产权交易	6	5500.00

*本机构交易数据由会员机构自行报送

～ ～ ～ ～ ～ ～ ～ ～ ～ ～ ～ ～ ～ ～

安徽长江产权交易所有限公司

单位性质：股份有限公司

注册资金：2500万元

法定代表人：刘杨

注册地址：安徽省芜湖市北京东路98号

营业地址：安徽省芜湖市渡春路1号

电话：0553-3117719

传真：0553-3117718

网址：www.ccjex.com

该交易机构成立于2004年10月28日。

2010年度企业国有产权交易情况

	交易宗数（宗）	成交金额（万元）
企业国有产权交易	9	163918.00

*本机构交易数据由会员机构自行报送

福建省产权交易中心

单位性质：事业法人
主管部门：福建省国资委
注册资金：200万元
法人代表：张亚明
注册地址：福建省福州市湖东路152号

营业地址：福建省福州市湖东路152号中山大厦B座10层
电话：0591-87812919
传真：0591-87854516
网址：www.fj3091.com

该交易机构成立于1995年7月12日。

2010年度企业国有产权交易情况

	交易宗数（宗）	成交金额（万元）
企业国有产权交易	12	51352.87

*本机构交易数据由会员机构自行报送

厦门产权交易中心

单位性质：事业法人
主管部门：厦门市国资委
注册资金：218万元
法定代表人：连炜
注册地址：福建省厦门市湖滨北路98号财经大厦裙3楼

营业地址：福建省厦门市湖滨北路98号财经大厦裙3楼
电话：0592-5397679
传真：0592-5397688
网址：www.xemas.com.cn

该交易机构成立于1995年11月。

2010年度企业国有产权交易情况

	交易宗数（宗）	成交金额（万元）
企业国有产权交易	30	65300.00

*本机构交易数据源自国务院国资委“企业国有产权交易监测系统”

江西省产权交易所

单位性质：事业法人
主管部门：江西省发改委
注册资金：1988.6万元
法定代表人：任胜利
注册地址：江西省南昌市南京西路555号

营业地址：江西省南昌市南京西路555号
永溪大厦10楼
电话：0791-88523082
传真：0791-88523082
网址：www.jxcq.org

该交易机构成立于2003年4月1日。

2010年度企业国有产权交易情况

	交易宗数（宗）	成交金额（万元）
企业国有产权交易	38	178093.00

*本机构交易数据源自国务院国资委“企业国有产权交易监测系统”

～ ～ ～ ～ ～ ～ ～ ～ ～ ～ ～ ～ ～ ～

山东产权交易中心有限公司

单位性质：有限责任公司
主管部门：山东省国资委
注册资金：6000万元
法定代表人：苗伟
注册地址：山东省济南市顺河街176号

营业地址：山东省济南市高新区舜华路1173号
电话：0531-86196100
传真：0531-86196100
网址：www.sdcqjy.com

该交易机构成立于2003年8月26日。

2010年度企业国有产权交易情况

	交易宗数（宗）	成交金额（万元）
企业国有产权交易	74	182210.00

*本机构交易数据源自国务院国资委“企业国有产权交易监测系统”

青岛产权交易所

单位性质：事业法人

主管部门：青岛市国资委

注册资金：2159万元

法定代表人：宫立安

营业地址：山东省青岛市市南区山东路10号丙

营业地址：山东省青岛市市南区山东路10号丙

电话：0532-85820927

传真：0532-85837110

网址：www.qdcq.net

该交易机构成立于1993年10月。

2010年度企业国有产权交易情况

	交易宗数（宗）	成交金额（万元）
企业国有产权交易	23	71907.00

*本机构交易数据源自国务院国资委“企业国有产权交易监测系统”

河南省产权交易中心

单位性质：事业法人

主管部门：河南省财政厅

注册资金：1000万元

法定代表人：高宇

注册地址：河南省郑州市铭功路83号豫港大厦27楼

营业地址：河南省郑州市铭功路83号豫港大厦27楼

电话：0371-66285758

传真：0371-66285708

网址：www.hnprec.com

该交易机构成立于1994年5月21日。

2010年度企业国有产权交易情况

	交易宗数（宗）	成交金额（万元）
企业国有产权交易	19	66547.87

*本机构交易数据由会员机构自行报送

郑州市产权交易市场

单位性质：事业法人
主管部门：郑州市国资委
注册资金：402万元
法人代表人：郭立民
营业地址：河南省郑州市嵩山南路10号
营业地址：河南省郑州市嵩山南路10号
电话：0371-67189171
传真：0371-67189171
网址：www.zzccsc.com

该交易机构成立于1990年9月12日。

2010年度企业国有产权交易情况

	交易宗数（宗）	成交金额（万元）
企业国有产权交易	18	18036.90

*本机构交易数据由会员机构自行报送

～ ～ ～ ～ ～ ～ ～ ～ ～ ～ ～ ～ ～ ～

开封市产权交易市场有限公司

单位性质：有限责任公司
主管部门：开封市国资委
注册资金：500万元
法定代表人：王宏生
注册地址：河南省开封市西环路南段20号
营业地址：河南省开封市西环路南段20号
电话：0378-3708211
传真：0378-3708205
网址：www.kfcq.org.cn

该交易机构成立于2004年9月16日。

2010年度企业国有产权交易情况

	交易宗数（宗）	成交金额（万元）
企业国有产权交易	6	17326.39

*本机构交易数据由会员机构自行报送

洛阳市产权交易中心

单位性质：事业法人
主管部门：洛阳市财政局
注册资金：457万元
法定代表人：姜建国
注册地址：河南省洛阳市九都路39号9层
营业地址：河南省洛阳市九都路39号9层
电话：0379-63221710
传真：0379-63221710
网址：www.lycqjy.cn

该交易机构成立于1998年1月25日。

2010年度企业国有产权交易情况

	交易宗数（宗）	成交金额（万元）
企业国有产权交易	2	25824.11

*本机构交易数据由会员机构自行报送

～ ～ ～ ～ ～ ～ ～ ～ ～ ～ ～ ～ ～ ～

许昌亚太产权交易中心有限公司

单位性质：有限责任公司
主管部门：许昌市国资局
注册资金：300万元
法定代表人：刘海灿
注册地址：河南省许昌市毓秀路4号
营业地址：河南省许昌市新兴路东段路南
电话：0374-5260009
传真：0374-5260009
网址：www.xcytcq.com

该交易机构成立于1992年7月10日。

2010年度企业国有产权交易情况

	交易宗数（宗）	成交金额（万元）
企业国有产权交易	4	7712.00

*本机构交易数据由会员机构自行报送

南阳市产权交易中心

单位性质：事业法人
主管部门：南阳市国资委
注册资金：500万元
法定代表人：张国提
注册地址：河南省南阳市文化路918号
营业地址：河南省南阳市文化路918号
电话：0377-62291719
传真：0377-62291719
网址：www.nycqjy.com

该交易机构成立于2005年7月1日。

2010年度企业国有产权交易情况

	交易宗数（宗）	成交金额（万元）
企业国有产权交易	6	44300.00

*本机构交易数据由会员机构自行报送

～ ～ ～ ～ ～ ～ ～ ～ ～ ～ ～ ～ ～ ～

武汉光谷联合产权交易所有限公司

单位性质：有限责任公司
主管部门：湖北省国资委
注册资金：3000万元
法定代表人：徐春江
注册地址：湖北省武汉市东湖高新技术开发区光谷广场
营业地址：湖北省武汉市东湖新技术开发区光谷资本大厦5楼
电话：027-67885688
传真：027-67885689
网址：www.ovupre.com

该交易机构成立于2006年12月28日。

2010年度企业国有产权交易情况

	交易宗数（宗）	成交金额（万元）
企业国有产权交易	41	201947.00

*本机构交易数据源自国务院国资委“企业国有产权交易监测系统”

湖南省联合产权交易所有限公司

单位性质：有限责任公司

主管部门：湖南财信投资控股有限责任公司

注册资金：2000万元

法定代表人：胡小龙

注册地址：湖南省长沙市韶山北路216号

营业地址：湖南省长沙市韶山北路216号维一星城国际大厦18楼

电话：0731-84178606

传真：0731-84178611

网址：www.hnaee.com

该交易机构成立于2004年9月。

2010年度企业国有产权交易情况

	交易宗数（宗）	成交金额（万元）
企业国有产权交易	8	135428.66

*本机构交易数据由会员机构自行报送

～ ～ ～ ～ ～ ～ ～ ～ ～ ～ ～ ～ ～ ～

南方联合产权交易中心有限责任公司

单位性质：有限责任公司

主管部门：广东省国资委

注册资金：8000万元

法定代表人：高庆

注册地址：广东省广州市天河北路28—30号时代广场7楼

营业地址：广东省广州市天河北路28—30号时代广场7楼

电话：020-22360123

传真：020-22360299

网址：www.csuaee.com.cn

该交易机构成立于2006年10月16日。

2010年度企业国有产权交易情况

	交易宗数（宗）	成交金额（万元）
企业国有产权交易	72	154073.00

*本机构交易数据由会员机构自行报送

广州产权交易所

单位性质：非公司制企业
主管部门：广州产权交易所集团有限公司
注册资金：3000万元
法定代表人：李正希
营业地址：广东省广州市越秀区寺右新马路162号2楼
电话：020-87383100
传真：020-87383306
网址：www.gemas.com.cn

该交易机构成立于1999年6月30日。

2010年度企业国有产权交易情况

	交易宗数（宗）	成交金额（万元）
企业国有产权交易	78	463333.99

*本机构交易数据由会员机构自行报送

～ ～ ～ ～ ～ ～ ～ ～ ～ ～ ～ ～ ～ ～

深圳联合产权交易所股份有限公司

单位性质：股份有限公司
主管部门：深圳市国资委
注册资金：3000万元
法定代表人：叶新明
注册地址：广东省深圳市南山高新园南区中国科技开发院3号楼
注册地址：广东省深圳市南山高新园南区中国科技开发院3号楼
电话：0755-86358999
传真：0755-26577562
网址：www.sotcbb.com

该交易机构成立于2000年9月30日。

2010年度企业国有产权交易情况

	交易宗数（宗）	成交金额（万元）
企业国有产权交易	44	220919.00

*本机构交易数据源自国务院国资委“企业国有产权交易监测系统”

重庆联合产权交易所股份有限公司

单位性质：股份有限公司
主管部门：重庆市国资委
注册资金：7000万元
法定代表人：王学斯
注册地址：重庆市渝中区中山三路128号
营业地址：重庆市渝中区中山三路128号
电话：023-63622816
传真：023-63622878
网址：www.cquae.com

该交易机构成立于2004年3月19日

2010年度企业国有产权交易情况

	交易宗数（宗）	成交金额（万元）
企业国有产权交易	91	217074.00

*本机构交易数据源自国务院国资委“企业国有产权交易监测系统”

西南联合产权交易所有限责任公司

单位性质：有限责任公司
主管部门：四川省金融办公室
注册资金：5000万元
法定代表人：景平
注册地址：四川省成都市武侯区临江西路1号
营业地址：四川省成都市武侯区临江西路1号
锦江国际7–8楼
电话：028-85122817
传真：028-85122801
网址：www.swuee.com

该交易机构成立于2009年12月24日。

2010年度企业国有产权交易情况

	交易宗数（宗）	成交金额（万元）
企业国有产权交易	1	2980.00

*本机构交易数据源自国务院国资委“企业国有产权交易监测系统”

贵州阳光产权交易所有限公司

单位性质：有限责任公司
注册资金：2000万元
法定代表人：黄利辉
注册地址：贵州省贵阳市友谊路230号
营业地址：贵州省贵阳市金阳新区阳关大道112号煤田科技中心3号楼
电话：0851-6792466
传真：0851-6790266
网址：www.prechina.net

该交易机构成立于2002年12月23日。

2010年度企业国有产权交易情况

	交易宗数（宗）	成交金额（万元）
企业国有产权交易	10	28001.00

*本机构交易数据源自国务院国资委“企业国有产权交易监测系统”

云南产权交易所有限公司

单位性质：有限责任公司
注册资金：3000万元
法定代表人：樊宏
注册地址：云南省昆明市祥云街55—59号银佳大厦17楼
营业地址：云南省昆明市祥云街55—59号银佳大厦17楼
电话：0871-3622456
传真：0871-3601070
网址：www.cynee.net

该交易机构成立于2005年6月28日。

2010年度企业国有产权交易情况

	交易宗数（宗）	成交金额（万元）
企业国有产权交易	4	15805.00

*本机构交易数据源自国务院国资委“企业国有产权交易监测系统”

昆明泛亚联合产权交易所有限公司

单位性质：有限责任公司
主管部门：昆明市国资委
注册资金：3000万元
法定代表人：蔡乃贵
营业地址：云南省昆明市西山区滇池路208号
注册地址：云南省昆明市西山区滇池路208号
电话：0871-8419997
传真：0871-8409997
网址：www.fycqjy.com

该交易机构成立于2010年4月28日。

2010年度企业国有产权交易情况

	交易宗数（宗）	成交金额（万元）
企业国有产权交易	11	120029.74

*本机构交易数据由会员机构自行报送

西部产权交易所

单位性质：事业法人
主管部门：陕西省国资委
注册资金：1000万元
法定代表人：骆东山
注册地址：陕西省西安市长安北路14号
营业地址：陕西省西安市长安北路14号
陕西省政务大厅内
电话：029-85210111
传真：029-85226271
网址：www.xbcq.com

该交易机构成立于2004年1月18日。

2010年度企业国有产权交易情况

	交易宗数（宗）	成交金额（万元）
企业国有产权交易	37	38975.04

*本机构交易数据由会员机构自行报送

甘肃省产权交易所有限责任公司

单位性质：有限责任公司
主管部门：甘肃省国资委
注册资金：400万元
法定代表人：安涛
注册地址：甘肃省兰州市城关区张掖路87号

营业地址：甘肃省兰州市城关区张掖路87号
中广大厦8楼
电话：0931-8482808
传真：0931-8482808

该交易机构成立于2004年3月8日。

2010年度企业国有产权交易情况

	交易宗数（宗）	成交金额（万元）
企业国有产权交易	18	192406.52

*本机构交易数据由会员机构自行报送并经由所在省级国资委审核

～ ～ ～ ～ ～ ～ ～ ～ ～ ～ ～ ～ ～ ～

青海省产权交易市场

单位性质：非公司制企业
注册资金：30万元
法定代表人：商桂林
注册地址：青海省生物科技园管委会大楼

营业地址：青海省西宁市新宁路28号
紫恒大厦13楼
电话：0971-6113361
传真：0971-6113361
网址：www.qhcqjy.com.cn

该交易机构成立于2008年1月23日。

2010年度企业国有产权交易情况

	交易宗数（宗）	成交金额（万元）
企业国有产权交易	3	10374.47

*本机构交易数据由会员机构自行报送

宁夏科技资源与产权交易所有限公司

单位性质：有限责任公司
主管部门：宁夏回族自治区国资委
注册资金：500万元
法定代表人：苑尔卓
注册地址：宁夏银川市兴庆区湖滨西街65号投资大厦
营业地址：宁夏银川市兴庆区湖滨西街65号投资大厦10层
电话：0951-6721785
传真：0951-6721785
网址：www.ntree.com.cn

该交易机构成立于2003年4月。

2010年度企业国有产权交易情况

	交易宗数（宗）	成交金额（万元）
企业国有产权交易	2	4174.33

*本机构交易数据由会员机构自行报送

～ ～ ～ ～ ～ ～ ～ ～ ～ ～ ～ ～ ～ ～

宁夏产权交易所有限公司

单位性质：有限责任公司
主管部门：宁夏回族自治区国资委、宁夏回族自治区财政厅
注册资金：1000万元
法定代表人：施晓军
注册地址：宁夏银川市新华西街67号
营业地址：宁夏银川市金凤区上海西路鑫业大厦9楼
电话：0951-6091123
传真：0951-6019518
网址：www.naee.com.cn

该交易机构成立于2005年。

2010年度企业国有产权交易情况

	交易宗数（宗）	成交金额（万元）
企业国有产权交易	4	10100.00

*本机构交易数据由会员机构自行报送

银川市产权交易中心有限公司

单位性质：股份有限公司
主管部门：银川市财政局
注册资金：120万元
法定代表人：李广财
注册地址：宁夏银川市兴庆区玉皇阁北街4号

营业地址：宁夏银川市兴庆区玉皇阁北街4号
电话：0951-6092765
传真：0951-6017461
网址：www.yc-cq.com

该交易机构成立于1997年4月。

2010年度企业国有产权交易情况

	交易宗数（宗）	成交金额（万元）
企业国有产权交易		

～ ～ ～ ～ ～ ～ ～ ～ ～ ～ ～ ～ ～ ～

新疆产权交易所有限责任公司

单位性质：有限责任公司
主管部门：新疆自治区国资委
注册资金：1000万元
法定代表人：宋克勤
注册地址：新疆乌鲁木齐市扬子江路188号

营业地址：新疆乌鲁木齐市扬子江路188号3楼
电话：0991-5812866
传真：0991-5812866
网址：www.xjcq.gov.cn

该交易机构成立于2004年3月17日。

2010年度企业国有产权交易情况

	交易宗数（宗）	成交金额（万元）
企业国有产权交易	26	102617.82

*本机构交易数据由会员机构自行报送

2010年产权交易机构为企业融资业务统计

单位：万元

机构名称	其中				
	融资总额	增资扩股	股权质押	知识产权质押	其他
北京产权交易所有限公司	110000.00				
天津产权交易中心	1000.00	1000.00	0.00	0.00	0.00
河北省产权交易中心	4500.00	4500.00	0.00	0.00	0.00
内蒙古产权交易中心	34898.00	0.00	34530.00	0.00	368.00
大连产权交易所	33000.00	0.00	3000.00	0.00	30000.00
吉林长春产权交易中心	555111.00	202622.00	352489.00	0.00	0.00
哈尔滨产权交易中心	14350.00				
上海联合产权交易所	1924701.57	1160812.77	232568.80	450030.00	81290.00
南京产权交易中心	60000.00	60000.00	0.00	0.00	0.00
无锡产权交易所有限公司	63192.00	39292.00	23900.00	0.00	0.00
合肥市产权交易中心	14520.00	14520.00	0.00	0.00	0.00
厦门产权交易中心	508.00	508.00	0.00	0.00	0.00
江西省产权交易所	366783.00	0.00	366783.00	0.00	0.00
山东产权交易中心有限公司	202559.04	202559.04	0.00	0.00	0.00
青岛产权交易所	3915.80	3500.00	0.00	0.00	415.80
河南省产权交易中心	46800.00	0.00	46800.00	0.00	0.00
武汉光谷联合产权交易所有限公司	98400.00	47000.00	51400.00	0.00	0.00
湖南省联合产权交易所有限公司	79768.95	79768.95	0.00	0.00	0.00
广州产权交易所	5370174.00	143005.35	54.86	0.00	5227113.79
深圳联合产权交易所股份有限公司	307290.71	178198.43	129092.28	0.00	0.00
珠海市产权交易中心	3620.00	0.00	1320.00	0.00	2300.00
西南联合产权交易所有限责任公司	103500.00	103500.00	0.00	0.00	0.00
贵州阳光产权交易所有限公司	103000.00	0.00	0.00	0.00	103000.00

*以上数据均由会员机构自行报送

中国产权市场年鉴 2011
China Property Rights Exchange Market Yearbook

案例选编

天津市五一化工厂房屋建筑拆除权及部分机器设备转让案例

天津产权交易中心

2010年9月，天津市五一化工厂对其房屋建筑拆除权及机器设备82台套在天津产权交易中心（以下简称“中心”）进行公开挂牌转让，在此之前已经有多家有意向的拆除公司与五一化工厂领导洽谈商议此事，但厂领导为了使此次转让工作依法合规进行，并为企业争取更大的利益，决定该项目在天津产权交易中心进行公开挂牌征集受让方，并由天津实物转让调剂市场全权代理。该项目在进场交易前原本想以50多万元的价格转让，而最后在天津产权交易中心的成交价为70万元，增幅近30%，充分发挥了产权交易平台的作用。

一、案例简述

天津市五一化工厂是天津渤海化工集团下级公司渤海精细化工公司所属的一个集体企业，注册资本867万元，建筑面积14506.29平方米。为支持国有企业调整产业结构，盘活土地资产筹集资金，依据《天津市国有土地有偿使用办法》、天津市土地整理储备管理办法》等有关政策规定，在市国资委的组织协调下，天津市渤海国有资产经营管理公司对天津渤海化工集团所属地片的十余地块（其中包括五一化工厂所在地块）进行土地整理预收购，要求各厂对其职工进行安置、厂区内建筑物及机器设备自行整理，最后将土地在规定时间内按要求移交给国资公司。

以2010年6月30日为评估基准日，评估值为54.47万元，其中旧房拆除权 31.65万元；废旧机器设备22.82万元。在进行了前期一系列准备工作和相关程序后，天津市五一化工厂房屋建筑拆除权及机器设备82台套以挂牌价格70万元整在天津产权交易中心成功转让。

二、具体做法

在此之前，天津产权交易中心和天津实物转让调剂市场从未做过房屋建筑拆除权转让项目，也未看到兄弟机构做过类似项目，没有前例可以借鉴。实物转让调剂市场接到五一化工厂的委托后，立即组成项目组，开展调研和案头准备工作。由于该项目标的属于化工行业，拆除过程中的安全和环保非常重要，为此实物市场工作人员查阅了大量相关的文件资料、政策法规，到相关专业机构咨询有关拆除行业所需的资质证、许可证及具体等级划分等等。考虑到此标的存在一定特殊性，项目组最终拟定的方案为将该项目涉及的房屋建筑拆除权和机器设备进行整体转让，不可拆分，得到转让方同意，为日后交易顺利进行打下坚实基础。

由于该项目既无前例又具特殊性，在与转让方沟通后，确定以市场法作为评标方法，综合考虑多种因素对评标结果的影响，并且决定在评估的同时预先进行7个工作日的信息挂牌，进行市场询价，实物市场工作小组根据该标的特殊性制定有针对性的条件在信息挂牌时公布，符合条件者在信息挂牌结束后由工作人员组织并带领各个意向方到现场进行实地考察，然后限定其在一定时间内向实物市场报价。通过市场询价这一环节，不仅可以了解对该项目感兴趣的意向方，而且可以为转让方确定最终挂牌价格提供参考。在实地考察过程中实物市场所做的工作既得到了转让方的认可也得到各意向方的高度评价。

项目组出于对转让方负责的考虑，还向其提出了一些保护性建议：企业除签订《产权交易合同》外，将合同未尽事宜和具体拆除过程中需要与受让方约定的事项另做《补充协议》和《安全协议》；转让方除要求受让方打入交易保证金外，还应打入履约保证金，以保证日后施工的顺利进行，若拆除过程中出现问题可以给予转让方一定的保护，此建议得到转让方充分的认可。

该项目的评估公司在查询了大量相关资料并进行现场勘查后出具了评估报告，评估价为54.47万元。转让方参考了前期市场询价的结果后，决定以70万元整作为挂牌价，为企业争取利益最大化。2010年9月7日，天津五一化工厂房屋建筑拆除权及机器设备82台套在天津产权交易中心正式挂牌。在公示期间有多家意向方打电话或前来咨询，但由于不符合受让条件而没有机会参与受让，截止挂牌结束有一家符合受让资格的意向方，双方协议转让。

三、案例启示

1 内部程序规范。该项目所属企业是集体企业，但是所有操作流程都遵循《企业国有产权转让管理暂行办法》执行。

2 市场运作规范。实物转让调剂市场按照天津产权交易中心的要求对转让方提供与登记挂牌相关的材料严格把关，尽可能为企业减少负担，争取登记挂牌的顺利进行，为企业着想，主动建议并协助企业制定后续相关协议，使企业日后的拆除工作顺利、稳妥地进行。

3 为企业争取利益最大化。采用市场询价与评估方法相结合的方式为企业定价打下良好的基础，最终以企业相当满意的价格转让。

4 提供全心全意的服务。该项目是一次全新的尝试，项目组投入很大精力，咨询专业机构和人士、查阅资料、协助企业准备材料、制订协议，整个过程对于所有参与人员来说都是一个摸索和尝试的过程，期间还为企业提供了许多无偿服务。经过大家的努力，项目转让工作圆满完成，得到了交易双方的认可，转让方还表示了由衷的感谢。

该笔交易的圆满完成，使参与这项工作的人员积累了宝贵经验，也为天津产权交易中心开拓了一个新的交易品种。

山西阳泉辰光热电有限责任公司部分资产转让案例

山西省产权交易市场

阳泉辰光热电有限责任公司2×15MW发电机组及附属设施采用“金马甲”网络系统成功增值。评估价590.98万元，采用“金马甲”网络系统以985万元成交，溢价率56.35%，是我省首次采用网络竞价系统实现国有资产竞价转让成功案例。《山西经济日报》派出记者进行了专访并刊登了专题报道。

按照《国务院批转发展改革委、能源办关于加快关停小火电机组若干意见的通知》国发［2007］2号、国家发展改革委办公厅《关于编制小火电机组关停实施方案有关要求的通知》发改办能源［2007］490号、和《山西省人民政府办公厅转发省经委关于山西省关停小火电机组实施方案的通知》晋政办发［2007］42号文件要求要求，全省开展“上大压小，节能减排”工作，阳泉辰光热电有限责任公司2×15MW发电机组被列入关停范围。经审计评估后在山西省产权交易市场公开挂牌出让。

转让方阳泉辰光热电有限责任公司注册资本800万元。其前身是始建于1938年6月的阳泉发电厂。2000年4月由山西阳光发电有限责任公司和阳泉光源电力实业总公司共同投资组建；2008年12月由山西国际电力资产管理有限公司收购成为独资企业。鉴于我市场首次处置国家规定关停资产，市场领导高度重视，山西省产权交易市场专门成立了项目处置工作组，负责该项目的实施，并委派分管领导亲自带领资产交易部多次到省经信委电力处展开调研，认真了解关于发电机组关停、设备拆除的具体要求和国家的相关政策，并就本次处置工作的开展与省经信委电力处的相关领导作了深入交流。

在接受意向报名阶段，市场要求严格地把好审核关。由于本次征集到的意向受让方所递交的资质证书种类繁多，查证范围涉及国家建设部、各省建设厅、建设局、工商局、质监局等相关发证部门，查证难度非常大。资产交易部通过上网查询、电话咨询、传真核实等手段，对每一家意向受让方递交的资质证件严格把关，共接受30家意向方递交资料，经审核退回造假证件近半数。

为更好的实现“公开、公平、公正”的处置原则，使转让方和受让方的利益得到保障，避免传统拍卖中出现的围标、串标现象，防止国有资产流失、争取保值增值，杜绝违法违纪行为的发生，经市场领导研究决定，尝试采用金马甲网络竞价方式处理这一资产。由于将首次尝试采用金马甲网络竞价系统，资产交易部全体员工认真学习了该系统，并熟练操作，确保交易万无一失。

为做好“金马甲”网络竞价工作，确保国有资产在阳光下规范处置，山西省产权交易市场还特别邀请了省国资委纪委政风行风评议小组、转让方及其上级主管单位相关领导莅临网络竞价会现场进行观摩、督导。

2010年10月22日上午10点整，在“金马甲”资产与权益交易服务平台网络竞价大厅以集中竞价的方式对阳泉辰光热电有限责任公司2×15MW发电机组及附属设施进行处置。该项目评估价为590.98万元，网络竞价起始价为630万元，经过42轮激烈竞价，最终以985万元成交，溢价率达56.35%。受让方为福建某公司，主要从事整厂设备回收，废旧物资回收业务。

项目圆满成交后，到场的转让方、纪检监察部门及受邀莅临现场监督观摩的各界领导一致对市场运用先进的“金马甲”网络竞价平台充分实现价格发现功能予以肯定，认为采用网络竞价方式处置国有资产卓有成效，充分体现出国有资产进场交易制度在防止国有资产流失、保证国有资产保值增值方面的重要性和现实意义。“金马甲”网络竞价为我省创新交易竞价模式开创了先河，开辟了资产处置工作的新途径。

内蒙古乌拉山电厂关停机组资产转让案例

内蒙古产权交易中心

乌拉山发电厂是蒙西电网主要火电厂之一，筹建于1968年5月，是当时国家的重点工程之一，一期工程两台5万千瓦机组于1975年投产发电；二期工程一台10万千瓦机组于1987年8月投产发电。乌电企业效益多年来在内蒙古电力系统名列前茅。2007年以来，国家相继出台政策引导电力企业转变粗放增长方式，提出火电厂要“上大压小”，装机容量20万千瓦以下的小火电机组要全部关停，北方联合电力所属的乌拉山发电厂两台5万千瓦、一台10万千瓦小火电机组被列入关停范围。在这样的背景下，乌拉山电厂上述小火电机组资产进入内蒙古产权交易中心（以下简称“中心”）进行交易。

中心在接受项目委托后，认真分析了项目标的现状，并参考学习了外省市关停火电机组处置的案例，认为关停机组涉及的因素复杂，绝不能简单处理，因此，该火电项目进入中心后，中心在认真调查分析的基础上，就项目操作细节与北方公司进行了多次的沟通磋商，实地踏勘了标的现场，制定了详细的《北方联合电力有限责任公司乌拉山电厂关停旦厂资产转让操作方案》。

考虑到关停火电机组处置存在巨大的利润空间，处置过程中可能出现部分意向受让方人为干扰竞价，或联合起来串标、围标，控制竞价现场，最终影响报价结果。为了保证资产处置的顺利进行，中心还制定了《乌拉山电厂关停机组及部分附属设施资产处置项目《竞买文件》。并着重从以下方面开展工作：一是充分挖掘投资人资源，加大了信息披露力度，除在报纸、网络媒体发布信息外，还及时与北京、天津、浙江、广州、沈阳、河北、重庆等省市兄弟产权交易机构联系，通过联接全国的产权交易市场网络来寻找意向受让人，特别是与已做过类似项目的青海、重庆交易所进行联系，通过他们进行信息披露。二是创新竞价组织方式，采取金马甲网络集中竞价与综合评审相结合的方式，并在充分论证的基础上，对网络竞价步长和加价频率的方式进行了重新设计，以保证意向受让方能充分参与竞价，并最终筛选出报价和资质条件均符合要求的意向受让方。三是在报名登记环节进行了充分考虑、采取多种措施防止意向受让方互相见面，如报名资料的递交时间、地点，报名资料的审核等。

功夫不负有心人，经过中心项目组的细心筹备，2010年7月7日，项目在内蒙古产权交易市场正式挂牌，截至8月2日挂牌期满，共产生了10家意向受让方参与收购，2010年8月3日，北方联合电力乌拉山电厂的关停机组资产正式在内蒙古产权交易中心进行网络竞价，底价3200万元，10家意向受让方参与竞价。经过76轮、近3小时20分的竞价，最高报价4510万元，较起拍价增值1310万元，相对于挂牌价增值率41%。

我区电力企业在转变粗放增长方式的前提下，中心创新传统交易模式采用先进的网络动态报价系统，充分挖掘投资人资源，实现电力企业废旧资产转让的大幅增值，为我区电力企业合理处置废旧资产建立了高效的交易平台。

吉林东圣焦化有限公司获得6500万元授信贷款案例

吉林长春产权交易中心

中小企业融资难，一直是困扰企业发展的瓶颈。吉林长春产权交易中心以促进企业健康发展为天职，努力搞好服务创新，针对企业的实际情况为其出谋划策，并与战略合作伙伴——商业银行进行沟通协调，搭建银行与企业对接的桥梁，帮助企业解决融资难题。

2010年7月31日，吉林省白山市遭受百年一遇洪水，致使全市受灾，部分企业受灾严重。8月24日，应白山市金融办的邀请，吉林长春产权交易中心参加了白山市灾后重建银企对接活动。在银企对接会上，中心金融部的工作人员了解到吉林东圣焦化有限公司被洪水冲走精煤6000吨和焦粉2000吨以及变压器等主要生产设备被浸泡后造成直接经济损失1680万元等情况。会后，工作人员赶往受灾企业，查看灾情并建议其可向银行贷款融资，以解决更换设备、新进精煤等原材料所需资金问题，该企业对此表示赞同。金融部工作人员把该企业受灾和灾后恢复生产等情况迅速与招商银行吉林分行进行沟通，得到了招商银行的支持，并前往实地考察，根据灾后重建“特事特办”的原则，短时间内为吉林东圣焦化有限公司提供了6500万元的授信贷款，解决了企业灾后重建的燃眉之急，使企业恢复正常生产。

吉林长春一批行政事业单位不良资产处置案例

吉林长春产权交易中心

2010年6月，吉林长春产权交易中心先后接受长春市土地收购储备交易中心、长春市人大常委会、长春市机械工业学校等单位和部门的委托，分别处置报废的锅炉、中央空调设备，学生用床以及其它设备等。吉林长春产权交易中心分别于6月22日和6月24日在《长春日报》和吉林长春产权交易中心网站上发布不良资产处置公告信息，在一周的公告挂牌期间，征集到符合竞买条件的竞买者40余人，对不同项目分别进行了竞买登记并缴足了保证金。

鉴于参与竞买不良资产的人数较多且对电子竞价操作熟悉程度不同等原因，为了维护公平的竞争环境，保障市场秩序，对处置的资产实现有效增值。6月30日和7月2日，在吉林长春产权交易中心举行的三场不良资产处置竞价会上，改变以往的由竞买人完全参加电子竞价的方式确定买受人，而是对每个竞价项目均采取首轮一次性人工报价方式，选择报价最高一定数量的竞买人，再次参加电子竞价，以最终确定买受人。这种“二合一”的竞价交易模式，有效地解决了对一些竞价交易的项目，在竞买人数较多的情况下，因现场全部实行电子竞价手段，而占用电脑设备过多、管理人员过多、竞价秩序繁杂等弊端。依此方法顺利的进行了3个标的竞价，成交价格平均比评估底价高出28.5%，增幅最高的超过评估底价的4倍，创造了良好的竞价效果，受到委托方以及竞买人的欢迎。

上海地铁徐家汇站（南通道）区域广告位经营权转让案例

上海联合产权交易所

一、交易背景

此次转让的标的资产是位于上海地铁轨道1号线徐家汇站（南通道）区域广告位的一年经营权（以下简称“标的资产”），最终的受让方有权于2010年8月1日至2011年7月31日的一年间在上述区域的地铁入口及通道的开放时间内经营或发布符合相关法律和行政法规规定的广告内容。标的资产的占有方暨经营权转让方上海申通地铁资产经营管理有限公司（以下简称“转让方”）是上海申通地铁集团有限公司旗下的全资子公司，注册资本1060，000，000元人民币，经营范围主要涉及实业投资，资产经营及管理，房地产开发、经营、咨询，轨道交通工程设备、通信设施租赁，物业管理，设计、制作、代理、发布各类广告。转让方于2010年4月6日通过总经理办公会决议的形式确定了将标的资产以128万元人民币的底价通过上海联合产权交易所（以下简称“上海联交所”）公开转让。

转让方所属的上海申通地铁集团有限公司目前承担了8条地铁线路的运营，日均客流350万人次，2007-2008年运营线路客运总量达19亿人次。此次转让项目的开展，是申通地铁集团有效运用市场经济手段，以实现城市公共资源优化配置，提高资源利用的综合效益。

二、策划重点

此次转让项目的标的资产具体包括了上海地铁轨道1号线徐家汇站规定区域的23块12封灯箱和17块看板的广告媒体的一年经营权，挂牌底价为128万元人民币，受让方同时须承担最终成交价格7%的资产管理费用。转让方期望通过产权市场的公开运作，择优选择有实力、有影响力的企业法人从事广告经营代理业务，受让方应拥有相应的广告经营资质、注册资本不低于100万元且近3年内的审计报告中未出现亏损。同时，转让方承诺在挂牌期征集到两家及以上符合受让人条件的意向受让方，则在挂牌公告期满后采取公开电子竞价交易的方式确定最终受让人。

鉴于此次转让项目是首次引入经营性权益作为项目标的，且转让方及其所属的申通地铁集团积极利用开放性平台配置资源，整合资产的经营行为更有利于寻找到在资本和资源经营方面都颇具实力企业受让，最大程度提高资源配置的效率。因此，上海联交所协同转让方对项目的推广和运作进行了精心的策划。在项目推介方面，上海联交所力求通过传统媒体的深入报道，网络媒介的信息传播和较大规模的项目推介会等方式，全方位地宣传项目，最大程度上扩大此次转让项目的影响力。此外，在项目运作方面，上海联交所凭借丰富的产权市场运作经验，深入挖掘项目价值，力求突出项目亮点。

三、交易过程

2010年5月18日，上海地铁徐家汇站（南通道）区域广告位经营权转让项目在上海联交所正式挂牌。上海联交所根据项目特点，以标的资产的实际内容“地铁徐家汇站（南通道）区域广告位经营权”替代转让方原先拟定的“上海申通地铁资产经营管理有限公司部分资产经营权”这一项目名称，通过在项目名称上直接表明标的资产权益性主题，最大程度上吸引了市场的注意力。同时，上海联交所在项目推广上不仅借助了报纸网络等传统媒介，还组织召开了公开推介会，并邀请了沪上知名媒体对项目进行了深入报道和宣传，引起了市场广泛的反响，不仅激发了众多广告经营商参与该项目的意愿，还引起了市场各类权益类资产的资源方对该项目的关注。

挂牌期间，共有3家广告经营企业递交了举牌申请书，均为民营企业，其中不乏既具备一定规模资本实力，又在广告经营领域具有丰富经验的企业。截至挂牌期满，有2家举牌申请人获得意向受让资格，且截至竞买文件递交期限，上述2家意向受让人均表示参与电子竞价。

2010年7月9日，上海地铁徐家汇站（南通道）区域广告位经营权转让项目在上海联交所内进行电子竞价。经过21轮报价，最终上海晖源广告有限公司成为最高应价人，即确定为最终受让方，受让价格为233万元，竞价增值82.03%。

四、启示

此次项目的顺利完成是转让方与受让方通过产权交易市场的运作获得“双赢”结果的典范：一方面，转让方通过充分利用产权市场的公开平台，在最大程度上确保了其能够以最优价格配置其权益类资产，提高资产整合的效率；另一方面，受让方通过受让权益类资产的方式在获得潜在收益的同时，也成功与相关领域内的龙头企业建立了合作关系。

在大力推进经济体制改革、提倡城市经营理念的大背景下，通过结合公共资源和资产的权益化和产权交易市场的运作，将城市公共资源和资产进行重新整合和优化配置，以提高公共资源综合利用的效益。此次转让项目的成功是上海联交所与转让方、受让方及其经纪会员共同努力，在现有产权交易的模式下寻求突破，实现创新的结果。上海联交所主动研究和学习广告行业的专业知识和相关法律法规，在项目前期准备的过程中就力求把项目做好做精，以通过公开透明的市场化运作挖掘了城市轨道交通广告资源的真正市场价值，为民间资本进入公共资源的投资领域提供了有效的渠道。此次转让项目的成功对如何通过资本市场的运作将体现城市经营的理念具有现实意义。

杭州乘风电扇有限公司增资扩股交易案例

杭州产权交易所

2010年6月11日上午，杭州乘风电扇有限公司增资扩股电子竞价会在杭州产权交易所（以下简称“杭交所”）顺利举行。溢价率高达700%，创杭交所电子竞价溢价率新高。

杭州乘风电扇有限公司（原杭州电扇总厂）创建于1958年，是浙江省经营规模最大的电扇生产企业，乘风电扇自1979年被评为浙江省优质产品以来，曾多次荣获省优、部优产品称号，在消费者心中树立起了良好的口碑。此次的增资扩股吸引了众多投资者的关注，公告发出后，来电咨询者络绎不绝。竞价会开始前，杭交所信息部工作人员对竞买人进行了细致的培训，对6位竞买人都进行了一对一的辅导，确保每位竞买人掌握电子竞价系统的操作。竞价会刚刚开始，竞买人就跃跃欲试，挂牌价为89.65万元的标的在短短的10分钟内，价格就翻了1倍。经过长达1小时，208轮的激烈竞价，标的最终以718万元成交，增值628.35万元，溢价率高达700%。

如此高幅度增值率的取得，主要得益于以下几个方面的工作：一是委托方对项目信息披露充分而全面，信息公开、对称。二是杭交所充分发挥了信息集聚，价格发现的功能。三是电子竞价操作过程公开透明，确保了各方的合法利益。四是竞买人对标的价值的认可。

福建金龙地产有限公司债权转让案例

天津金融资产交易所

作为全国性、专业化、独立公开的金融资产交易平台，天津金融资产交易所自筹建以来，一直集中力量进行交易方式的创新，开发远程网络电子竞价交易模式。2010年6月11日揭牌开业后，6月26日即成功组织了第一单不良金融资产远程网络电子竞价项目，为实现我国金融资产竞价交易的远程网络电子化开辟了一条新路。

一、案例简述

2005年，中国工商银行实施股份制改革，将4590亿元可疑类贷款组成35个资产包出售，四家金融资产管理公司参与竞标，中国长城资产管理公司福州办事处收购了中国工商银行福建省分行资产包，福建金龙地产有限公司系该资产包中一户债务企业。

福建金龙地产有限公司是台港澳法人独资企业，主营房地产开发业务，注册资本金1000万美元。该公司在工商银行借款本金2617万元及利息以其位于福州市五四北路的世界金龙大厦第27、28、30、31、32层房产9033平方米及占用土地使用权设定抵押担保。后由于福建金龙地产有限公司到期不能偿还银行借款，原债权人工商银行将其诉至法院。法院裁定世界金龙大厦第27、28、30层房产抵押有效（其中第28层、30层因第三人提出执行异议，法院已裁定解除查封），第31层抵债给工行，第32层属违章建筑抵押无效。

中国长城资产管理公司福州办事处收购福建金龙地产有限公司债权后，向法院申请并查封了世界金龙大厦第32、33层房产（属违章建筑，无产权证）。6年来，中国长城资产管理公司福州办事处多次对福建金龙地产有限公司项目进行营销推介，但由于该项目涉及诉讼，抵押物存在瑕疵，一直无人问津，即使有意向买受人前来咨询洽谈，但出价也不高，福州办事处处置损失太大。截止2010年6月，中国长城资产管理公司福州办事处拥有福建金龙地产有限公司的债权总额6669万元，其中本金2617万元，利息4052万元。

二、具体做法

为实现不良金融资产的价值回收最大化，天津金融资产交易所为福建金龙地产有限公司项目量身定制了从营销推介、挂牌转让、远程竞价、资金结算到出具成交凭证全过程的一揽子方案。一是加大营销力度。通过中国长城资产管理公司和天津金融资产交易所网站、福建当地报纸推介该项目，突出世界金龙大厦地理位置优越、适合商业投资和经营的亮点，广泛征集意向买受人。二是与拍卖机构充分合作。将拍卖机构发展成为天津金融资产交易所经纪会员，借助拍卖机构为项目发掘客户资源。三是设定较低的项目交易保证金，吸引更多的意向买受人参与。将保证金设定为300万元（挂牌底价的11%），以低门槛吸引更多意向客户报名参与项目竞价。四是根据客户受让登记情况确定竞价方式。挂牌转让周期结束，天津金融资产交易所共征集到5位意向买受人（其中2人是拍卖机构拓展而来），根据委托人的要求采取多次报价竞价方式，并将竞价阶梯设为10万元，使竞买人能充分报价、充分竞争。五是认真做好竞价准备工作。天津金融资产交易所专门组成专家小组，围绕从竞价室设立到操作人员培训，从电脑配置到交易系统调试连接，从表单准备到投资人注册登记等问题及交易过程中可能出现的各种情况，反复论证，逐一提出应对措施，确定了严谨的交易方案，并提前两天奔赴各竞买人所在地进行系统测试，有效保证了竞价活动的顺利进行。

6月26日上午9点42分，项目竞价会正式开始。

整个竞价过程高潮迭起，交易价格屡创新高。5位竞买人在经过33分钟激烈竞价，累计60次报价后，由两个自然人组成的联合体竞买成功，成交价格锁定在3330万元，高出挂牌底价（2620万元）710万元，增值率达27%，远超转让方预期。

三、案例启示

福建金龙地产有限公司债权转让项目结束后，天津金融资产交易所专家小组会同转让方对此次交易的效果、风险控制、交易方式进行了全面的评估，认为远程网络电子竞价交易效果超出了预期，不仅降低了交易成本，减少了交易环节，缩短了运作时间，提高了处置效率，而且也有效规避了不良金融资产处置过程中的道德风险。

实践证明，金融资产远程网络电子竞价交易系统是一项重大创新与突破，彻底打破了我国金融资产交易传统方式的局限性，为真正实现我国金融资产公开、公正、公平交易创造了条件，为实现我国金融资产竞价交易的远程网络电子化开辟了一条新路，也必将在增强我国金融资产流动性，合理调整金融资产结构，防范和化解金融风险等方面发挥独特作用。

山东东岳能源交口肥美铝业公司国有产权转让案例

山东产权交易中心

一、案例简介

山东东岳能源交口肥美铝业有限责任公司100%国有产权及相关10.27亿元债权进行捆绑在山东产权交易中心（以下简称“中心”）公开挂牌转让。在组织竞价过程中，中心通过将10.27亿元还款期限作为竞价主要条件，使转让方原计划3年收回的债权得以在6个月内清偿完毕，国有债权得到及时、完整的回收，确保了国有资产的不流失。

二、案例分析

山东东岳能源交口肥美铝业有限责任公司（以下简称“交口铝业公司”）是山东东岳能源有限公司(以下简称“东岳能源公司”)在山西省交口县投资设立的全资子公司，2003年9月成立，注册资本5000万元。该投资原计划是利用当地铝土矿资源生产氧化铝，规划氧化铝年生产规模80万吨，由于历史原因和国家产业政策的变化，项目开工以来一直不能正常生产，尤其是受国际金融危机的影响，氧化铝价格大幅下降，2008年11月被迫停产，企业几乎全部依赖向东岳能源公司借贷来维持。为贯彻落实省国资委关于优化投资结构的要求，进一步提高产业集中度、做强做大煤炭主业，东岳能源公司对企业发展战略和产业结构进行了重大调整，决定整体转让交口铝业公司。

经评估，交口铝业公司总资产13.54亿元，负债18.24亿元，净资产-4.7亿元。交口铝业公司负债几乎全部是对东岳能源公司的欠款，截至评估基准日欠款总额近15亿元。根据山东省人民政府国有资产监督管理委员会《关于山东东岳能源交口肥美铝业有限责任公司100%国有产权处置有关问题的批复》（鲁国资产权函［2010］32号）意见，2010年4月19日至5月17日，交口铝业公司100%国有产权及相关10.27亿元债权，以国有产权不低于1000万元和代标的企业偿还10.27亿元债务的转让条件在中心挂牌转让。公告期间，有两家意向受让方向中心递交了购买申请。根据事先确定的交易方式，东岳能源公司决定采用招投标方式组织交易。

本案例中心的策划重点在以下两方面：

1.股权、债权结合捆绑转让。

本次交口铝业公司产权转让是山东东岳能源有限责任公司为重点进行煤炭主业发展而进行的产业结构调整。由于标的企业严重资不抵债，通过转让产权获得收益不是东岳能源公司主要目的，保障10.27亿元债权能尽快收回是转让取得成功的关键所在。为了能够解决转让方的实际需求，确保国有债权的尽快回收，中心建议把股权和债权捆绑一起进行挂牌，这一思路得到了转让方的认可。

2.保障债权回收成为最重要评价标准。

中心接受委托后，与转让方和招标公司进行交流、座谈，经过认真分析本项目实际情况，结合转让方的需求，中心摒弃了以往报价、职工安置、企业未来发展方案来设计得分的思路，把重点放在偿债上。设计了还款时间、保证措施、违约条款三方面，在偿债承诺方面，突出偿债期限的要求，规定签订合同后首期偿付5亿元，剩余款项的偿债期以6个月为限并设计计算公式，期限越短得分越高；在偿债承诺的保证措施方面，设计了投标方可以以现金、股权、信用等作为保证措施，突出现金保证权重；在违约责任上，设计了投标人在提供有效担保的基础上，交纳履约保证金金额大小作为加分依据。该评分设计得到了山东省国资委及转让方的高度肯定。

2010年6月9日，该项目转让招标会顺利举行。通过专家严格评审，投标人在平信发华宇氧化铝有限公司以产权报价1000万元，交纳1亿元履约保证金，承诺签订合同后10日内、5个月内、6个月内分别归还5亿元、3.27亿元、2亿元的综合方案中标。该中标方案在保证国有产权价值的基础上，保障了10.27亿元债权安全、及时收回，最大限度地满足了转让方的要求。

三、案例启示

以往的产权转让项目，在企业债务问题的处理上，特别是转让方对标的企业的债权，往往由受让方唱主角，谁受让谁解决，解决的时间和程度也由受让方控制，这就成了受让方与转让方讨价还价的砝码，而且不利于国有资产的收回。进场交易前东岳能源公司也曾和国内几家氧化铝行业龙头企业进行过接触，但各家的反应均比较冷淡，债权归还期限一般都在3年以上，有的甚至提出最长10年的还款期，而且不愿提供有效的保证措施，无法保证债权及时归还。

湖北省枣阳市原枣阳烟厂生产区资产转让案例

武汉光谷联合产权交易所

2010年12月8日，武汉光谷联合产权交易所（以下简称“联交所”）以网络竞价方式成功处置了原枣阳烟厂生产区资产。湖北华凯实业投资有限公司以3.08亿元成功竞得，比评估值1.4803亿元高出1.5997亿元，增值率达到108.1%。

经枣阳市人民政府批准，受枣阳市经济信息化局委托，联交所于2010年11月8日至 2010年12月3日正式挂牌转让原枣阳烟厂生产区资产。鉴于该项目是省内县级城市首次将城市核心区资产进入联交所挂牌，所领导班子高度重视，专门成立了项目小组，多次召开专题会议研究，要求务必确保项目顺利实施，圆满完成枣阳市委、市政府交办的任务。为此，项目组成员精心策划，分别在流程设计、招商推介、报名咨询、竞价实施等方面进行了周密安排。

11月18日，联交所在洪山宾馆隆重举行枣阳市烟厂生产区资产项目大型推介会，枣阳市政府、市政协、监察局、规划局、土地局、财政局、经信局、国资局的主要领导以及华润集团、融侨集团、复地置业、新长江地产等80多家省内外知名地产商参加了推介会，为项目成交奠定了基础。

公告期满后，经转让方枣阳市经济和信息化局确认，湖北星星宏基置业有限公司、襄樊金华泰房地产开发有限公司、中房集团随州房地产开发公司、湖北华凯实业投资有限公司、湖北锦绣房地产开发有限公司等五家公司符合受让资格，根据国有资产转让的相关规定，本项目采取网络竞价方式实施交易。

12月8日上午，在省纪委、省国资委纪委、产权处和枣阳市委、市政府等有关领导的监督指导下，网络竞价开始，竞价起始价为意向受让人在报名登记时提交的最高报价2.15亿元，此价比挂牌价高出6694万元。五家竞买人经过41轮竞相报价，最终以3.08亿元成交。五家竞买人对竞价结果均表示满意，受让方与转让方当场签署了《资产转让合同》。

枣阳市人民政府对资产进场交易工作给予了高度评价，对国有资产增值1.5997亿元非常满意。他们表示，武汉光谷联合产权交易所国有资产交易平台充分发挥资源配置效能，广泛招商，通过市场机制，实现了原枣阳烟厂生产区资产转让收益的最大化，是其他任何平台不能替代的，将对枣阳市今后的国有资产转让产生示范作用。

湖北省工业建筑集团公司股权质押融资案例

武汉光谷联合产权交易所

2010年3月，湖北省工业建筑集团公司（以下简称“工建总”）因业务空前发展，特别是拓展海外业务的需要，出现流动资金紧张的困难，为此求助于武汉光谷联合产权交易所（以下简称“联交所”）提供支持。徐春江董事长了解这一情况后，立即指示联交所以股权质押融资方式，为企业融资创造条件、做好服务。联交所联合汉口银行中南路支行，在经过详尽的调查分析后，确定了以工建总下属工业设备安装公司所持武汉都市环保工程技术股份公司2500万股股权作为标的出质、获得质押贷款的方案。在徐董事长的高度重视和亲自指导下，联交所及相关各方积极协调，全力配合，在极短时间内，迅速办理了质押登记手续，从而使工建总顺利获得了银行贷款，最终实现了以2500万股股权成功融资5500万元的计划，及时满足了工建总业务发展的资金需求，有利促进了公司的发展，实现了股权价值最大化和参与各方的共赢。

湖北省工业建筑集团公司股权质押融资项目圆满完成，是联交所首创融资方式的又一个成功典范，充分体现出联交所资本市场平台的“定价权”功能，同时也表达出贷款人和投资者对联交所平台的信赖和认可。

股权质押融资服务模式解决了企业融资难问题，吸引了一大批高成长性中小企业和金融机构的参与，受到广泛欢迎，在全省乃至全国形成了良好的示范效应。利用股权质押融资来盘活“静态”资产股权，使其充分流动、运转起来，促进了企业虚拟资产的保值增值，实现其虚拟股权的市场化价值，拓展了金融机构业务领域和效益空间，丰富了产权市场的融资功能，企业、金融机构和产权市场的成功对接是资本市场的一大创举，三者互惠互利，促进了全省高科技产业的发展，对区域性资本市场的建设和形成起到了重要的基础性作用。

珠海经济特区兰迪现代仪器设备公司87.7%股权转让案例

上海联合产权交易所

珠海经济特区兰迪现代仪器设备公司87.7%股权转让项目，由上海联合产权交易所与宁夏产权交易所合作，充分向投资人进行大力推介，最终吸引到异地优资投资人，实现了股权项目的顺利转让。

一、交易背景

珠海经济特区兰迪现代仪器设备公司为深圳兴庆电子公司和珠海兰迪技术公司共同出资，成立于1992年8月25日，注册资金为650万元人民币，该公司主要从事集成计算机和生物医学工程技术为一体的智能化医用监护类仪器的科研开发和生产经营，是国内第一家以科工贸为一体的国产智能化医用监护仪器专业生产厂家，但是由于所处行业大环境影响，加之由于技术开发人员的结构和技术管理不合理的等原因，新产品开发周期过长，原有产品的市场竞争能力与效益十分薄弱，公司经营状况不是十分良好。

本次转让的出让方深圳兴庆电子公司实际上为名义出资人，其上级单位宁夏回族自治区计算机技术研究所以现金出资570万元，占注册资本的87.7%，为实际出资人。计算机研究所为自治区财政差额拨款的事业单位，隶属于自治区科技厅，由于资不抵债，自治区企业改革和兼并破产领导小组决定计算机研究所依法实施破产，所以本次项目的转让人实际为由宁夏回族自治区国有资产管理委员会、宁夏回族自治区人力资源和社会保障厅、宁夏回族自治区科技厅、宁夏回族自治区银监会组成的破产管理人组织。

二、异地机构通力合作

根据中宇资产评估有限责任公司出具的评估报告，以2009年8月31日为评估基准日，珠海经济特区兰迪现代仪器设备公司资产总计804.25万元，总负债为657.57万元，净资产为146.68万元，同时转让方要求，受让方不仅要在签订《产权交易合同》后的7个工作日内一次性支付股权转让价款，还要向转让方破产管理人清偿欠款544.34万元。

本次转让方代理机构宁夏产权交易所与上海联合产权交易所对该项目进行了细致分析，决定采取共同开展中央企业产权交易业务合作的思路，按照信息共享、规范运作的原则，联手合作、共同推介。

2010年8月31日，该项目在上海联合产权交易所挂牌并同时在宁夏和上海两地同步信息发布，在该项目挂牌期间，宁夏产权交易所及上交所都对项目进行了大力推介，上交所更针对项目的行业特征，充分调动本所信息资源库中对生物医学工程和医疗器械行业有兴趣的投资人资源，有针对性地向投资人进行了宣传推介，尤其是项目所在地广州的投资意向方；在投资意向方表示了一定的投资兴趣后，又联合宁夏产权交易所亲赴投资意向方所在地与其进行深入交流，最终征集到了合适的意向受让方，圆满完成了此次项目转让。

三、案例启示

1 异地机构精诚合作

该项目是上海联合产权交易所和宁夏产权交易所的多次合作中一个案例，充分体现了宁夏产权交易所的项目资源优势与上海联合产权交易所市场运作优势的有效整合，为产权交易所机构跨区域合作提供了更好的合作思路。

产权交易机构的跨区域合作，也预示着产权交易市场将从区域市场走向全国性的市场，这将更有利于信息在更大范围内的流动，在更大的范围内征集受让方，更有利于充分发现买主，发现价格，最终实现资源在更大范围内实现优化配置。

2 投资人信息配对推介

为提高产权转让项目的成交率与竞价率，上海联合产权交易所通过多年的市场积累，已逐步建立了一个覆盖不同行业、地区的潜在投资人的信息数据库，拥有近万名高端投资人信息，并于各类投资人保持着紧密的互动和联系，及时掌握投资人需求，针对本项目的特点，上交所选取了一批相关投资者，进行了邮政对性的推介，取得了良好的效果。

对产权转让项目实施多层次、有重点、有深度的信息披露。开展灵活多样、广泛深入、量身定做的项目推介活动，同时注重平时日常搜集和管理各类投资人信息并进行有针对性地及时沟通，使保证有受让意愿和受让能力的意向受让方获取投资信息、积极参与价格竞争的有限推介方式，也是产权交易平台责无旁贷的职能使命。

广汇汽车服务股份公司5.38%股权转让案例

广西北部湾产权交易所

广西物资集团转让所持有广汇汽车服务股份公司5.38%股权项目于2010年11月19日以网络竞价的方式成交，最终成交额2.03亿元，溢价150万元，创广西北部湾产权交易所成立以来单宗成交额最高记录。

一、设置意向受让方资格条件

广汇汽车服务股份公司原为内资企业，股东分别为企业和自然人，后引入外资成为合资企业。根据《中华人民共和国中外合资经营企业法》第一条的规定：中华人民共和国为了扩大国际经济合作和技术交流，允许外国公司企业和其它经济组织或个人，按照平等互利的原则，经中国政府批准，在中华人民共和国境内，同中国的公司、企业或其它经济组织共同举办合营企业。也就是说合资企业的主体不能为境内自然人，但原为内资企业的自然人股东除外。因此，根据法律的规定及转让方的要求，北部湾产权交易所排除了境内、外自然人作为受让主体，设定了受让方的资格条件为：应为中华人民共和国境内的公司、企业和其他经济组织，但标的企业其他各方股东作为意向受让方的，不受此项条件限制。

二、在公告中进行风险提示

由于意向受让方参与交易须受到标的企业其他各方股东行使优先购买权的条件限制，此外，股权转让协议签订后，须报商务部门批准，并向工商行政管理机构办理变更登记手续，存在股权转让不能获批的风险。北部湾产权交易所参照上市公司信息披露的做法，在挂牌公告中设置了“风险提示栏”，公告了标的转让存在的风险，让意向受让方充分了解投资风险并做出理性的决策。

三、征集意向受让方

由于该项目付款时间短、金额高，要求受让方不仅对项目情况有深入的了解，更要有雄厚的资金实力，此外，转让的股份占比较少，对投资者的吸引力不大，征集意向受让方较有一定难度。针对项目的情况，广西北部湾产权交易所认为应当重点在标的企业的股东中挖掘意向受让方。经过多次沟通和磋商，标的企业原股东新疆广汇实业投资（集团）有限责任公司同意参与受让。同时，广西北部湾产权交易所通过加大招商宣传力度，将标的企业的经营状况、发展前景做为项目亮点进行推介，另外征集到来自上海的某投资公司报名参与。

四、选择网络竞价方式组织交易

在征集到两名符合条件的意向受让方后，广西北部湾产权交易所选择了网络竞价方式来组织交易，网络竞价采用先进的电子系统替代了传统拍卖的人工操作，避免了操作失误并有效防止意向受让方串通，通过网络竞价，更能实现国有资产的保值增值。最终该项目顺利以网络竞价方式实现了交易。

11月18日，项目以网络竞价方式顺利成交。该项目的挂牌价为201687547.20元，北部湾产权交易所将加价幅度设定为50万元/次，经过两名意向受让方三轮报价，最终成交额203187547.20元，溢价150万元。11月19日，交易双方签订了《产权交易合同》。

重庆市渝中区“雨田大厦”司法拍卖案例

重庆联合产权交易所

一、项目描述

受重庆市第一中级人民法院委托，渝中区八一路177号雨田大厦名义层第22层整层房屋司法拍卖在重庆联合产权交易所（以下简称“重庆联交所”）通过互联网电子竞价系统进行。此次标的的拍卖保留价为561.4704万元，11月30日在报名截止期内，成功征集到10位竞买人，此次拍卖自由竞价周期为15分钟，延时竞价周期为3分钟，10位竞买人经过80次报价、耗时23分钟的激烈竞争，最终以915.4704万元成交，增值354万元，增值率为63.05%。

二、价值分析

标的坐落于重庆市渝中区八一路177号“雨田大厦”，该项目建于2000年左右，为钢筋混凝土结构，房屋用途为非住宅。“雨田大厦”总层数29层（地下3层，地上26层），标的位于第22层。“雨田大厦”位于重庆市渝中区八一路和邹容路交界处，属于解放碑商业圈内，是重庆市最繁华的步行街购物广场，周边商业网较多，附近太平洋百货、重百商场、美美百货等大型商场，商业气氛浓厚、人流量大，附近有多路定线公交车经过。距朝天门长途汽车站和重庆港（朝天门）约2公里，距重庆火车站（菜园坝）约5公里，并通过主干道与城区干道网连成一体，交通便捷程度高。目前“雨田大厦”周边的商业区正在打造新的电子商品中心，因此从该区域目前的发展状态及未来潜力看，该标的都具有较高的投资价值。

2010年2月2日，“雨田大厦”名义层第二层房屋由苏宁电器以6502.958万元的最高价竞得，单价近30000元/m²。2010年7月28日雨田大厦名义层第3层某个人以1348.16万元竞得该标的，单价近15000元/m²，均为此次拍卖奠定了一定的基础，同时也为此次拍卖标的瑕疵的排除铺平了道路。

项目经理经过实地查看，对比周边环境并结合当前该地段的房价分析发现：该地段门面（非临街）市场均价接近20000元/m²，而拍卖保留价下第22层的均价仅约为5000元/m²，从这一方面考虑该标的具有较强的投资优势。

三、瑕疵分析及排除

标的所在楼层22层现由“可可波尔百货有限责任公司”和“中信银行重庆解放碑支行”使用中。租赁交付问题使竞买人望而却步，通过前次拍卖过程中同法院承办法官的多次交流了解到当前两家单位在租赁该房屋时未经抵押权人同意和法院许可，因此该公司对第22层房产的租赁合同并不受法律保护，两家单位并不享有优先购买权。这条信息可在一定程度上打消投资人的顾虑。买受人在拍得该标的后有权重置租金或由法院协助清场。第22层房产的租赁情况同第2层也是同样的情况，租赁不受法律保护，法院法官明确对标的的交付。

四、定向推荐

接到此次“雨田大厦”部分房产的司法拍卖项目后，项目经理再次对手中现有的资料进行了梳理，同时进一步完善了项目推荐资料，并立即展开针对性的推荐工作：首先对上次“雨田大厦”拍卖中的竞买人和意向竞买人（咨询的客户）进行逐一的电话告知和大力推荐；其次利用部门积累的的投资人信息库，对几个有实力的投资人进行定向推荐，为其分析标的的价值；然后同法院的承办法官取得联系，有承办法官通知现在标的的租赁方，从法官的角度提醒和告知拍卖情况；最后即是把握一切咨询信息，跟踪意向买家，解决其顾虑和疑惑。

在公告期间，到重庆联交所查看资料的意向竞买人有4人，电话咨询的有7人，最终该标的在11月30日报名截止期内，征集到10位竞买人，其中有几位竞买人分别来自广东、上海、四川，还有一位竞买人在深圳参与了此次互联网电子竞价。

五、组织交易

在报名阶段，项目经理对每一位竞买人进行了互联网上电子竞价的全面、系统的操作指导，待竞买人熟悉该系统操作后，项目经理将《电子竞价账户信息通知单》发给竞买人。

2010年12月1日，10:30 “雨田大厦”第22层部分房产在互联网上进行的电子竞价正式开始。此次竞价阶梯为1万元，自由竞价15分钟，延时竞价5秒，经过80次报价，最终第22层部分房产以915.4704万元成交，增值354万元，增值率为63.05%。

六、项目总结分析

本次拍卖也是重庆联交所首次在司法拍卖中启用互联网电子竞价方式，这是重庆司法拍卖改革的又一创新之举，又一次在全国首开先河。由于可通过互联网进行交易，竞买人不必再到重庆联交所现场，一则可省去舟车劳顿之苦，再则也可免去在现场可能会遇到的竞买人碰面干扰等心理顾虑，决策、交易过程更为“清净”，而且竞买人数量也不再受原来局域网系统“席位”、场地限制，交易活动组织也更为便捷、从容。正因为如此，该项目在报名截止期内，共征集到10位竞买人，远远超过了该大厦前几次不同楼层拍卖标的的竞买人数。

本次互联网电子竞价的成功实施，再次充分体现了重庆联交所不断通过交易流程再造、技术手段革新来最大程度挖掘标的价格的市场功能发挥，也更加有利于重庆司法拍卖改革的进一步深入。可以预见，随着互联网电子竞价系统的逐步推广使用，重庆司法拍卖改革必将迎来新的突破。

重庆外滩商城商铺司法拍卖案例

重庆联合产权交易所

一、标的概况

受重庆市高级人民法院委托，位于重庆市渝中区菜园坝南区路（163号～177号2号楼第5层，参考建筑面积3349.81㎡，163号～177号2号楼第6层，参考建筑面积3356.01㎡，163号～177号3号楼第6层，参考建筑面积964.58㎡，163号～177号5号楼平街层（北楼第5层），参考建筑面积324.62㎡。）以电子竞价方式进行第3次司法拍卖，整体拍卖保留价1296.7728万元。2010年4月14日在重庆联合产权交易所（以下简称“重庆联交所”）网上、《重庆商报》上发布司法拍卖公告。第1、2次司法拍卖均是部分成交。

二、价值分析

重庆联交所交易二部工作人员在一、二次的交易后分析出市场周边的门市价格均偏低，平均一平方米在1600元左右，发现本次标的是非常具有投资价值的一个项目，这是吸引投资者的最大原动力。

三、组织交易

在2010年5月14日上午9：30拍卖会场上5名竞买人全部到场。在宣布完须知以及规则后，在信息中心的协助下，5名竞买人均已熟悉电子竞价的操作。在9：50分正式开始，本次竞价共耗时30分钟，竞价轮次为73次，成交价为1956.7728万元，竞价增值额为660万元，竞价增值率为50.9%。

四、项目总结

此项目体现了三个特点：一是充分有效的保密措施是形成竞价的关键；二是在整个拍卖过程始终处于“公开、公平、公正”的氛围之中；三是充分有效的保密措施是形成竞价的关键；四是得到一个启示，如果司法拍卖能够引入融资功能，将会更有力地促进成交。

成都泰格微波技术有限公司16%股权转让案例

西南联合产权交易所

一、项目概述

2010年4月12日，成都生产力促进中心（成都科技风险开发事业中心）委托西南联合产权交易所（以下简称“西南联交所”）公开挂牌转让其持有的“成都泰格微波技术有限公司16%国有股权”，西南联交所按国有产权转让的相关要求在报刊、网站及LED显示屏公开发布了转让公告，并通过多种渠道对该项目进行大力推介，截至公告期满，共征集到4家符合条件的意向受让方，决定采用网络竞价的方式进行转让。

2010年5月19日，“成都泰格微波技术有限公司16%国有股权”在西南联交所以网络竞价方式成功转让，经过40轮的激烈竞争，最终以3525万元成交，较2175万元的挂牌底价增值1350万元，增值率62%；较1742.54万元的评估价增值102%。作为成都市科技系统下属的风险投资平台，转让方成都生产力促进中心1500万元的风险投资通过西南联交所平台成功退出，增值2025万元，增值率高达135%

平台成功退出，增值2025万元，增值率高达135%。

二、总结与分析

作为风险投资退出方式的有力探索，成都生产力促进中心虽然仅持有转让标的企业16%的参股权，但却通过产权交易平台实现了135%的投资回报率，与西南联交所以下几方面的工作密不可分：

1 信息披露准确到位，充分凸显项目价值

2010年4月12日，成都泰格微波技术有限公司16%国有股权项目通过西南联交所发布转让信息，公开征集意向受让方。为了更好地挖掘项目亮点，吸引投资方，西南联交所专门成立了项目专案小组并对项目进行了深入的分析。

项目组在分析后发现，转让方所披露的财务数据中没有包含合并财务报表的有关内容，在一定程度上影响了投资人对该项目投资价值的判断。为此，西南联交所及时与转让方沟通，重新对项目信息进行了如实、详尽的披露，并重新计算项目公告期。这次对合并财务报表的补充披露，进一步凸显了该项目的投资价值，最终成功征集到4家符合条件的意向受让方。

2 项目推介有效得力，体现了产权交易平台“发现投资人”的市场功能

接受委托后，西南联交所通过媒体宣传、主动向投资人推荐、扩大信息发布渠道等方式对该项目进行了大力的宣传和推广，并及时解答意向受让方咨询，协助意向受让方实地考察项目情况。仅公告期内，就有包括深圳经典创投、浙江中胜创投、四川中物创投、天津滨海财富股权投资基金等投资机构和其他自然人投资者在内的10多家意向受让方向西南联交所表达了对该项目的投资兴趣，充分体现了产权交易平台“发现投资人”的市场功能；

3 转让过程阳光透明，充分保障参与各方合法权益

为了保障原股东的优先购买权及各竞买人的隐私，西南联交所对网络竞价程序进行了特别设计。在各竞买人互不见面、互不干扰的前提下，使该股东可以通过网络竞价系统行使优先购买权，在有效维护了竞价各方合法权益的同时，也使转让标的得到了充分竞争。不仅实现了国资价值最大化，也为有效保障优先购买权人和其他竞买人的合法权益提供了可借鉴的范本。

云南清源宾馆产权转让案例

云南产权交易所有限公司

云南清源宾馆（云南省纪委监察厅干部培训中心）拍卖项目是受云南省规范政府非税收入管理工作领导小组办公室的委托，在云南产权交易所有限公司（以下简称“云交所”）的精心策划、组织实施下，借助产权交易市场平台成功拍出的省级行政事业单位经营性国有资产的第一宗成功案例。该项目的成功转让为云南省推进省级行政事业单位经营性国有资产管理改革发挥了良好的示范带动作用。

一、项目简介

云南清源宾馆（云南省纪委监察厅干部培训中心）始建于1995年12月，于1996年11月试营业，云南清源宾馆（云南省纪委监察厅干部培训中心）是云南省纪委、省监察厅投资兴建的我省一家二星级旅游饭店，占地1903.61平方米（约2.9亩，此数据以最新测绘数据为准。），已取得昆西国用（2008）第059号《国有土地使用证》，证列用途为住宅、办公。房屋建筑物建筑面积6538.53平方米，钢混结构，已取得昆房权证（昆明市）字第200970504《房屋所有权证》。

二、交易情况

（一）广泛征集受让方

云交所在对转让方所提交材料进行审查确认后，于2010年04月27日分别在《云南经济日报》、《云南日报》、公司网站及省外产权交易机构网站上发布产权转让公告，并同时开展了招商工作。在20个工作日的挂牌期满后，通过各信息渠道成功征集到10家意向受让方，其中公司法人5家，自然人5人。经与转让方共同审查均符合受让条件，并按照国务院国资委3号令第十八条要求，采取拍卖方式促成此项交易。

（二）拍卖会现场

拍卖会于2010年04月29日下午15时在翠湖宾馆进行。拍卖师宣布以2800万元起拍，经过49轮激烈的竞争，最终自然人吴晓兰以3600万元的价格竞得该项资产，增值率27%。该标的的成功拍卖有效实现了国有资产的保值与增值，再一次体现了产权市场的价格发现功能。

三、经验启示

该项目成功拍卖，且增值率达27%，使转让方十分满意，成为在省非税收入管理办公室领导下，转让方、交易所、拍卖公司紧密协作，通过市场化手段实现国有资产保值增值的成功尝试。通过本项目的运作，分析其成功原因，总结出以下几点经验：

一是广泛招商。通过交易平台广泛进行招商，在互联网上与浙江、福建、北京等七八个省市开展推介工作，从50名咨询者中成功征集到10家意向受让方，这对后期的拍卖工作提供了有力的支持。

二是衔接程序。产权交易市场引入拍卖机构，必须在制度上进行衔接，通过整合程序以提高效率，实现时间上优化、程序上畅通、功效上互补。更为重要的是，对适合以拍卖方式组织实施交易的项目，在进场交易启动时，就可以发挥拍卖机构招商造势、吸引买家的市场运作能力，假拍卖机构之力提升产权交易市场促成交易的整体功能。如：交易机构公告和拍卖公告的衔接，报名的受理、资格审查、价款及相关费用的结算由交易机构进行。交易机构在拍卖中，起到了很好的衔接作用。

云南澄江老汽车站资产及新平小横山加油站资产转让案例

云南产权交易所有限公司

2010年7月1日，转让方——云南玉溪交通运输集团公司通过云南产权交易所有限公司（以下简称“云交所”）公开挂牌转让澄江老汽车站资产及新平小横山加油站资产，该项目是玉溪市首单进场交易的国有资产项目，也是云交所通过会员引进项目并由会员提供服务的第一单。

一、交易背景

云南玉溪交通运输集团公司为国有参股的有限责任公司，拟将其所有的澄江老汽车站资产及新平小横山加油站资产通过产权交易市场以拍卖方式公开转让。本次转让范围仅限于其评估报告中的土地及房产，其中，澄江老汽车站所涉及的建筑物共三幢，建筑面积共1657.84平方米，土地1宗；新平小横山加油站所涉及的建筑物为值班室1、2、3幢，建筑面积为93.90平方米，土地2宗。土地使用权性质均为国有划拨。经评估备案，澄江老汽车站资产评估值为395.07万元、新平小横山加油站资产评估值为183.66万元。

二、交易过程

在项目进场前的初期阶段，会员单位——玉溪市国有资产经营有限责任公司积极配合云交所，引导企业进场交易，多次推动云交所工作人员与转让方的沟通和磋商，最终成功使原本准备以场外拍卖方式交易的项目进入场内交易。

项目进场后，云交所严格按照有关法律法规及《企业国有产权交易操作规则》的要求，对转让方的材料及公告内容进行审核确认后，通过《云南经济日报》及云交所网站发布《产权转让公告》，同时，云交所也利用其自身广泛的网络资源及客户资源进行项目推介。经过努力，两标的均成功征集到合格意向受让方。其中，澄江老汽车站资产项目产生3名合格意向受让方。

2010年8月10日15时，澄江老汽车站资产项目在龙马酒店主楼三楼影视厅顺利开拍，最终以700万元成交，与评估价395.07万元相比增值304.93万元，成功溢价77%；新平小横山加油站资产项目以196万元场内协议成交，溢价6%。两标的的成交价都有不同程度的溢价，再次印证了产权交易市场的价格发现功能。

三、项目运作

（一）与会员单位的运作策划

会员制方式对活跃产权交易、实现跨区域交易、发挥各类组织作用共同推动产权交易市场发展具有十分重要的意义。而国有产权转让有着较高的规范性要求，云交所则注重对会员制方式进行规范，以便云交所与会员单位互动合作能有效提升交易效率，推动项目成功转让。

1 统一原则，规范交易

以“进场交易”为原则，首次实行会员制的云交所始终严格按照申请登记、挂牌公示、咨询洽谈、公开竞价、签约成交、结算交割、交易鉴证和变更登记等程序进行，确保交易行为依法规范运作。项目操作中，由会员单位代理转让方进场交易，办理转让的相关手续。同时，会员单位还积极配合云交所做好报名资料的接收与反馈工作，并自觉接受云交所的指导与监督。

2 合作提升效率，以效率实现公平

鉴于转让标的在玉溪，本着“方便招商、提高效率”的原则，云交所决定由该会员单位代为选择标的所在地的媒体发布产权转让公告，并以不同的方式在当地宣传项目信息，以便标的所在地的投资群体能便捷、迅速地了解到转让标的的相关信息，积极地参与到交易中来。

（二）与拍卖机构相关程序的有机衔接

在公告发布期限上，产权转让公告需要在不少于“20个工作日”内进行持续披露，拍卖公告只要求于拍卖日7日前发布，而产权转让公告披露的截止日即表达受让意向的截止日。因此，在本项目的操作中，云交所和拍卖机构采取“同时发布、同时截止”，以使两个公告程序实现无缝衔接。

另，本次转让公告中明确：若征集到两家或两家以上符合条件的意向受让方，则采用拍卖的竞价方式。在资格确认问题上，云交所严格按照公告要求，在充分尊重转让方意见的基础上进行初步遴选意向受让方，以避免资格不符的意向受让方参与交易。采用拍卖方式的意向受让方也需要经过云交所资格确认的程序，即：由转让方与云交所确认资格后并以书面形式告知意向受让方及拍卖机构，意向受让方凭资格确认书到拍卖机构办理竞买手续，获得竞买资格，方能参与拍卖。

四、项目启示

玉溪市首宗进场的国有资产项目圆满完成，预示着云南省产权交易市场运作日益规范、功能日趋完善、规模逐步扩大。交易机构、会员单位及拍卖机构三方在项目运作中形成合力的合作机制，为产权转让方提供更好的市场化服务，为潜在投资人提供更多的投资机会。会员制运作在保障本次项目顺利实施，取得圆满的结果中发挥了积极的作用。而云交所的信息集聚、资源配置和规范运作则为本次项目的顺利操作，提供了良好的基础平台保障，同时也为会员单位和拍卖机构两个行业合作双赢提供了更多的商业机会。

昆明市交警支队报废交通设施处置案例

昆明泛亚联合产权交易所

2010年8月13日，昆明泛亚联合产权交易所（以下简称“泛亚联交所”）在新交易大厅组织了昆明市公安局交警支队报废交通设施转让的电子竞价会。这是今年7月市委、市政府提出产权交易全覆盖以来的第一次交易活动，是昆明市公安系统在泛亚联交所进行的第一次电子竞价交易活动，同时也是泛亚联交所系统软、硬件平台升级后的第一次交易。

该标的起始价为104.58万元，经过1个多小时、143次的激烈竞价，最终编号为006637的竞买者以169.28万元竞买成功，增值率达61.87%。交易的成功举行，使泛亚联交所实现了启用新平台后的“开门红”。

本次转让标的为市交警支队报废的交通设施415吨钢材，标的物实行整体打包一次性转让，不作拆分，挂牌转让价格为104.58万元。接受昆明市公安局交通警察支队的委托后，泛亚联交所通过《云南信息报》及本所信息网站刊登了《昆明市公安局交通警察支队所持有的报废交通设施转让公告》，借助先进的信息平台和多种渠道征集受让方。公告期满后，共征集到20个意向受让方，最终正式递交《电子竞价出让文件》参与竞价的有14个。泛亚联交所按照有关规定认真、规范地组织了此次电子竞价会，市纪委、市检察院、市监察局、审计局、国资委、公安局纪委、交警支队等单位领导莅临竞价会现场监督。

此次电子竞价会的成功举行，充分展示了产权交易平台的价格发现功能；充分说明了进入产权交易市场公开、公平、公正转让是优化资源要素配置，实现各类资产保值增值的有效手段。

昆明市呈贡县286辆出租汽车经营权转让案例

昆明泛亚联合产权交易所

2010年8月21日，昆明泛亚联合产权交易所（以下简称“泛亚联交所”）在交易大厅组织举行了“呈贡县286辆出租汽车经营权有偿出让拍卖会”。这是认真贯彻落实市委、市政府关于昆明市产权交易全覆盖精神的具体举措，是《昆明市客运出租汽车管理条例》正式实施后昆明出租车行业进行的依法、统筹、规范管理的新尝试，同时也是政府公共资源进入泛亚联交所平台进行交易的具体实践。

本次出让标的为2009年呈贡县撤销原行政许可新增的286辆出租汽车经营权，挂牌价格（最低保留价）为3.5万元/辆。拍卖会上，最高成交单价为3.616万元，最终，现场4家公司以1021.2万元的总价拍走了呈贡286辆出租车8年的经营权。交易的成功举行，使泛亚联交所实现了启用新平台后业务的持续创新。

国核电力规划设计研究院部分房屋资产处置案例

山东产权交易中心

一、案例介绍

国核电力规划设计研究院是央企国家核电技术有限公司全资子公司，其前身为2000年4月事业单位改制成立的山东电力工程咨询院，2007年5月由国家电网公司划归国家核电技术有限公司，2008年2月更名为国核电力规划设计研究院（以下简称“国核设计院”）。本次处置的企业资产为企业改制时遗留下来计划处置实物资产中的一部分，共有53套房产，大部分房产由企业职工正在租住，还有几栋房产历史遗留问题复杂，现住户不予配合进行处置。因为处置该部分企业房产涉及企业职工的住房分配问题，关系多人的切身利益，处置不当容易激化矛盾，所以企业领导有很大顾虑，从企业改制之初一直拖至2010年迟迟未能解决。

2010年初，国核设计院专门向国家核电技术有限公司申请处置该部分房产，国家核电技术有限公司《关于国核电力规划设计研究院资产处置的批复》（国核财发［2010］77号）批复同意。2010年10月国核设计院委托山东产权交易中心（以下简称“中心”）为其处置该项目资产。

中心根据项目资产的实际情况，制定了一套完善的处置方案，将项目资产标的分为两部分在中心挂牌公告，并对社会及内部职工进行了公示。公告期间征集到了300多个意向受让方，经过认真严格的核查，确定了符合条件的130名意向受让方。2010年12月31日，中心组织了现场竞价，场面非常热烈，经过竞买人多轮的激烈竞价，最终53套房产以3367万元成交，高出评估值554万元，竞价增值率达19.69%。至此，该项目顺利完成交易，企业和内部职工对处置结果都表示满意。

二、启示

本项目的成功运作与竞价，凸显了中心社会公信力和影响力的极大提升；同时为创新的会员管理模式再次提供了具有实践意义的理论依据。

2010年以来，中心大力拓展央属产权项目，一方面积极与其他产权交易机构合作，取得了全流程操作央企交易业务资格；一方面通过实施星级评定和竞价激励机制，调动会员主动出击拓展项目，寻找投资者。该项目就是由会员最先了解到信息，积极撮合、洽谈，耐心宣传进场交易的便利和优势，帮助联系、协调相关服务机构，最终得以顺利实施。

针对与广大职工利益密切相关的资产交易，让全体职工（包括退离休人员）都有机会参与公平竞价，并对社会及企业职工进行了公示，通过适度放款受让条件，扩大了竞买人的范围，用市场竞争形成有效的竞价，保证了企业国有资产处置的保值增值和公开、公平、公正。

中心完成了首例央企实物资产处置项目，借助社会公信力介入企业内部职工房产分配，解决了企业遗留多年的问题，既维护社会的和谐和稳定，也实现了服务领域的新突破。

陕西省测绘局报废燃煤锅炉处置案例

西部产权交易所

2010年7月28日，陕西省测绘局报废燃煤锅炉处置项目经过13天的网络动态报价，最终以46.45万元成交。参与此次网络竞价的竞买人有50个，有效报价达366手，溢价率高达1343.99%。该项目是陕西省产权市场首次通过网络竞价实现不同买家异地竞买，并获得良好效果的国有实物资产处置项目，开创了实物资产处置的新模式。

陕西省测绘局报废燃煤锅炉处置项目是西部产权交易所与北京产权交易所联手运作的国有实物资产处置项目，在处置方式上，选用了“金马甲”网络动态竞价方式进行。7月16日西部产权交易所将该项目信息录入合作机构交易服务系统，由两家交易所分别利用各自的渠道进行信息的发布和招商，10天内共有近60人报名，经审核有50人符合竞价条件。7月26、27日西部产权交易所对标的组织了现场实物展示，27日下午三点起就不断有竞买人通过网络竞价系统开始报价，到28日上午九点报价手数已达到220手，价格从起始价32210元飙升到30万元，10点后，竞价趋于白热化，价格继续攀升，又经过146手竞价，最终被陕西当地的买受人以46.45万元竞得，成交价创下评估价的约15倍。

由于网络竞价方式的采用，使该项目创造了西部产权交易所成立以来参与竞买人最多、有效报价最密集、竞价持续时间最长、报价次数最多、报价过程最激烈、溢价率最高的“六个之最”。充分体现产权市场价功能，也成为今后陕西省处置类似产权（资产）的成功范例。

网络竞价是利用互联网组织意向受让方通过指定的报价系统，按照“价格优先、时间优先”原则，进行异地网络报价实现产权转让的一种产权交易方式。网络竞价这一新的交易方式的引入，简化了交易手续，竞买人不需要到交易所来，完全避免了传统拍卖中的围、串标等现象发生的可能，有力地保护了各方利益，更有效地实现了交易标的价值的最大化。同时，网络竞价这种新的产权交易方式的引入与推广运用，将从根本上改变现有产权交易在空间与时间上的约束，实现跨区域的多场竞买的无障碍交易，今后西部产权交易所将逐步扩大网络竞价交易方式的使用范围。

青海省印刷物资公司部分资产转让案例

青海省产权交易市场

2010年11月2日，通过青海省产权交易市场公开、公平、公正和公信的交易平台，青海永通建设工程有限公司最终以520万的价格竞得了青海省印刷物资公司持有的房屋、土地所有权。该项目实现增值270万元，增值率高达108%。

一、精耕细作 项目转让获高价

青海省印刷物资公司前身为青海省印刷物资站，成立于1982年5月21日，性质为事业单位，内部实行企业化管理。1991年7月19日经青海省物资管理局批复，青海省印刷物资站更名为“青海省印刷物资公司”。2002年经青海省新闻出版局“青新出［2002］53号”文批准，公司整体转为企业，性质变更为国有经济，经营范围为印刷机械、配件、印刷器材、纸张等。

青海省印刷物资公司多年来一直处于微利状态，公司主营业务收入仅能维持企业最基本的日常运行。2007年5月公司开始改制，因职工安置资金不到位，债务问题无法解决等问题，改制工作一直久拖未决。而将近5年的改制过程，更加剧了企业亏损。青海省印刷物资公司国有资产转让是为整合企业资产、顺利完成企业改制、转换企业管理体制、建立现代企业制度的需要，但资不抵债的现实状况使企业改制陷入困境。

青海省产权交易市场接受委托后，利用市场人才济济的优势，组成项目工作组，发挥各专业人才的特长，对项目进行了认真的梳理和策划，经过个性化的包装和针对性的营销，老大难项目得到市场热烈的响应，不仅确保了成交价格最大化，实现了国有资产保值增值，而且促使青海省印刷物资公司改制工作顺利完成。不仅解决了拖欠多年的职工养老医疗保险问题，还有剩余资金上缴财政，实现了多赢的局面。250万净资产卖出近乎“神话”的价格520万，这一“神话”的背后折射出产权市场的价值发现的强大功能。实现了经济效益和社会效益的双丰收。

接受委托后，青海省产权交易市场旗下的青海立信企业重组经纪有限公司对项目进行了周密的分析策划，对标的物实际情况进行了摸底，并两次实地评估。综合标的物所处地理位置、整个建筑物的结构及西宁市地价的增涨趋势等各方面因素，各位专家进行多次论证后认为，西宁作为青藏高原区域性中心城市，发展的龙头作用在其区域无可替代。随着城市规模的扩大，土地资源稀缺越来越成为城市发展的瓶颈，未来取得西宁市区土地将非常艰难，土地价格呈刚性增长的态势。由于该项目地理位置优越，综合配套设施完善，随着城市快速发展，增值潜力将无可限量，将会对省内外房地产投资商产生极大的吸引力，我市场通过全国产权交易机构联盟网站对项目进行广泛发布和推介，征集具有雄厚实力和品牌影响的意向受让人。在竞价方式上采用远程、高效、快捷、安全的网络竞价，发掘该项目潜在的价值。

从项目最大化利用考虑，随着全球温室效应的加剧，近几年，西宁的气温也在逐年升高，西宁由一个风沙大、干旱期长、冬季寒冷的城市逐渐转变为气候较为湿润、温度较为适宜、环境较为宜居的城市。随着环青海湖国际公路自行车赛、青海郁金香节、中国夏都旅游文化节的举办，知名度越来越高，给西宁带来了新的发展机遇，国内外投资者看重西宁未来的发展前景，纷纷将目光投向宾馆酒店及房地产开发项目，大手笔的投资越来越多并初步得到丰厚的回报。该项目本身的潜质及周边环境特别适合改造成酒店或者休闲咖啡厅、酒吧等。按照改造为酒店或者休闲咖啡厅、酒吧对外进行推介，对竞买人将节省百万元的投资，极具诱惑力。

为充分挖掘企业的价值，寻找卖点，市场组织业务骨干对印刷物资公司的转让背景、资产结构等资料进行了深入的调研，并与出让方就该项目的转让形式和转让价格等问题进行了多次的沟通并达成一致意见。

为确保该项目的顺利转让，产权交易市场采取多种形式对外进行广泛宣传，分别在市场门户网站、《青海日报》等省内主要媒体上进行推介，引起了社会投资者广泛关注，电话咨询者络绎不绝。前来办理项目受让意向登记手续的达8家之多，包括国有企业、民营企业和个人。最后经过受让资格审查，最终确定有4家受让意向人符合条件并参加了本次的网络竞价。

11月2日，市场组织网络竞价。整个竞价过程在国务院国资委监测网和省国资委、省工商局领导的现场监督下公开、公平、公正地进行。最后，青海永通建设工程公司一举击败其他竞争者，以520万元竞得评估价为250万元的标的物，实现增值额270万，增值率高达108%。竞买人于当天下午与青海省印刷物资公司签订了《产权交易合同》，并在规定的期限内将成交价款打入交易指定账户。

二、平台优势　实现资产增值

在青海省印刷物资公司国有资产转让项目中，市场通过自身平台优势，促使印刷物资公司资产获得大幅增值，充分彰显了权益资本市场的巨大潜力和产权交易市场充分发现投资者、发现价格的市场职能。本项目招商的巨大成功，充分展现了青海省产权交易市场七大平台功能的重要作用。

回顾该项目在青海省产权市场中经过策划、营销、竞价、成交等环节的运行过程，有以下几点启示：

1 深入分析，发掘项目的增值空间，展现产权市场专业化的服务，是成功的前提

我市场作为各类资产交易、处置、服务的平台，对每一个项目都有责任组织好、运作好，使之价值最大化。青海省物资印刷公司国有资产转让一直是政府的老大难问题。委托到青海省产权交易市场后，市场策划平台对此进行了现场调研，通过对地段、房屋的考察认为该项目完全可以成为一个“咸鱼翻身”的经典案例。经过产权市场的包装和市场化推介，该项目成功地以520万元的价格成交。

2 依靠专家，规范评审，谨慎择优，是成功的关键

针对此项目，我市场成立了专门的工作组。工作组由青海省产权交易市场人员和青海省印刷物资公司人员共同组成，全面负责整个项目运作。网络竞价当天，省国资委纪委和省工商局等领导亲临现场进行监督，保证了项目的阳光交易和公平、公开、公正。通过青海省产权交易市场这个平台的运作，不仅实现了多方共赢的局面，也证明了青海省产权交易市场的专业水准和能力。

3 保证金制度完善，确保交割实现，从制度上确保项目实施成功

作为西宁市一项涉及民生的资产转让项目。为防止出现项目转手等风险，我市场经多方论证，制订了严格的保证金缴纳规则，以确保项目顺利实施和交割完善。这种保证金制度的执行，从制度上确保项目实施成功。

通过对青海省印刷物资公司项目资产的成功处置，我们得出的启示是，有效利用青海省产权交易市场、通过市场化的手段来推动困难企业的重组和改制是解决我省历史遗留困难企业改制的新途径。

鉴于产权交易市场在促进企业国有产权有序流转方面发挥的积极作用，现在一些地方纷纷探索将包括金融国有资产、行政事业单位国有资产、法院涉诉资产等各类公有产权和公共资源纳入到产权交易市场公开转让，取得了积极的成果。

西藏日喀则扎布耶锂业高科技有限公司部分股权转让案例

西南联合产权交易所

锂矿是一种具有极高战略价值和经济价值的资源。在新能源、新材料发展日新月异的今天，拥有锂资源并能充分开发的企业必将具有强大、健康的可持续发展空间。西藏矿业发展股份有限公司及其大股东西藏自治区矿业发展总公司通过西南联合产权交易所对外公开转让西藏日喀则扎布耶锂业高科技有限公司部分股权以引进战略投资者。通过公开挂牌引进战略投资者，西藏矿业发展股份有限公司及西藏日喀则扎布耶锂业高科技有限公司充分整合西藏资源优势，完善了锂资源产业链条，逐渐从一个资源密集型企业发展为资本密集型企业，在未来的行业竞争中赢得了巨大的发展空间。

一、项目背景

新能源、新材料是本世界高新科技发展的主要方向。锂这种密度最小的金属无疑在新能源和新材料发展中占据了重要一环。目前，锂及其化合物在原子能、新型电池等众多行业已经有了广泛的运用，且具有不可替代性。因此，锂资源具有极高的战略价值和经济价值。

西藏矿业发展股份有限公司（以下简称“西藏矿业”）及其大股东西藏自治区矿业发展总公司（以下简称“总公司”）通过投资设立西藏日喀则扎布耶锂业高科技有限公司（以下简称扎布耶公司，西藏矿业和总公司合计持有扎布耶公司股权超过90%）已实际拥有西藏扎布耶盐湖的独家开采权。事实上，锂资源存在于盐湖卤水和矿石中的锂资源。从世界范围看，有40%的锂来源于矿石，60%来源于卤水。从质量上看，西藏扎布耶盐湖是世界上唯一的富锂低镁优质碳酸盐型盐湖。

虽然西藏矿业作为西藏唯一的矿业企业，坐拥天赋异禀的盐湖锂资源，却地处落后的西藏地区，管理、技术、资金等问题成为软肋。扎布耶公司自成立以来由于资本金投入不足，日常经营困难且常年处于亏损状态。为此，西藏矿业和总公司对扎布耶公司进行了债务重组。

债务重组完成后，扎布耶公司的资产结构和财务结构获得极大的改观，但仍难以迅速获得充裕的资金支持以推进锂资源的开发进程，扎布耶公司的发展仍然受到极大的制约。西藏矿业及总公司拟采取溢价股权转让的方式为扎布耶公司引入战略投资者，优化其公司治理结构，逐步使其重塑科学的管理体制并逐渐形成良好的日常运营体系，摆脱目前的发展困境；同时，借此与战略投资者建立良好的合作关系，拓宽其融资渠道，为其今后获得持续稳定的资本金投入奠定基础。

二、项目运作

西南联合产权交易所（以下简称“西南联交所”）作为川藏两省区国资委唯一授权企业国有资产交易平台，也是全国唯一跨省区的产权交易机构，在获悉西藏矿业及总公司拟转让扎布耶公司部分股权后，第一时间与西藏矿业取得了联系，开始为西藏矿业做好转让辅导工作，保证挂牌工作能够顺利开展，以便实现西藏矿业的转让目的。

西南联交所组织精干人员成立项目小组专门与西藏矿业对接洽谈项目辅导。虽然项目本身在形式上仅是一个股权转让项目，但扎布耶公司股权的受让方要参与到西藏矿业对扎布耶公司未来的增资中，以及要对锂资源的下游产业链的完善起重要作用，因此更需要扎布耶公司股权的受让方扮演战略投资者的角色，而不是一个普通的财务投资者。

另外，西藏矿业既是国有控股企业又是上市企业，按照最初设想，为扎布耶公司引进战略投资者的同时，西藏矿业和总公司不能失去对扎布耶公司的控股地位，以达到国有企业控制战略资源的目的。

因此，如何设定股权受让方应具备的条件以及挂牌披露事项成为挂牌前工作的重中之重。既要实现西藏矿业和总公司的转让意图和发展需求，又要维系扎布耶公司的国有控股地位。

通过筹划，西藏矿业转让扎布耶公司6%的股权，总公司转让扎布耶公司16%的股权，合计转让22%股权。转让成功后，西藏矿业持有扎布耶公司50.72%股权，总公司持有扎布耶公司21.21%股权，仍对扎布耶公司拥有绝对控股权。

为进一步丰富股权结构，完善法人治理机制，此次股权转让只接受由2-4名战略投资者组成的联合受让体报名申请受让。为避免受让成功后联合受让体内部自行调剂股权受让比例而产生不必要的干扰，因此，一开始就设定主要受让方受让比例不超过18%。同时，要求主要受让方应属于扎布耶公司下游行业的战略投资者，包括但不限于锂电池生产厂商或相关的电池材料生产厂商，该战略投资者须在锂电池或相关的电池材料行业具备较强的竞争优势及资金实力。这样，使扎布耶公司股权的主要受让方就扮演了完善锂资源的下游产业链的重要角色。同时还规定，组成联合受让体的战略投资者不得与西藏矿业存在关联关系，组成联合受让体的战略投资者之间也不得存在关联关系，这样完善法人治理结构的目的才可能得以实现。

另外，扎布耶公司作为有限责任公司，股权对外转让需征得扎布耶公司其他股东的同意。虽然扎布耶公司其他股东都已表示同意，并愿意放弃优先购买权，但一直缺少书面材料。为实质消除股权转让障碍，西南联交所积极配合西藏矿业向其他股东发函征询意见。最终，在挂牌前，其他股东同意对外转让股权并放弃优先购买权的书面材料不仅全部收齐，还完善了西藏矿业与总公司相互同意对外转让股权并放弃优先购买权的书面材料，使得股权挂牌转让的法律要件进一步齐备，为转让成功后的股权过户也奠定了基础。

最终，在西藏矿业和总公司的精心准备和西南联交所的积极推动下，扎布耶公司22%股权转让在2010年8月公开挂牌。由于准备充分，公告期内在锂行业、资产市场以及产权交易市场都引起了极大的关注和反响。第一个公告期内，西南联交所就征集到以比亚迪股份有限公司为主要受让方的联合受让体。

经过谈判，比亚迪股份有限公司为主要受让方的联合受让体以近2.5亿元人民币受让扎布耶公司22%股权（比对应评估价超出约160%）。这一金额甚至已超过西藏矿业IPO募集的资金。

比亚迪股份有限公司是中国制造业杰出的探索者和领先者之一，拥有先进的管理经验、雄厚的技术研发能力以及强大的资金优势，但欠缺资源。通过这次转让，发达地区的资金实力和技术实力与西藏的资源优势实现了完美的结合。这次结合为西藏资源型企业走资本密集型、技术密集型道路做出了有力的诠释，将成为西藏企业可持续发展的教科书式的范例。

据媒体报道，比亚迪股份有限公司股东之一巴菲特在扎布耶公司22%股权转让成功后造访比亚迪股份有限公司总部，或是对其收购锂概念股权的充分肯定。通过这一收购，巴菲特也间接进入了中国A股市场。

三、项目分析

通常认为，产权交易机构的任务主要在项目挂牌中严格按程序办事和秉承公开、公平、公正的原则，以保证国有资产的保值增值。但在实际运作中，交易机构若仅仅扮演好场内交易的角色，则无法完全体现出交易机构在产权交易方面的专家身份。从国有产权转让的经验来看，转让方对交易程序、转让方案的制定和产权交易政策法规并不熟悉，往往根据本行业的经验进行挂牌前期工作，这很可能造成项目挂牌前才发现某些方案或程序上的瑕疵或错误，从而影响项目转让进程，甚至直接推倒重来。因此，交易机构更应该发挥在产权交易上的专家能力，走到交易市场外，进一步介入项目挂牌前期工作中。交易机构介入当中，并不是为了干扰项目的运作，而是更好地服务于项目转让方，协助转让方做好前期准备工作，使项目能够合法合规地运作和积极顺利地开展，最终达到项目价值最大化。这既能为项目转让方减轻工作压力和难度，又为交易机构拓展了增值服务的空间。

从扎布耶公司股权转让这个项目为例，西南联交所一直主动参与到挂牌前的辅导工作，积极向西藏矿业建言献策，完善法律要件，使该股权转让能在公开、公正、公开的原则下得到价值最大化。比如，西藏矿业一开始也比较注重战略投资者的资金实力，曾提出组成联合受让体的主要受让方净资产应达到50亿元。针对这一相对“苛刻”的条件，西南联交所的项目工作人员提出适当降低这一要求，以达到更广泛征集战略投资者的目的。通过沟通，西藏矿业欣然接受，最终将条件设置为净资产达到20亿元，使满足这一条件的战略投资者范围得到进一步扩大，而同时又强调了战略投资者的资金实力。最终，项目挂牌时引起的关注、反响以及成交结果也证明了产权交易机构在挂牌前期工作中的重要价值。

由此可见，产权交易机构提前介入项目挂牌的前期工作往往能起到事半功倍的效果。当然这也要求，我们产权交易机构的从业人员要具备积极的服务意识、丰富的执业经验、良好的沟通能力和过硬的专业知识。

当交易机构能够提供更为全方位的场外服务工作后，才有利于做好场内的交易工作，才能真正提高交易机构的核心竞争力，才有可能在资产市场中占据一席之地。

本栏目审稿：卢栎仁

中国产权市场年鉴 2011

China Property Rights Exchange Market Yearbook

法规选编

持民间资本进入油气勘探开发领域，与国有石油企业合作开展油气勘探开发。支持民间资本参股建设原油、天然气、成品油的储运和管道输送设施及网络。

（九）鼓励民间资本参与电信建设。鼓励民间资本以参股方式进入基础电信运营市场。支持民间资本开展增值电信业务。加强对电信领域垄断和不正当竞争行为的监管，促进公平竞争，推动资源共享。

（十）鼓励民间资本参与土地整治和矿产资源勘探开发。积极引导民间资本通过招标投标形式参与土地整理、复垦等工程建设，鼓励和引导民间资本投资矿山地质环境恢复治理，坚持矿业权市场全面向民间资本开放。

三、鼓励和引导民间资本进入市政公用事业和政策性住房建设领域

（十一）鼓励民间资本参与市政公用事业建设。支持民间资本进入城市供水、供气、供热、污水和垃圾处理、公共交通、城市园林绿化等领域。鼓励民间资本积极参与市政公用企事业单位的改组改制，具备条件的市政公用事业项目可以采取市场化的经营方式，向民间资本转让产权或经营权。

（十二）进一步深化市政公用事业体制改革。积极引入市场竞争机制，大力推行市政公用事业的投资主体、运营主体招标制度，建立健全市政公用事业特许经营制度。改进和完善政府采购制度，建立规范的政府监管和财政补贴机制，加快推进市政公用产品价格和收费制度改革，为鼓励和引导民间资本进入市政公用事业领域创造良好的制度环境。

（十三）鼓励民间资本参与政策性住房建设。支持和引导民间资本投资建设经济适用住房、公共租赁住房等政策性住房，参与棚户区改造，享受相应的政策性住房建设政策。

四、鼓励和引导民间资本进入社会事业领域

（十四）鼓励民间资本参与发展医疗事业。支持民间资本兴办各类医院、社区卫生服务机构、疗养院、门诊部、诊所、卫生所（室）等医疗机构，参与公立医院转制改组。支持民营医疗机构承担公共卫生服务、基本医疗服务和医疗保险定点服务。切实落实非营利性医疗机构的税收政策。鼓励医疗人才资源向民营医疗机构合理流动，确保民营医疗机构在人才引进、职称评定、科研课题等方面与公立医院享受平等待遇。从医疗质量、医疗行为、收费标准等方面对各类医疗机构加强监管，促进民营医疗机构健康发展。

（十五）鼓励民间资本参与发展教育和社会培训事业。支持民间资本兴办高等学校、中小学校、幼儿园、职业教育等各类教育和社会培训机构。修改完善《中华人民共和国民办教育促进法实施条例》，落实对民办学校的人才鼓励政策和公共财政资助政策，加快制定和完善促进民办教育发展的金融、产权和社保等政策，研究建立民办学校的退出机制。

（十六）鼓励民间资本参与发展社会福利事业。通过用地保障、信贷支持和政府采购等多种形式，鼓励民间资本投资建设专业化的服务设施，兴办养（托）老服务和残疾人康复、托养服务等各类社会福利机构。

（十七）鼓励民间资本参与发展文化、旅游和体育产业。鼓励民间资本从事广告、印刷、演艺、娱乐、文化创意、文化会展、影视制作、网络文化、动漫游戏、出版物发行、文化产品数字制作与相关服务等活动，建设博物馆、图书馆、文化馆、电影院等文化设施。鼓励民间资本合理开发旅游资源，建设旅游设施，从事各种旅游休闲活动。鼓励民间资本投资生产体育用品，建设各类体育场馆及健身设施，从事体育健身、竞赛表演等活动。

五、鼓励和引导民间资本进入金融服务领域

（十八）允许民间资本兴办金融机构。在加强有效监管、促进规范经营、防范金融风险的前提下，放宽对金融机构的股比限制。支持民间资本以入股方式参与商业银行的增资扩股，参与农村信用社、城市信用社的改制工作。鼓励民间资本发起或参与设立村镇银行、贷款公司、农村资金互助社等金融机构，放宽村镇银行或社区银行中法人银行最低出资比例的限制。落实中小企业贷款税前全额拨备损失准备金政策，简化中小金融机构呆账核销审核程序。适当放宽小额贷款公司单一投资者持股比例限制，对小额贷款公司的涉农业务实行与村镇银行同等的财政补贴政策。支持民间资本发起设立信用担

保公司，完善信用担保公司的风险补偿机制和风险分担机制。鼓励民间资本发起设立金融中介服务机构，参与证券、保险等金融机构的改组改制。

六、鼓励和引导民间资本进入商贸流通领域

（十九）鼓励民间资本进入商品批发零售、现代物流领域。支持民营批发、零售企业发展，鼓励民间资本投资连锁经营、电子商务等新型流通业态。引导民间资本投资第三方物流服务领域，为民营物流企业承接传统制造业、商贸业的物流业务外包创造条件，支持中小型民营商贸流通企业协作发展共同配送。加快物流业管理体制改革，鼓励物流基础设施的资源整合和充分利用，促进物流企业网络化经营，搭建便捷高效的融资平台，创造公平、规范的市场竞争环境，推进物流服务的社会化和资源利用的市场化。

七、鼓励和引导民间资本进入国防科技工业领域

（二十）鼓励民间资本进入国防科技工业投资建设领域。引导和支持民营企业有序参与军工企业的改组改制，鼓励民营企业参与军民两用高技术开发和产业化，允许民营企业按有关规定参与承担军工生产和科研任务。

八、鼓励和引导民间资本重组联合和参与国有企业改革

（二十一）引导和鼓励民营企业利用产权市场组合民间资本，促进产权合理流动，开展跨地区、跨行业兼并重组。鼓励和支持民间资本在国内合理流动，实现产业有序梯度转移，参与西部大开发、东北地区等老工业基地振兴、中部地区崛起以及新农村建设和扶贫开发。支持有条件的民营企业通过联合重组等方式做大做强，发展成为特色突出、市场竞争力强的集团化公司。

（二十二）鼓励和引导民营企业通过参股、控股、资产收购等多种形式，参与国有企业的改制重组。合理降低国有控股企业中的国有资本比例。民营企业在参与国有企业改制重组过程中，要认真执行国家有关资产处置、债务处理和社会保障等方面的政策要求，依法妥善安置职工，保证企业职工的正当权益。

九、推动民营企业加强自主创新和转型升级

（二十三）贯彻落实鼓励企业增加研发投入的税收优惠政策，鼓励民营企业增加研发投入，提高自主创新能力，掌握拥有自主知识产权的核心技术。帮助民营企业建立工程技术研究中心、技术开发中心，增加技术储备，搞好技术人才培训。支持民营企业参与国家重大科技计划项目和技术攻关，不断提高企业技术水平和研发能力。

（二十四）加快实施促进科技成果转化的鼓励政策，积极发展技术市场，完善科技成果登记制度，方便民营企业转让和购买先进技术。加快分析测试、检验检测、创业孵化、科技评估、科技咨询等科技服务机构的建设和机制创新，为民营企业的自主创新提供服务平台。积极推动信息服务外包、知识产权、技术转移和成果转化等高技术服务领域的市场竞争，支持民营企业开展技术服务活动。

（二十五）鼓励民营企业加大新产品开发力度，实现产品更新换代。开发新产品发生的研究开发费用可按规定享受加计扣除优惠政策。鼓励民营企业实施品牌发展战略，争创名牌产品，提高产品质量和服务水平。通过加速固定资产折旧等方式鼓励民营企业进行技术改造，淘汰落后产能，加快技术升级。

（二十六）鼓励和引导民营企业发展战略性新兴产业。广泛应用信息技术等高新技术改造提升传统产业，大力发展循环经济、绿色经济，投资建设节能减排、节水降耗、生物医药、信息网络、新能源、新材料、环境保护、资源综合利用等具有发展潜力的新兴产业。

十、鼓励和引导民营企业积极参与国际竞争

（二十七）鼓励民营企业“走出去”，积极参与国际竞争。支持民营企业在研发、生产、营销等方面开展国际化经营，开发战略资源，建立国际销售网络。支持民营企业利用自有品牌、自主知识产权和自主营销，开拓国际市场，加快培育跨国企业和国际知名品牌。支持民营企业之间、民营企业与国有企业之间组成联合体，发挥各自优势，共同开展多种形式的境外投资。

（二十八）完善境外投资促进和保障体系。与有关国家建立鼓励和促进民间资本国际流动的政策

磋商机制，开展多种形式的对话交流，发展长期稳定、互惠互利的合作关系。通过签订双边民间投资合作协定、利用多边协定体系等，为民营企业“走出去”争取有利的投资、贸易环境和更多优惠政策。健全和完善境外投资鼓励政策，在资金支持、金融保险、外汇管理、质检通关等方面，民营企业与其他企业享受同等待遇。

十一、为民间投资创造良好环境

（二十九）清理和修改不利于民间投资发展的法规政策规定，切实保护民间投资的合法权益，培育和维护平等竞争的投资环境。在制订涉及民间投资的法律、法规和政策时，要听取有关商会和民营企业的意见和建议，充分反映民营企业的合理要求。

（三十）各级人民政府有关部门安排的政府性资金，包括财政预算内投资、专项建设资金、创业投资引导资金，以及国际金融组织贷款和外国政府贷款等，要明确规则、统一标准，对包括民间投资在内的各类投资主体同等对待。支持民营企业的产品和服务进入政府采购目录。

（三十一）各类金融机构要在防范风险的基础上，创新和灵活运用多种金融工具，加大对民间投资的融资支持，加强对民间投资的金融服务。各级人民政府及有关监管部门要不断完善民间投资的融资担保制度，健全创业投资机制，发展股权投资基金，继续支持民营企业通过股票、债券市场进行融资。

（三十二）全面清理整合涉及民间投资管理的行政审批事项，简化环节、缩短时限，进一步推动管理内容、标准和程序的公开化、规范化，提高行政服务效率。进一步清理和规范涉企收费，切实减轻民营企业负担。

十二、加强对民间投资的服务、指导和规范管理

（三十三）统计部门要加强对民间投资的统计工作，准确反映民间投资的进展和分布情况。投资主管部门、行业管理部门及行业协会要切实做好民间投资的监测和分析工作，及时把握民间投资动态，合理引导民间投资。要加强投资信息平台建设，及时向社会公开发布国家产业政策、发展建设规划、市场准入标准、国内外行业动态等信息，引导民间投资者正确判断形势，减少盲目投资。

（三十四）建立健全民间投资服务体系。充分发挥商会、行业协会等自律性组织的作用，积极培育和发展为民间投资提供法律、政策、咨询、财务、金融、技术、管理和市场信息等服务的中介组织。

（三十五）在放宽市场准入的同时，切实加强监管。各级人民政府有关部门要依照有关法律法规要求，切实督促民间投资主体履行投资建设手续，严格遵守国家产业政策和环保、用地、节能以及质量、安全等规定。要建立完善企业信用体系，指导民营企业建立规范的产权、财务、用工等制度，依法经营。民间投资主体要不断提高自身素质和能力，树立诚信意识和责任意识，积极创造条件满足市场准入要求，并主动承担相应的社会责任。

（三十六）营造有利于民间投资健康发展的良好舆论氛围。大力宣传党中央、国务院关于鼓励、支持和引导非公有制经济发展的方针、政策和措施。客观、公正宣传报道民间投资在促进经济发展、调整产业结构、繁荣城乡市场和扩大社会就业等方面的积极作用。积极宣传依法经营、诚实守信、认真履行社会责任、积极参与社会公益事业的民营企业家的先进事迹。

各地区、各部门要把鼓励和引导民间投资健康发展工作摆在更加重要的位置，进一步解放思想，转变观念，深化改革，创新求实，根据本意见要求，抓紧研究制定具体实施办法，尽快将有关政策措施落到实处，努力营造有利于民间投资健康发展的政策环境和舆论氛围，切实促进民间投资持续健康发展，促进投资合理增长、结构优化、效益提高和经济社会又好又快发展。

国务院国资委关于中央企业国有产权协议转让有关事项的通知

2010年1月26日 国务院国资委 国资发产权［2010］11号

各中央企业：

为了推动中央企业国有产权重组整合，减少企业管理层级，缩短产权链条，理顺产权关系，提高资源配置效率，根据《中华人民共和国企业国有资产法》、《企业国有资产监督管理暂行条例》（国务院令第378号）、《企业国有产权转让管理暂行办法》(国资委、财政部令第3号）以及《关于企业国有产权转让有关事项的通知》(国资发产权［2006］306号，以下简称306号文件）等规定，现将中央企业国有产权协议转让有关事项通知如下：

一、中央企业在本企业内部实施资产重组，符合306号文件相关规定的境内企业协议转让事项，由中央企业负责批准或依法决定，同时抄报国务院国资委。其中涉及股份有限公司股份转让的，按照国家有关规定办理。

二、中央企业在本企业内部实施资产重组，转让方和受让方均为中央企业及其直接或间接全资拥有的境内子企业的，转让价格可以资产评估或审计报告确认的净资产值为基准确定，且不得低于经评估或审计的净资产值；转让方或受让方不属于中央企业及其直接或间接全资拥有的境内子企业的，转让价格须以资产评估报告确认的净资产值为基准确定。

三、由中央企业批准或依法决定的国有产权协议转让事项，资产评估备案由中央企业负责。

以审计报告确认的净资产为基准确定转让价格的，应当采用由专业机构出具的上一会计年度的年度审计报告或最近时点的审计报告。

四、中央企业之间、中央企业与地方国资委监管企业之间协议转让国有产权应当符合各自主业范围和发展战略规划，有利于做强主业和优化资源配管企业之间协议转让国有产权应当符合各自主业范围和发展战略规划，有利于做强主业和优化资源配置，并符合306号文件相关规定。转让事项由中央企业报国务院国资委批准后实施。

五、各中央企业要严格执行相关法律、法规及国务院国资委关于企业国有产权转让的相关规定，不得自行扩大协议转让范围；对于由中央企业负责批准或依法决定的协议转让事项，审批权限不得下放。

六、各中央企业应当根据企业国有产权转让相关法规及本通知要求制定相应制度，明确负责企业国有产权转让管理的机构和人员，明确内部管理程序，建立健全产权转让档案，落实工作责任。

七、各中央企业应当将本企业国有产权转让的制度、负责国有产权转让管理的机构和人员等报国务院国资委备案。

八、已经国务院国资委批准实施重组或被托管的中央企业，不适用本通知的相关规定。

九、中央企业应当在每年度1月31日前，将本企业上一年度的企业国有产权协议转让事项汇总后书面报告国务院国资委（汇总表格式详见附件）。

十、国务院国资委每年度将组织对部分中央企业开展企业国有产权转让工作检查。对于严重违反企业国有产权转让相关法规及本通知规定的中央企业及主要负责人、相关责任人员将予以通报批评；对于造成国有资产损失的，将视情节轻重依法追究相关人员的责任。

各中央企业在执行本通知过程中，遇到问题应当及时向国务院国资委反映。

吉林省财政厅关于吉林省金融企业国有资产转让有关事项的通知

2010年7月20日 吉林省财政厅 吉财债 [2010] 553号

各市（州）财政局、长白山管委会财审局、各县（市）财政局、省直有关金融企业、吉林长春产权交易中心：

根据财政部《金融企业国有资产转让管理办法》（财政部令第54号）和《关于贯彻落实<金融企业国有资产转让管理办法>有关事项的通知》（财金 [2009] 178号）的有关规定，为规范全省地方金融企业国有资产转让行为，促进国有资产有序流转，加强监督管理，现将我省金融企业国有资产转让的有关事项通知如下：

一、财政部门是金融企业国有资产转让的监督管理部门。各级财政部门在推进国有金融资产布局和结构调整，促进国有金融资本合理流转的过程中，要严格按照财政部有关规定，切实做好地方金融企业国有资产转让管理与监督工作。

二、各级财政部门和国有、国有控股及参股金融企业应充分认识金融企业国有资产进场交易的重要意义，严格控制直接协议转让范围，贯彻执行进场交易制度，利用产权交易机构和交易系统，促进国有金融资产的有序流转，确保地方金融企业国有资产转让公平、公正、公开，保证国有资产保值增值。

三、按照财政部有关规定，我省确定吉林长春产权交易中心为我省有资格承办地方金融企业国有资产产权交易业务的产权交易机构，并已上报财政部备案，该中心同时可承担中央管理金融企业国有资产产权转让业务。

四、各地方金融企业及其子公司在实施国有资产产权转让前应按规定将转让方案报同级财政部门审批。产权转让结束后，应及时办理产权登记手续。各市（州）、县（市）财政部门、吉林长春产权交易中心应在每年3月底前将上一年度所辖地方金融企业国有资产产权转让情况统计汇总后报省财政厅。

五、各级财政部门、地方金融企业和吉林长春产权交易中心在国有产权转让活动中，应根据工作开展情况和面临的新情况、新问题，不断总结经验，提高工作水平，对重要情况和重大问题及时向省财政厅报告。

黑龙江省人民政府关于促进产权交易市场规范发展的意见

2010年6月17日 黑龙江省人民政府 黑政发[2010] 54号

各市（地）、县（市）人民政府（行署）、省政府各直属单位：

近年来，我省产权交易市场稳步健康发展，省内市场初步整合，并与一些发达地区中心市场建立了战略合作关系，产权交易市场功能不断完善，在国企改革、源头治腐以及投融资服务等方面发挥了积极作用。为进一步规范产权交易市场发展，为全省经济又好又快发展服务，现提出如下意见：

一、充分认识发展产权交易市场的重要性

（一）产权交易市场是多功能的市场平台。产权交易市场是各类产权公开交易的专业化场所，交易范围涉及物权、股权、债权、知识产权等，具有信息发布、项目推介、转让策划、上市服务、项目融资、股权托管等综合性产权交易功能，是多层次资本市场的重要组成部分。

（二）产权交易市场对于促进我省地方经济发展具有重要作用。产权交易是企业成长和提高效益的重要手段，是经济发展的重要运行方式。产权交易市场是促进产权要素流动的平台，能够面向各产权主体提供产权交易和资本市场服务，促进各种资源的资产化和各类资产的资本化、证券化，加快产权流转，实现资源的合理配置，促进地方经济发展。

（三）产权交易市场是源头治腐工作的重要窗口。国有资产通过产权交易市场进行“公开、公平、公正”交易，可以监督、杜绝“暗箱操作、转移藏匿、低评贱卖、自买自卖”等行为，有效地预防和治理腐败，防止国有资产流失，实现国有资产保值增值。

二、规范各类国有资产进入省产权交易市场

（四）经营性国有资产要统一进入省产权交易市场公开交易。按照《中华人民共和国企业国有资产法》和《企业国有产权转让管理暂行办法》的要求，除国家法律、法规规定可以协议转让的情况外，全省各类经营性国有资产的转让必须统一进入省产权交易市场公开交易。

（五）推进行政事业单位国有资产进场公开交易。按照《行政单位国有资产管理暂行办法》（财政部令第35号）和《事业单位国有资产管理暂行办法》（财政部令第36号）的规定，各级财政部门应在现有通过公开拍卖等方式转让国有产权的基础上，进一步拓宽行政事业单位国有产权公开处置渠道，对行政事业单位发生的股权转让，或向非国有单位及个人转让实物资产，可以进入产权交易市场进行公开交易。

（六）推动公共资源进场公开交易。省财政厅要会同省监察厅尽快制定《全省公共资源市场化配置目录》，指定黑龙江省公共资源交易所（以下简称省公共资源交易所）为公开处置机构，规范公共资源处置行为。进一步提高公共资源的配置效率。

（七）推进我省监管的金融企业国有资产进场公开交易。按照《金融企业国有资产转让管理办法》（财政部令第54号）的要求，除国家规定可以直接协议转让的以外，转让上市金融企业国有股份和金融企业转让上市公司国有股份应当通过依法设立的证券交易系统进行；非上市企业国有产权转让应当进入省财政厅确定的包括省产权交易市场在内的省级产权交易机构进行。

（八）推进非上市公司制企业国有股权全部进行股权登记托管。各级政府部门要组织所属非上市公司制企业国有股权统一进入黑龙江省股权登记托管中心（以下简称省股权登记托管中心）集中登记托管，促进非上市公司制企业股权规范管理、有序流转，维护公司、股东和其他利害关系人的合法权益。省股权登记托管中心要结合各地实际情况，合

理安排，积极为企业做好登记托管及后续服务工作。

三、积极为非国有企业进场交易提供服务

（九）鼓励非国有企业产权转让进入省产权交易市场。各级政府部门结合本地实际，积极推动非国有企业产权转让进入省产权交易市场。省产权交易市场要发挥产权市场价值发现和优化资源配置的功能，进一步提高效率，降低交易成本，努力为企业进场交易提供优质服务，实现价值最大化。

（十）推进非上市股份有限公司的非国有公司股权集中托管。各级政府部门要鼓励和支持非国有公司制企业股权进入省股权登记托管中心和哈尔滨股权登记托管中心集中登记托管。省股权登记托管中心、哈尔滨股权登记托管中心要积极为非国有公司制企业做好股权登记托管工作，为托管企业融资、股权质押等提供中介服务，切实发挥融资平台作用。

四、加快省产权交易市场建设

（十一）规范省产权交易市场的运行机制。省产权交易市场由黑龙江省产权交易中心（以下称省产权交易中心）及各市地分支机构组成，为全省范围内从事企业国有产权交易的机构。各市地县国资监管机构涉及企业国有产权交易的，必须进入省产权交易市场，不得委托其他产权交易机构交易企业国有产权。要明确省产权交易中心与各市地分支机构的业务分工，按照“统一信息发布、统一操作规则、统一审核鉴证、统一收费标准、统一统计口径”等原则，开展全省产权交易业务。省产权交易中心负责组织全省产权交易工作，统一进行信息发布、撮合成交、资金清算、出具交易凭证；各地市分支机构负责行政区域内产权交易项目的前期咨询、项目受理、协助省产权交易中心完成交易、组织交割。省产权交易中心出资设立的省股权登记托管中心、省公共资源交易所等专业市场平台，负责开展各类专业性产权交易及投融资服务业务。省产权交易中心要加强运行体制建设，逐步在我省实施产权经纪会员制，积极探索与其它相关要素市场的合作机制，努力构建全省统一的要素市场体系。

（十二）发挥省产权交易市场投融资平台作用。省股权登记托管中心作为我省开展股权登记托管工作的两家试点机构之一，要努力为托管企业质押融资、上市培育、引入战略投资者提供中介服务，拓展企业融资渠道，缓解中小企业融资难题。国有企业增资扩股应逐步进入省产权交易市场，广泛吸引战略投资者。非上市股份有限公司股权出质的，应凭省股权登记托管中心的股权登记托管证明，向公司登记机关申请办理股权质押登记；公司在办理股权质押后，应将质押登记事项向省股权登记托管中心备案。

（十三）推动省产权交易市场与发达地区产权交易机构的合作。加强省产权交易市场与上海、北京等中心城市产权交易机构的战略合作，扩大产权交易信息在全国的辐射面，利用其赋予的业务资质，开拓我省的央企产权、文化产权、技术产权、环境能源等产权交易业务，拓宽服务范围；建立东北三省一区产权市场合作机制，为东北振兴提供服务。

五、强化产权交易市场的监管

（十四）加强国有产权转让的日常监管。省国资委负责全省产权交易市场培育和监督管理工作。省监察厅负责建立四要素市场电子监察系统，实现对省产权交易市场的实时监控。省财政厅应加强对省属金融企业国有资产转让及公共资源交易的监管，做到应进必进，杜绝场外交易。工商部门在办理国有产（股）权变更登记时，应以省产权交易市场出具的交易凭证作为产权变更和股权转让的证明。省金融办等有关部门要加强对股权登记托管工作的指导。

（十五）定期开展国有企业产权交易监督检查工作。省国资委与省财政厅、工商局、监察厅等部门要定期对全省产权交易行为进行联合检查，并对检查发现的问题及时予以纠正。对场外交易、造成国有资产流失和有意扰乱市场秩序的行为，依纪依法予以严肃查处；对涉嫌犯罪的，移送司法机关。

（十六）规范产权市场的有序发展。原则上我省不再新设产权交易市场，根据经济发展需要确需设立的，由省工商局登记发照。各级工商部门要在市场准入、变更登记等环节严格把关，防止产权交易市场过滥过多发展，造成资源浪费。

上海市国有创业投资企业股权转让管理暂行办法

2010年11月18日 上海市发改委、市国资委 沪发改财金[2010] 050号

第一章 总 则

第一条 为引导国有创业投资企业规范发展，支持国有创业投资企业投资中小企业特别是中小高新技术企业，完善国有创业投资企业的投资退出机制，根据《中华人民共和国公司法》、《中华人民共和国合同法》、《创业投资企业管理暂行办法》、《企业国有产权转让管理暂行办法》、《上海市创业投资引导基金管理暂行办法》等国家和本市法律法规，制定本办法。

第二条 根据《创业投资企业管理暂行办法》规定，在上海市发展改革委员会（以下简称“市发展改革委”）备案的国有创业投资企业股权转让适用本办法。

第三条 本办法所称国有创业投资企业股权转让，是指国有控股的创业投资企业转让持有的创业企业或创业投资企业股权的行为。

前款所称控股，其内涵根据《中华人民共和国公司法》第二百一十七条规定确定。

国有参股的创业投资企业转让持有的创业企业或创业投资企业股权，根据《公司法》和公司章程的规定实施。

第四条 国有创业投资企业转让所持上市公司股权，按国家有关规定执行。

第五条 鼓励国有创业投资企业在产权制度上进行探索和创新，可以尝试引入国际化管理团队或采取更为灵活的管理模式，建立健全尊重市场化规律与体现国资监管要求相协调的体制机制。

第二章 备案管理

第六条 根据《创业投资企业管理暂行办法》规定，市发展改革委会同有关部门对本市国有创业投资企业进行备案和年度检查，并将《备案通过通知》和《年检通过通知》抄送上海市国有资产监督管理委员会（以下简称“市国资委”）和上海联合产权交易所（以下简称“联交所”）。

第七条 依法履行备案的下列国有创业投资企业股权转让适用本办法：

1、上海市创业投资引导基金及其出资设立的国有创业投资企业；

2、国家发展改革委、财政部出资设立并在本市工商注册的国有创业投资企业；

3、经市发展改革委备案并处于年度检查有效期内的其他国有创业投资企业。

第三章 决策管理

第八条 本市国有创业投资企业应当重点投资国家和本市战略性新兴产业，或与本企业主业相关的产业，支持和帮助相关领域中小企业发展。

发起人或有关部门对创业投资企业对外投资有特殊要求的，应在公司章程中予以明确。

第九条 国有创业投资企业应在公司章程中体现国资监管的一般要求和规定，对投资事项和股权退出有特殊要求的，应在公司章程中明确一般性约束条件，并在具体项目中对约定条件予以细化和明晰。

第十条 国有创业投资企业可以根据《创业投资企业管理暂行办法》有关规定，在投资协议中对转让方式、转让条件、转让价格、转让对象等一项或若干项进行事前约定。

第十一条 国有创业投资企业在投资协议中事前约定股权转让事项的，国有创业投资企业决定

后，应通过第一大股东逐级上报出资监管企业或区（县）国资委备案后方可实施。国有股东并列第一大股东的，由股东协商后确定上报主体。

第十二条 出资监管企业或区（县）国资委应对股权转让项目的转让方式、转让价格、价款收取等约定事项严格审核，审核通过后，按照规定进行备案，每半年将备案情况向市发展改革委和市国资委报告。

第十三条 国有创业投资企业转让股权，由国有创业投资企业股东会、董事会、投资决策委员会按照法律规定、公司章程及内部决策程序决定，对股权转让项目的转让方式、转让价格、价款收取等重要事项进行审议并作出书面决议。

第十四条 国有创业投资企业转让股权时，投资协议中对转让事项事前约定并按规定履行备案的，可按事前约定依法决策。

第十五条 国有创投企业未对股权转让价格事前约定的，在股权转让决策时，应当以独立的具备相关资质的中介机构出具的估值报告为依据定价。

第四章　交易管理

第十六条 国有创业投资企业股权转让应当按照国家和本市企业国有产权交易的有关规定，在联交所公开进行。

第十七条 联交所应指定专门部门和人员负责国有创业投资企业股权转让事宜，严格审查转让条件，发现问题及时向相关部门反馈。

联交所应每半年向市发展改革委和市国资委报告国有创业投资企业股权转让交易情况。

第十八条 国有创业投资企业转让股权，事前没有约定，或者约定不明的，按照《企业国有产权转让管理暂行办法》有关规定提交转让文件和实施交易，法律法规和本办法有特殊规定的除外。

第十九条 国有创业投资企业转让股权，符合本办法事前约定有关规定实施转让的，交易和收费按照审批协议转让程序办理。联交所应当对下列材料进行审查：

1、市发展改革委出具的《备案通知》和有效期内的《年检通过通知》；

2、投资协议；

3、国有创业投资企业对转让股权的有关决议文件；

4、出资监管企业或区（县）国资委出具的备案表；

5、估值报告（本办法有特殊规定的除外）；

6、其他材料。

第五章　监督检查

第二十条 国有创业投资企业应建立股权转让项目专项档案，建立文件收集、使用、查询管理办法，加强档案管理。股权转让项目专项档案应当包括股权转让事项涉及的决策文件、估值报告、股权交易情况等相关文件资料。

第二十一条 国有创业投资企业应当建立健全股权转让内部管理制度，完善企业内部决策程序，加强内部管控，规范股权转让工作。股权转让内部管理制度应当上报第一大股东所属出资监管企业或区（县）国资委备案。

第二十二条 出资监管企业或区（县）国资委应指定专门部门和人员对国有创投企业制度建设、档案管理、投资决策、转让股权等加强监管，发现问题及时报告市发展改革委和市国资委。

第二十三条 市国资委会同市发展改革委、市产管办等有关部门定期或不定期对国有创业投资企业的转让股权项目进行监督检查。

第二十四条 国有创业投资企业股权转让监督检查的重点是检查国有创业投资企业股权转让内部管理制度、档案管理制度、规范决策、股权交易等情况，发现违规操作的，将追究有关人员责任。

第六章　附　则

第二十五条 《上海市创业投资引导基金管理暂行办法》对市政府成立的创业投资引导基金转让股权有特殊规定的，适用特殊规定。

第二十六条 本规定由市发展改革委、市国资委负责解释。

第二十七条 本规定自发布之日起实施。

上海市国资委等部门关于上海市文化类企业国有产权交易有关事项的通知

2010年12月31日 上海市国资委、市工商局、市产管办 沪国资委产权 [2010] 566号

各相关单位：

为促进上海文化产业发展，根据本市支持文化产业发展繁荣的有关文件精神，现将文化类企业国有产权交易有关事项通知如下：

一、自2010年11月1日起，文化类企业国有产权通过上海文化产权交易所（以下称：文交所）实施试点交易。交易范围包括：1、本市（包括区县）宣传文化系统下属的国有企业及其控股企业的国有产权；2、文化类企业国有产权转让属于《上海市文化产业投资指导目录》中的限制类、禁止类产业规定情形的（见附件）。

市国资委出资监管企业投资形成的文化类企业国有产权可以通过上海联合产权交易所进行交易。

二、文交所应根据《企业国有产权?让管理暂行办法》（国资委3号令）、《上海市产权交易市场管理办法》（市府36号令）、《上海市产权交易市场管理办法实施细则》（沪国资委产 [2009] 270号）等相关规定，按照国务院国资委和本市企业国有产权交易操作规则的要求，组织文化类企业国有产权交易。

三、在文交所完成的文化类企业国有产权交易，由文交所和上海联合产权交易所共同盖章、出具产权交易凭证；凭此凭证到工商等部门办理有关变更手续。

四、上海市产权交易管理办公室依照相关规定，对文交所组织企业国有产权交易行为履行监管职责。

附件：《上海市文化产业投资指导目录》有关限制类、禁止类产业目录（略）

江苏省财政厅等部门关于开展非上市股份有限公司股权登记工作的通知

2010年11月12日 江苏省财政厅、省金融办、省工商局、省国资委 苏财工贸[2010] 102号

为了规范我省非上市股份有限公司（以下简称“非上市公司”）的股权管理，明晰非上市公司股权关系，维护非上市公司股东和相关权利人的合法权益，拓宽企业融资渠道，促进非上市公司健康、持续发展，依据《中华人民共和国公司法》、《中华人民共和国公司登记管理条例》和其他法律法规的相关规定，对在我省登记注册的非上市公司开展股权登记工作，现就有关事项通知如下：

一、本通知所称股权登记是指股权登记机构接受非上市公司的委托，管理非上市公司股东名册、办理股权登记、提供股权管理服务的活动。

二、股权登记工作由经政府批准设立的股权登记机构承办。江苏省股权登记中心应积极建立全省统一的非上市公司股权登记数据库。已设立股权登记机构的地方由财政、国资、金融办等部门共同协调各地股权登记机构与省股权登记中心共同开展股权登记工作，避免出现重复登记现象。

三、股权登记机构的职责：接受非上市公司的委托，管理非上市公司股东名册，为非上市公司提供股权初始登记、变更登记、股权冻结等股权登记服务；为已办理股权登记的非上市公司及其股东提供股权质押、分红派息、股权查询、股权证明、股权账户开立与挂失、信息发布、投融资咨询等股权管理服务。

四、积极引导在我省范围内设立的非上市公司在股权登记机构办理股权登记。非上市公司依据《公司法》及公司章程的规定，对股权登记形成决议后，可以直接向股权登记机构提出股权登记申请。

五、工商行政管理机关在为非上市公司办理涉及股东变更的章程备案和股权出质、股权出资登记时，可以查验股权登记机构出具的股权登记证明材料。

六、股权登记机构应建立全省统一的非上市公司股权登记信息管理系统，并与工商行政管理机关建立股权登记、股权质押等信息的数据交换机制，保证股权登记工作规范、有序的开展。

七、非上市公司的国有股东在申请办理国有股权转让时，应当提供股权登记机构出具的股权登记证明材料。

八、非上市公司在申请财政性资金扶持时，应向相关部门提供股权登记机构出具的股权登记证明材料，供相关部门审核。

九、省金融办等部门在对企业上市申报材料审核时，可根据需要查验审核股权登记机构出具的股权登记证明材料。

十、省财政厅与省金融办、省工商局、省国资委共同建立联合协调机制，负责协调、解决非上市公司股权登记工作中出现的问题。股权登记机构应建立健全股权登记的相关制度、办法和实施细则，报省财政厅、省金融办、省工商局、省国资委备案。

武汉市中级人民法院关于将涉讼土地、房产拍卖以及涉讼资产评估、拍卖、变卖工作委托政府平台协助办理的若干问题的通知

2010年7月30日 湖北省武汉市中级人民法院 武中法[2010] 178号

各基层法院、本院各部门：

2010年3月，经市院党组研究，结合武汉法院实际，决定开展司法对外委托工作和监督机制的创新探索。

将司法对外委托评估、拍卖等工作纳入政府公共交易平台运作，是市法院党组围绕最高法院的“三项重点”工作，结合我市法院近几年司法实践和反腐倡廉实际进行的一次司法鉴定对外委托机制的创新，这是我市法院公正执法、司法为民的具体实践，也是积极探索建立源头预防腐败机制的一项重要举措。这将从制度上有利于把司法行为置于社会群众的广泛监督之下，增强司法透明度；有利于最大化实现涉讼资产价值，提高案件处理的公正性和效率；有利于扩大办案的社会效果和法律效果，切实维护当事人各方利益，从而使司法公信力得到有效提高。

为了使全市法院涉讼土地、房产拍卖以及涉讼资产评估、拍卖，变卖工作委托政府平台协助办理工作顺利开展，现将相关情况作如下说明，请在具体工作中遵照执行。

一、关于新、旧案件适用新规定的基本原则

全市法院涉讼土地、房产拍卖以及涉讼资产评估、拍卖、变卖工作委托政府平台协助办理工作于2010年8月1日正式启动。涉及上述工作相关新规则（试行）已经印发。

2010年7月31日前由市法院司法鉴定部门摇号已确定受托中介机构的案件，其办理程序按原规定执行。7月31日以后需委托的案件，由市、区法院的对外委托部门分别直接委托到武汉市土地交易中心或武汉光谷联合产权交易所。

此前旧案因审计、评估报告已超过有效期限；或中介机构因故已退案；或法院因故撤回的等，需重新启动程序时均按新规定执行。暂缓、中止及流拍案件重新恢复拍卖时，如无特殊情况，一般由原随机选择的机构继续执行。

二、关于对外选择中介机构的问题

（一）全市法院涉讼土地、房产以及其他涉讼资产对外委托评估（含审计、工程造价、特殊类）、拍卖、变卖（法律、法规有专门规定除外），应当按委托类项一律分别委托到武汉市土地交易中心、武汉光谷联合产权交易所（下称“两个平台”）进行。

（二）交易中心是否选择中介机构，由该中心依需要决定；联交所在公开随机选择中介机构时，可以续用市法院2008年1月编制的《司法鉴定拍卖机构、破产案件管理人名册》。在省法院相关新的《名册》公布并实施后，可按新《名册》执行。

（三）对外司法委托鉴定事项所涉及的专业未纳入《名册》时，联交所可以根据法院委托事项的要求，从社会具有相关专业资质的机构中择优选定，并应由审判、执行人员征求双方当事人的意见；一方当事人提供相关专业的信息，经委托法院审查认为符合条件的，可确定为受托鉴定机构，并告知对方当事人，但对外委托事宜应当交由联交所办理。

三、关于案件督办人的职责

全市法院均应当设立司法对外委托案件督办部门或者专门督办人员。督办人应当与案件承办部门

密切配合，并协助解决本院对外委托案件工作中有关程序性问题。其职责为：

（一）监督“两个平台”组织进行的评估、拍卖、变卖活动；

（二）及时移送相关委托材料及标的物权属证明；

（三）审查拍卖机构草拟的拍卖公告、竞买须知、竞买协议文本、拍卖成交确认书、变卖公告等相关法律文书，确定拍卖、变卖公告刊登范围及刊登媒体，并将拍卖公告转送案件承办人；

（四）检查竞买人的登记记录，审查对竞买人资格提出的异议，确定其是否具有竞买资格；是否在指定的帐户交纳了保证金，除申请执行人外，未预交保证金的，不得参加竞买；

（五）审查优先购买人的权利是否得到保障；

（六）检查拍卖标的瑕疵是否已向竞买人履行了告知义务；

（七）委托费用数额以参照行业标准为主、协商为辅的方法确定。对报价过高的要制止。对无故逾期不缴纳委托费用的，经与案件承办部门联系后仍无其他解决办法的，可中止委托，并书面通知受委托中介机构退案。中介机构的退案函应明确载明原因或理由；

（八）督办人应协助政府交易平台，组织受委托中介机构、当事人、案件承办人进行听证；

（九）督办人应当督促中介机构在规定的期限内完成受委托工作。中介机构延期应当书面申请、载明主要原因与理由，报对外委托部门负责人审批，同时应函告案件承办人；

（十）案件承办部门通知鉴定人出庭时，督办人可予以协助；

（十一）发现违法违规的情况，应及时制止。对不履行法定义务或违反相关规定，造成恶劣影响的，应及时通报有关管理部门、行业协会或行业主管部门。

四、关于案件承办人的职责

案件承办人是指对外委托案件的审判人员或执行人员。承办人应当与本院案件督办人密切配合，及时完成对外委托案件证据、资料收集、补充以及质证、论证等实体性环节的工作，以使委托工作按时保质完成。其职责为：

（一）按照对外委托案件的分类收案标准，收集、调取、质证、论证对外委托案件的必备资料和主要证据以及明确案件对外委托的目的和要求。符合收案标准的，依程序移送本院对外委托部门办理委托手续；

（二）提前通知各方当事人到选择机构现场，并现场确认选择的中介机构。当事人不到场的，可将选择中介机构的情况，以书面形式送达当事人；

（三）根据本院案件督办人书面通知要求，带领当事人参加拍卖、变卖等现场的协同监督；带领当事人参加相关现场的勘验等过程；

（四）确定拍卖、变卖标的物权属，查明标的物状况和有无瑕疵等；

（五）确定拍卖保留价、整体或分拆拍卖方式、拍卖成交款支付方式以及变卖价格；

（六）通知当事人、担保物权人、优先购买权人、其他优先权人或者其他利害关系人于拍卖日到场等相关事宜，并对拍卖现场予以监督；

（七）拍卖多项财产时，其中部分财产卖得的价款足以清偿债务和支付被执行人应当负担的费用后，对剩余财产的拍卖是否符合规定进行审查；对不可分或分别拍卖可能严重减损其价值的，决定是否合并拍卖；

（八）裁定和办理标的物交付；

（九）涉讼资产成交价款管理；

（十）决定举证时效、证据的质证与采信、评估基准日、拍卖保留价的确定、拍卖撤回、暂缓、中止等实体内容；

（十一）发现违法违规的情况应及时制止，并向督办人反映。

五、关于如何执行武中法[2008]116号通知规定

2008年6月26日，市法院制定的《武汉市中级人民法院对外委托管理工作暂行规定》［武中法（2008）116号］（下称暂行规定），是指导全市法院开展对外委托工作的管理规范。

2010年8月1日起，全市法院涉讼土地、房产拍卖以及涉讼资产评估、拍卖、变卖工作委托政府平台协助办理，其委托程序均按新的规定(试行)执行。但由于新的规定尚在试行阶段，不可能涵盖《暂行规定》的其他相关内容，因此，新的规定中没有涵盖的内容，仍按《暂行规定》执行。

六、其他

（一）各基层法院每月继续做好对外委托案件的统计报送工作，全市法院仍将坚持季度通报制度。

（二）各基层法院应当固定专职或相对固定的兼职督办人员，以便熟悉对外委托工作情况和办理程序。

（三）督办人应当认真学习和掌握法院与“两个平台”联合制定的工作规则，应当尊重“两个平台”工作人员，支持他们对相关工作的合理安排。在有利工作、提高效率、遵守规则、保障廉洁的前提下，与其工作人员密切配合，遇有问题或困难时，耐心协商，争取及时、妥善解决。

陕西省财政厅关于省级行政事业单位国有资产集中处置的通知

2010年3月24日 陕西省财政厅 陕财办采资[2010] 8号

省级各部门、单位：

为贯彻落实《陕西省行政事业单位国有资产管理实施办法》（陕财办资[2007] 4号，以下简称《实施办法》）和《行政事业单位国有资产处置管理暂行办法》（陕财办资[2008] 29号，以下简称《处置办法》），加强省本级行政事业单位国有资产处置管理，保证国有资产处置工作依法规范进行，我们制定了《省级行政事业单位国有资产进场交易业务规则》（见附件），现印发给你们，并将省本级行政事业单位国有资产集中处置有关问题通知如下：

一、行政事业单位国有资产集中处置，是指省级各部门、单位的行政事业国有资产，按照公开、公正、公平的原则，通过省政府批准设立的产权交易机构（西部产权交易所），采取拍卖、电子竞价、招投标、协议转让及国家法律、行政法规规定的其他方式进行处置。国家法律法规另有规定的除外。

二、行政事业单位国有资产集中处置的范围

（一）土地、房屋、建筑物及附属设备、设施；

（二）机动车；

（三）单位原始价值或批量原始价值10万元（含10万元）以上的资产；

（四）财政部门另有规定要求集中处置的资产。

上述范围之外的资产，行政事业单位经批准无偿调拨、捐赠的资产，涉及国家机密及国家规定不进行公开处置的资产可不进场交易。

三、行政事业单位国有资产集中处置程序

（一）不可移动资产。

1．资产占有方向省财政厅或主管部门提交资产处置申请；

2．省财政厅或主管部门批复后，由资产占有方根据有关规定委托经省财政厅认可的评估机构对拟处置资产进行评估，并将评估报告上报省财政厅核准或备案，同时提供相关资料并通知西部产权交易所核验；

3．资产占有方与西部产权交易所签署《行政事业单位国有资产处置委托书》；

4．由西部产权交易所组织交易活动，办理过户手续；

5．处置收益上缴国库或财政专户。

（二）可移动资产。

1．资产占有方向省财政厅或主管部门提交资产处置申请；

2．省财政厅或主管部门批复后，由资产占有方组织对资产进行清点，提供相关资料并通知西部产权交易所接收；

3．交易所组织核实、接收和保管，同时出具《行政事业单位国有资产接收清单》；

4．由西部产权交易所组织交易活动，办理过户手续；

5．处置收益上缴国库或财政专户。

四、废弃电气电子产品

各单位废弃的电气电子产品，应交给已在主管部门备案的废旧家电及电子产品回收处理企业，进行资源化、无害化处置。任何单位不得将废旧电气电子产品交给未经备案的企业和个人收集处理，也不得随意弃置或混同生活垃圾处置。为充分发挥资产使用效益，对技术性淘汰但仍有一定使用价值的废旧家电，由省财政厅统一调配，未经省财政厅批准，不得以捐赠的方式自行处置。

五、行政事业单位国有资产处置收益的管理

行政事业单位国有资产处置收益，按照我省《实施办法》和《处置办法》的规定，缴入省级国库或财政专户。

（一）由西部产权交易所组织集中处置的资产所取得的收入，由西部产权交易所作为执收单位，填制《陕西省非税收入一般缴款书》，全额缴入省级国库或财政专户。

（二）按规定经审批后，由行政事业单位自行出售、置换资产取得的收入，由资产占有单位作为执收单位，按照政府非税收入收缴的有关规定，填制《陕西省非税收入一般缴款书》，全额缴入省级国库或财政专户。

附件：《省级行政事业单位国有资产进场交易业务规则》（略）

本栏目审稿：安　冈

中国产权市场年鉴2011

China Property Rights Exchange Market Yearbook

附　录

中国产权市场年鉴 附录 2011

中国企业国有产权交易机构协会概况

（一）

中国企业国有产权交易机构协会是由民政部批准成立，由国内从事企业国有产权交易业务的产权交易机构组成的全国性、行业性、非营利性社会组织，业务主管单位为国务院国有资产监督管理委员会，首批机构会员66家。

协会宗旨为：遵守国家宪法、法律、法规和政策，遵守社会道德，坚持创新性、自律性的原则，发挥政府与会员之间的桥梁和纽带作用，加强行业自律，为我国企业国有产权交易市场的规范发展服务，为维护协会会员的正当利益服务，为政府的决策和监管服务。

协会业务范围：1．宣传、贯彻国家关于企业国有产权交易的有关法律、法规和政府的相关政策，协助政府有关职能部门、机构，监督企业国有产权交易市场，规范企业国有产权交易行为；2．研究产权交易领域的新情况、新问题，向政府有关部门及时反映产权交易市场发展的相关要求，提出完善政策和立法等方面的建议；3．收集并发布行业信息，研究开拓新业务，促进行业资源共享；4．制定行业执业标准和自律规则，督促会员执行；5．维护会员的合法权益，协调会员间的关系；6．开展行业统计分析等工作，组织调查研究，提供咨询服务；7．开展有关企业国有产权交易理论学术研究和业务开发等工作；8．组织行业的培训、推动业务交流与合作；9．发展行业公益事业；10．承办政府及有关部门的委托事项；11．开展符合协会宗旨的其他活动。

协会会标为蓝色徽章式。中心为“五角星”、4条“竖线”加“环形线”及“天平”，整体意蕴庄严、和谐、厚重。“五角星”代表国家级行业协会；4条笔直“竖线”代表资产（具象化为建筑物），与“环形线”整体形成一个中国的“中”字，寓意国有资产；“环形线”兼具交易与保护的含义，寓意在国有产权交易过程中，协会负有协调、沟通、服务、管理的职能，以促进国有资产保值增值；“天平”寓意国有产权交易的公开、公平、公正。协会组织机构包括会员大会、理事会和常务理事会。最高权力机构为会员大会，由全体会员组成。

协会常设办事机构秘书处，秘书处下设（暂设）办公室（综合部）、会员部、信息部。协会下设5个专业委员会为分支机构：国际交流与合作培训委员会，负责组织行业的国际合作交流与培训、会员合作等项工作；业务标准研究委员会，负责研究全国范围内统一的交易规则和业务标准，组织调研并逐步完善风险动态监督防范和预警机制；政策研究与自律委员会，负责对全国产权市场政策法规的完善进行研究，起草行规行约并监督会员履行义务；纠纷调处委员会，负责对全国产权市场会员在产权交易合作中的利益和工作纠纷问题提出处理意见；市场创新委员会，负责对全国产权市场的体制创新、机制创新和业务创新提出意见和建议。5个专业委员会已经民政部批准正式运行。协会举行了专业委员会聘任仪式，研究确定了专业委员会工作职责和工作计划。

上海联合产权交易所总裁蔡敏勇当选为首届会长，北京产权交易所董事长熊焰当选为首届副会长，国务院国资委纪律检查委员会副书记夏忠仁任秘书长。

中国企业国有产权交易机构协会为国务院国资委直管协会，也是国务院国资委自2003年春成立以后推动组建的第一个协会。首批66家会员机构均为全国各省级国资委发文正式选择确定的企业国有产权交易机构。

（二）

产权，是所有制的核心和主要内容。作为产权交易机构的同业组织，中国企业国有产权交易机构协会渊源于中国特色社会主义市场经济体系的确立与完善，并且，与在国有企业改革和经济结构战略调整过程中兴起的产权市场息息相关。国务院国资委成立后，企业国有产权进场交易制度得以确立，企业国有产权交易市场进入了快速发展阶段。据不完全统计，截至2010年底，国内产权交易机构已发展到200余家，年交易额数千亿元。产权市场发展呼唤成立行业组织。如何保持整个市场有序、持续、健康地发展，如何在规范的同时不断创新，成为行业无法回避的问题。

在国务院国资委主导下，企业国有产权交易规则实现了全国统一，市场规范程度和整体形象得到提升。同时借助信息化手段，使交易规则在企业国有产权转让的各个具体操作环节上真正得到执行，以信息化促进规范化，减少人为因素对产权交易过程的影响和干预。现在已经形成了较为有效的企业国有产权交易监管机制。一是建立相关部门共同参与的监管体制。国务院国资委作为牵头单位，会同财政部、监察部、发改委、工商总局、证监会等有关部门建立了企业国有产权进场交易的监督检查机制和对产权交易机构规范操作情况的综合评审机制，定期对产权交易机构进行综合评审。二是利用信息化手段实现对国有产权交易的动态监测，企业国有产权交易监测系统已实现了与全国26个省级国资委和该省（区、市）国资委所确定的1家产权交易机构的联通。三是建立了对企业国有产权转让的定期监督抽查和产权转让公告备案制度，确保相关规章制度在实际工作中得到贯彻执行。

有了政府部门的有效管理，快速发展的中国产权市场也在急切呼唤着自己的行业组织，为业界与政府间搭起沟通的桥梁，加强行业自律，满足业界服务需求。2003年11月，全国20多家机构共同发起筹建“中国产权交易行业协会”，成立了由上海产权交易所总裁牵头，天津、北京、湖北、黑龙江4省市产权交易机构主要负责人参加的5人筹备组。2006年7月，经时任国务院国资委主任李荣融批准，产权局组织召开了“中国产权交易协会发起人会议”，时任产权局副局长邓志雄主持会议，来自上海、天津、北京、湖北、黑龙江、陕西、广州、河北、重庆、江苏、青岛等地11家产权交易机构的主要负责人以发起人身份出席。此次会议发出了成立产权行业自律性组织的倡议。一方面，在政府和交易机构之间搭建一个顺畅沟通的平台；另一方面，交易机构通过加强自律，可以进一步扩大产权市场的影响力。会议选举上海联合产权交易所总裁蔡敏勇为协会筹备组组长，北京产权交易所总经理熊焰为筹备组副组长，11名发起人为协会的常务理事。正所谓“好事多磨”，此后5年多，国务院国资委领导和产权局为此做了大量工作，业界同仁们奔走着、运作着、企盼着，使美好愿景渐行渐近。2011年2月15日，在国务院国资委和民政部的关怀、指导和支持下，终于迎来了行业协会揭牌的时刻。在协会成立大会上，国务院国资委副主任黄淑和，中国企业联合会、中国企业家协会会长王忠禹，民政部民间组织管理局局长孙伟林，中国企业国有产权交易机构协会会长蔡敏勇、副会长熊焰，共同为协会成立揭牌。国家有关部委、相关行业协会、地方国资委、产权交易机构以及业务合作单位的代表200余人出席了大会。国务院国资委副主任黄淑和做了重要讲话，指出了协会工作的方向：一是要坚持市场化发展方向，实现规范化运作；二是要加强协会自身建设，准确把握自身定位；三是要树立服务宗旨，切实发挥桥梁纽带作用；四是要在推动和拓展市场发展空间的同时，注意防范市场风险。

（三）

协会成立以来，依据章程，先后召开了一届二次理事（扩大）会议、一届一次常务理事会会议和若干次会长办公会会议，研究部署重大问题、重要事项、重点工作，扎实推进各项工作。

确定了两年工作思路。协会核心领导层高度重视工作思路的选择与确定，认为，思路通，路路通。协会成立于“十二五”开局之年，既是机遇也意味着挑战，谋划好工作思路才能确保协会工作起好步、上好路。协会2011和2012两年工作思路在一届二次理事（扩大）会议原则通过的基础上，又根据国资委在北京昌平、武汉两次产权管理工作会议精神，进行了较大幅度修改，加进了确立产权管理工作“基础性、枢纽性、战略性”地位、推动“国有企业改革上新水平、国有产权管理上新台阶”、加强产权管理工作的“规范化、程序化、信息化、制度化”、致力打造“国际资本进出中国市场的重要平台”、建设“世界一流企业”等一系列重要论断、重大部署、重点工作。4月9日向各会员单位发出了《关于印发〈中国企业国有产权交易机构协会今明两年工作基本思路〉的通知》。为确保工作基本思路落到实处，秘书处采取目标分解、职责挂钩的方式推进落实。

发布了《会员管理办法》及《实施细则》。为适应会员管理工作需要，协会制定并发布了《会员管理办法》及《实施细则》，就开展会员培训、外事考察和产权交易职业资格认证等工作进行了调研，启动会员发展和会员培训。就建立全国产权交易职业资格认证体系进一步组织调研，拿出具体实施方案。

创建了“中国产权协会网”。协会调集会员单位特别是常务理事单位的人才、技术、资源，启动了网站创建工作。综合常务理事单位的要求，充分沟通协调，达成了“常规消息先行上线、国资产权信息再发布随后跟进”的“两步走”工作安排，在国资委信息中心支持下，“中国产权协会网”于5月25日上线试运行。协会专用邮箱于8月初正式开通，方便了与各会员机构的邮件往来，增强了文件传递的保密性和安全性。由产权局指导，并给予经费支持，启动“产权交易信息再发布平台”建设，提出了信息再发布系统开发需求方案，着手开发网站互动功能模块，以充分发挥协会网站的作用。

选定了《产权导刊》为协会会刊。《产权导刊》是国内众多财经类期刊中唯一公开发行的产权专业期刊，由天津产权交易中心主管和主办，在业界具有广泛的影响力。协会成立后，在天津产权交易中心的大力支持下，从7月号开始，《产权导刊》正式成为协会会刊，拟改为协会主管、天津产权交易中心主办，继续发挥着宣传行业品牌、展示行业形象、提升行业影响力的作用。

举办了“2011中国产权市场创新论坛”。由协会主办、中国产权市场创新联盟和沈阳联合产权交易所共同承办的“2011中国产权市场创新论坛”于7月17日在沈阳成功举行。该论坛是协会成立后首次举办的全行业的活动。来自全国66家会员产权交易机构的主要负责人参加了本届论坛。国务院国资委产权局和协会办、辽宁省国资委暨沈阳市政府及有关部门负责人出席了论坛。论坛主题为“规范创新——产权市场的未来之路”，旨在紧紧围绕国家“十二五”规划关于“加快转变经济发展方式”的主线和与之相应的“协调、创新、民生、低碳、改革”的基本要求，于“十二五”的开局之年探讨在国家扶持与发展新兴产业的宏观形势下构建新型资本市场。会议取得了显著的效果。

举办了全国产权交易行业第一期业务培训班。由协会主办、天津产权交易中心承办的“全国产权交易行业第一期业务培训班”，于2011年10月25日至28日在天津成功举办。这是协会成立以来第一次组织行业人员集中业务培训。来自全国70多家产权交易机构的118名管理人员、业务人员参加学习，并以合格成绩获得结业证书。这次培训班的成功举办，标志着全行业系统业务培训的起步，并将推动产权交易行业职称评定和从业资质认证列入国家职称评定序列的工作加快步伐。

参与了第五届中国企业国际融资洽谈会系列活动。协会派员参加了由天津市政府、全国工商联、科技部等共同主办的第五届中国企业国际融资洽谈会，推出了《发展中的中国产权市场》专题展览，展现了协会风貌，推介了行业品牌。本届融洽会为期3天，有来自20多个国家和地区以及国内30多个省市的近3500家机构参会。大会主题为“科技金融”。

推动了主体业务的开展。向各理事单位征集产权交易典型案例，编辑出版《全国产权交易案例选编》。以2011中国产权市场创新论坛论文为基础，编辑出版《新时期中国产权市场创新论文集》。进行产权交易市场现状与前景的调查研究，掌握会员机构业务运行状态，评估潜在风险与机遇。依托专协会品牌建设规划。会同国家统计局研究制定全国产权市场统一的统计调查制度。主办《2011中国产权市场年鉴》。

在党中央、国务院关于加快转变经济发展方式的战略思想指引下，协会将紧紧把握国有企业深化改革、产业结构布局优化、区域经济协调发展以及经济转型、创新发展进程中的重大历史机遇，充分发挥好“规范自律、协调服务、创新发展”的职能，从更宽领域、更大范围和更深层次提高产权市场服务能力，推动企业国有产权进场交易，实现行为阳光化、交易电子化，建立和完善国有资本有进有退、合理流动机制，推动国有产权的有序流转和优化配置，携手共创中国产权市场“规范、创新、健康、有序”发展的新局面。协会将牢固树立服务会员的理念，把协会办成各交易机构广泛认同的“会员之家”，使会员单位在这个大家庭里实现互利共赢。

（撰稿：协会秘书处信息部）

2010年度中国企业国有产权交易机构协会会员机构大事记

（会员机构按行政区划代码排序，事件按时间排序）

北京产权交易所有限公司

2010年1月8日，由北京环境交易所发起的“中国碳中和联盟”在北京市正式启动，该联盟是国内首个碳中和联盟组织。

2010年1月26日，北京产权交易所与中国农业银行签署全面战略合作协议，公开处置剥离的不良资产置，实现优势互补、强强联手，为社会提供更好的金融服务。

2010年4月7日，中共中央政治局委员、北京市市委书记刘淇，北京市市长郭金龙、市委副书记王安顺、常务副市长吉林一行到北京产权交易所视察。

2010年4月8日，北京工美集团有限责任公司宣布全面借助北京产权交易所文化投融资服务平台，推广奥林匹克中心区“北京工美艺苑”文化创意产业项目。

2010年4月8日，中国光大银行联合北京环境交易所在京正式宣布，将把光大银行打造成中国首家“碳中和”银行。

2010年4月26日，津巴布韦国有企业部部长加布扎阁下、津巴布韦驻华大使馆特命全权大使沙瓦阁下带领津巴布韦共和国国有企业部代表团一行访问北京产权交易所。

2010年5月18日，北京环境交易所携手中国节能协会节能服务产业委员会，正式宣布全球首创的合同能源管理投融资交易平台将于6月5日正式推出并上线运行。

2010年5月20日，台湾并购与私募股权协会黄齐元理事长率代表团一行到北京产权交易所考察访问。

2010年5月30日，北京金融资产交易所举行成立揭牌仪式。北京市市长郭金龙、常务副市长吉林、中国人民银行副行长刘士余，以及国家和北京市有关部门负责同志出席揭牌仪式。

2010年6月2日　由北京产权交易所等金融机构发起的“北京文化金融中介服务平台”正式宣告成立。

2010年6月5日，由北京市金融工作局、北京市东城区人民政府、国家发改委能源研究所、北京绿色金融协会主办，北京环境交易所承办的“地坛论坛”开幕，主题为“绿色金融与可持续发展”。

2010年6月2日，北京产权交易所协助国务院机关事务管理局召开“中央行政事业单位股权类资产处置研讨会”，来自国务院机关事务管理局及各中央行政事业单位的20多位代表参加了此次会议。

2010年7月14日，“中国工商银行股份有限公司与北京金融资产交易所有限公司战略合作协议签字仪式”举行。北京市常务副市长吉林、北京市政协副主席黎晓宏等出席签字仪式。

2010年7月30日，北京石油交易所在京宣布正式投入运营，北京市市长郭金龙、常务副市长吉林、副市长程红、市政协副主席黎晓宏以及中国石油天然气集团公司、中国中化集团公司、中国海洋石油总公司等央企高层领导出席了运营仪式。

2010年8月17日，由中国技术交易所联合北京大学知识产权学院、知识产权出版社及数十家会员机构共建的知识产权一站式服务平台（Intellectual Property One-stop Service，简称“IPOS平台”）正式启动。

2010年8月24日　中共中央书记处书记、中央纪委副书记、惩治和预防腐败体系领导小组组长何勇一行赴北京产权交易所调研，肯定了产权交易机构在搭建规范产权交易平台方面所做的工作以及所取得的成绩。

2010年8月28日，北京市常务副市长吉林、市政协副主席黎晓宏到北京产权交易所考察调研，高度肯定了北京产权交易所在推进首都要素市场建设中做出的重要贡献。

2010年9月20日，北京金融资产交易所“信贷资产交易规则发布仪式”举行，首批10个信贷资产包正式挂牌，总金额达98.8亿元。

2010年9月29日，北京产权交易所驻沪办事处揭牌仪式在上海市举行。

2010年10月13日，“中国技术交易所成都交易中心揭牌仪式”在四川省成都市举行，北京产权交易所所属的中国林权交易所、北京黄金交易中心也同时在成都市设立分支机构。

2010年10月15日，由北京国际矿业权交易所研发的“北京市矿业权交易电子管理平台”正式上线。

2010年10月22日，中证指数有限公司、北京环境交易所和VantagePoint Partner就中国低碳指数的进一步商业化开发运营达成了合作关系。

2010年10月26日，“中央企业院校重大科技成果在京转化落地项目签约仪式”举行，中共中央政治局委员、北京市委书记刘淇，北京市市长郭金龙等领导出席签约仪式。

2010年10月27日，唐华银电力股份有限公司金竹山火力发电分公司关停机组资产正式在北京产权交易所进行公开处置，挂牌价为7270万元的标的，经过前后共计117轮竞价后，最终成交总额为11720万元，相对于挂牌价增值率高达61.21%。

2010年11月4日，北京产权交易所举办了“2010年北京市行政事业单位资产处置工作会议”，北京市及各区县财政部门对北京产权交易所在行政事业单位资产处置工作上取得的成绩给予了充分肯定。

2010年11月13日，北京金融资产交易所发布了《北京金融资产交易所私募股权交易规则》，并向首批私募股权交易会员授牌。

2010年11月18日，“北京文化创意产业投融资项目推介会”在北京产权交易所举行。

2010年11月30日，“北京产权交易所集团2010国际投资日活动”举行。来自南非、俄罗斯、澳大利亚、日本4个国家的13个融资项目在投资日上集体亮相。

2010年12月3日，中国人民银行副行长刘士余一行到北京金融资产交易所考察。

2010年12月16日，“中国科学院计算技术研究所首届专利拍卖会”在中国技术交易所交易大厅举行，来自国内的8家企业最终竞得28件标的，总成交金额近300万元。

天津产权交易中心

2010年1月26日，天津产权交易中心在德国法兰克福设立办事处签约仪式在天津市举行。

2010年3月2日，天津市农村工作委员会副主任张世纬带领有关处室领导到天津产权交易中心调研，双方就共同关心的农村产权市场建设等事宜进行了深入探讨和交流。

2010年3月16日，天津产权交易中心邀请天津市检察院二分院检察官为全体员工作“立稳人生目标，廉洁自律建设”专题讲座。

2010年4月23日，黑龙江省省长助理、省国资委主任赵杰一行考察天津产权交易中心和天津股权交易所，双方就业务工作进行了广泛和积极的交流。

2010年5月5日，天津股权交易所渤海股权交易中心创建签约仪式举行，本次合作不仅是天津股权交易所双层次市场体系的完善，同时建立了河北中小型企业直接融资的重要平台，推动产权交易向股权交易转型。

2010年6月10日，第四届“中国企业国际融资洽谈会”在天津市举行。天津产权交易中心再次代表组委会邀请并组织各地部分产权交易机构参会。

2010年6月11日，中国长城资产管理公司与天津产权交易中心共同出资组建的天津金融资产交易所揭牌开市，首日共成交项目8宗，成交金额6104.2万元，涉及金融债权总额8093万元。

2010年7月26日，天津股权交易所借鉴国外市场的成功经验，结合现阶段建设多层次资本市场的特有环境，推出了新的监管模式——市场监管联委会制度。市场监管联委会制度显著区别于以往由上而下的直线型垂直监管模式，使各市场主体从被监管者转变角色为监管参与者，充分调动和发挥了各市场主体行业自律的力量。

2010年8月18日，天津股权交易所渤海股权交易中心在河北省沧州市举行开业仪式。中共河北省委常委、常务副省长付志方，中共天津市委常委、副市长崔津渡为其揭牌。

2010年8月30日，中共天津市委副书记、市长黄兴国，副市长任学锋，秘书长李泉山一行视察天津金融资产交易所。

2010年9月10日，江西省发改委、省国资委、省证监局、省工商局等部门领导到天津产权交易中心考察访问。

2010年9月15日，浙江省政府办公厅副秘书长陈国平一行9人考察天津产权交易中心、天津金融资产交易所和天津股权交易所。

2010年10月15日，“天津股权交易所业务交流会暨项目路演会”在上海浦东新区举行。本次参加项目路演的三家企业分别位于山东省和河北省，来自上海、山东、北京、河北的50余家投资机构代表参加会议。

2010年11月9日，辽宁省沈阳市副市长祁鸣一行到天津产权交易中心参观访问。

2010年11月12日，中共云南省昆明市委常委、副市长黄云波一行到天津产权交易中心考察，并参观了天津贵金属交易所。

2010年11月23日，天津产权交易中心和天津市工商局共同举办了“产权经纪人资格培训班”，56家会员单位和金融机构的151人参加了培训。

河北省产权交易中心

2010年2月23日，“河北环境能源交易所揭牌仪式”在河北省产权交易中心交易大厅举行。河北省副省长孙瑞彬、省金融办主任江波为该所揭牌。

2010年2月24日至25日，“河北省企业国有产权管理暨上市公司国有股权管理工作会议”召开。会议研讨了新形势下产权（股权）管理的热点难点问题，通报河北省产权交易监督检查情况，并举行河北省产权交易机构专题座谈会。

2010年5月25日，河北省产权交易中心受抚宁公有资产经营有限公司委托，将其持有的金山葡萄酒有限公司30.55%国有股权以673万元为底价进行公开拍卖，经过28轮竞价，最终以3000万元的高价成功转让，增值率高达346%。

2010年6月7日，中共河北省委第一巡视组到河北省产权交易中心检查指导工作。

2010年9月13日，河北省国资委国有重点骨干企业监事会主席高永深一行到河北省产权交易中心视察指导工作。高主席指出，国有企业改制阶段性正在收尾，国有企业产权转让业务不断减少，产权市场的发展一定要注意产权交易性质的变化，兼并重组等形式将会逐渐增多。

2010年12月，河北省产权交易中心继2008年度和2009年度后，连续第三年荣获“河北省金融贡献奖”。

山西省产权交易市场

2010年3月，山西省产权交易市场的全资子公司——山西环境交易所（有限公司）正式成立，该所是目前山西省内唯一一家集各类环境权益交易服务为一体的专业化市场平台。

2010年9月16日，国务院国资委副主任孟建民一行在山西省国资委主任朱晓明的陪同下到山西省产权交易市场视察调研。

2010年11月23日，山西省省长王君率山西省政府有关领导到山西省产权交易市场视察调研。王君省长要求山西省产权交易市场要继续以健全机制、规范运作为基础，走创新发展之路，为山西省国有企业改革和结构调整、对外开放及招商引资、从源头预防和治理腐败做好服务，为助推山西省经济发展发挥应有的作用。

内蒙古产权交易中心

2010年1月27日，“鄂尔多斯市商业银行股份有限公司5771万股国有股权转让的签约仪式”在内蒙古产权交易中心举行，内蒙古自治区财政厅地方金融处处长王凤岐等领导出席签约仪式。这是内蒙古地区首宗金融企业国有产权进场交易项目。

2010年2月26日，内蒙古产权交易中心通过“金马甲产权网络交易平台”组织的“兴安盟食品药品监督管理局办公用房地产转让项目”，评估值为307万元，最终以489万元成交，增值率达59%。这是该中心首单通过“金马甲产权交易服务平台”实现网络竞价方式公开处置的行政事业资产转让项目。

2010年4月22日，内蒙古自治区国资委主任苏和、副主任王耀一行7人组成考核组，对内蒙古产权交易中心2009年度经营业绩和企业领导班子履职情况进行考核。

2010年5月10日，内蒙古产权交易中心成功组织“内蒙古矿业权交易有限公司62%国有股权转让电子竞价会”。参与竞价的3位竞买人经过48分钟176次的激烈角逐，最终以125万元成交，增值率达336%。该项目成为内蒙古产权交易中心采用电子竞价方式以来报价次数最多、增值率最高的项目。

2010年5月28日，由沈阳联合产权交易所发起，黑龙江省产权交易中心、吉林长春产权交易中心、内蒙古产权交易中心和大连产权交易所共同参与的“四省区产权交易区域市场一体化工作会议”在辽宁省沈阳市召开。会议决定在四省区内通过市场互联互通、区域整合和功能拓展，共同加快推进具有广泛社会参与性的区域性产权交易一体化市场建设。

2010年6月25日，内蒙古呼伦贝尔市副市长姜华、市金融办主任孙青一行到内蒙古产权交易中心考察调研。

2010年7月8日，内蒙古产权交易中心举行“包头市国际集装箱运输有限责任公司100%国有股权转让签约仪式”。该项目转让采取了“零价格承债式”转让方式，这种方式是对资不抵债企业改制重组方式的有益尝试。标的评估值为-5175.94万元，最终以人民币2500万元成交，增值额为7675.94万元。

2010年7月22日，中国长城资产管理公司呼和浩特办事处处长德向东、副处长刘跃一行7人到内蒙古产权交易中心考察访问，并就中国长城资产管理公司呼和浩特办事处所持不良资产处置等相关事项进行了深入交流。

2010年7月23日，内蒙古银行资产管理部总经理白奇光一行3人到内蒙古产权交易中心考察调研，并就内蒙古银行所持不良资产处置等相关事项进行了深入探讨。

2010年8月5日—8月6日，由《产权导刊》和“金马甲”主办、新浪产权协办、内蒙古产权交易中心承办的“中国产权市场互联网之路论坛”在内蒙古呼和浩特市召开。本次论坛以产权市场互联网平台建设为主要议题，探讨中国产权市场的互联网发展方向。

2010年8月5日，“内蒙古产权交易中心和内蒙古利丰汽车共建内蒙古二手车网上交易市场签约仪式”在内蒙古呼和浩特市举行。由产权交易机构与汽车经销商集团合作建立二手车网上交易市场在国内尚属首例。

2010年8月17日，“西安、山西、内蒙、太原产权交易市场区域战略合作会议”在内蒙古产权交易中心召开，为区域间产权交易机构的进一步深度合作奠定了良好基础。

2010年8月16日，中国华融资产管理公司呼和浩特办事处副总经理张新军一行到内蒙古产权交易中心考察调研。

2010年8月，内蒙古产权交易中心地方行政事业单位资产批量集中处置工作拉开序幕。到9月30日，内蒙古满洲里市21套住宅楼网络竞价活动全部结束，整体挂牌总价为443.24万元，成交总额为726.84万元，增值283.6万元，单个标的最高增值率160.75%，单个标的最高报价次数139次。

2010年10月11日，《新疆产权市场建设研究》调研组到内蒙古产权交易中心考察调研，调研组成员有新疆自治区党委政研室处长吴筠、副处长马永强，新疆自治区政府发展研究中心主任赵德儒，新疆自治区国资委党委委员、纪委书记何东风等。

2010年12月21日，北京股权登记管理中心董事长马丽等一行到内蒙古产权交易中心考察调研，双方就股权托管及流转存在的问题与未来发展前景交换了意见。

沈阳联合产权交易所

2010年1月13日，吉林省发改委召集沈阳联合产权交易所等有关单位，共同研究“东北四省区合作行政首长联席会议”上拟签署的《东北四省区合作框架协议》、《东北四省区重大合作事项》中关于推进东北区域产权交易合作具体事项。

2010年3月1日，沈阳市文化局所属事业单位市朝鲜族文化艺术馆处置自有资产在沈阳联合产权交易所顺利办结。该项目成为沈阳联合产权交易所完成的首单行政事业资产公开挂牌招租项目，标志着沈阳市行政事业资产配置、使用及处置行为的规范管理实现新突破。

2010年3月9日，沈阳联合产权交易所与中国长城资产管理公司大连办事处签署《合作处置金融资产协议书》。根据协议，中国长城资产管理公司大连办事处所属的金融债权可通过沈阳联合产权交易所金融资产处置平台进行交易。

2010年4月13日，中共沈阳市委宣传部常务副部长何淑华一行到沈阳联合产权交易所考察指导工作，听取了沈阳产权市场建设情况以及正在筹建的文化知识产权交易所相关工作进展情况进行的汇报。

2010年5月19日，辽宁省政府金融办下发《关于同意沈阳股权登记托管有限公司开展业务的批复》（辽金办复【2010】87号）文件，指定沈阳联合产权交易所下属企业沈阳股权登记托管有限公司为省级股权集中登记托管机构，可在省内各市开展企业股权集中登记托管业务。

2010年5月27日，时任国务院国资委产权局巡视员邓志雄在辽宁省国资委副主任魏举峰、沈阳市国资委副主任李四文陪同下到沈阳联合产权交易所考察调研。

2010年5月28日，由东北四省区国资委主办、沈阳联合产权交易所承办的“东北地区产权交易区域合作协议签约仪式”在沈阳市举行。沈阳联合产权交易所、大连产权交易所、吉林长春产权交易中心、黑龙江省产权交易中心、内蒙古产权交易中心共同签署《产权交易市场合作协议》。

2010年5月31日，沈阳联合产权交易所所属沈阳股权登记托管有限公司受一家民营控股公司委托代理股权融资运作，以托管的1400万元股权作为质押，成功获得银行贷款2750万元。此项业务为沈阳股权登记托管有限公司首单托管股权质押融资业务，标准着股权托管增值业务的正式起步。

2010年6月1日，沈阳联合产权交易所通过辽宁省财政厅审核上报，并获财政部备案认定，成为辽宁省承担中央金融企业国有资产转让业务的指定机构。

2010年6月2日，“辽宁沈阳文化知识产权交易所有限责任公司成立揭牌仪式”在沈阳市举行。中共辽宁省委常委、宣传部部长张江、省国资委副主任魏举峰等领导出席仪式并为该所揭牌。

2010年10月9日，沈阳市国资委党委书记马绍武考察了新启用的沈阳产权交易大厦，并指示要以新大厦启用为契机，打造全国一流的现代化产权交易市场。

2010年10月20日，沈阳市国资委主任刘永生到沈阳联合产权交易所考察指导工作。

2010年12月20日，“沈阳产权交易大厦启用仪式”举行。中共沈阳市委常委、常务副市长顾春明，辽宁省国资委主任石凤岐，沈阳市国资委主任刘永生等省市有关领导为大厦启用剪彩。

大连产权交易所

2010年4月，辽宁省大连市财政局下发文件，确定大连产权交易交易所为承办大连地方金融企业国有资产交易业务的产权交易机构。

吉林长春产权交易中心

2010年4月27日，吉林省监 察厅副厅长贾晓东总量控制处处长蔡保锋等领导到吉林长春产权交易中心，就筹建吉林环境能源交易所相关事宜进行考察调研。

2010年5月11日，吉林省政府召开全省资本市场工作会议。吉林省省长王儒林出席会议并强调指出：“要探索组建区域股权交易所，抓住国家大力发展多层次资本市场的有利时机，提早做好准备，整合全省资源，加强与域外股权交易所业务合作与交流，借鉴成功经验，推动在我省建立区域股权交易所”。

2010年4月21日，吉林长春产权交易中心与北京金马甲产权网络交易有限公司签署业务合作协议，开通应用金马甲网络动态竞价系统。

2010年5月18日，吉林省财政厅下发文件，批准吉林长春产权交易中心为吉林省金融企业国有资产交易机构，指定吉林长春产权交易中心承办吉林省金融企业国有产权交易业务，并推荐承担中央管理金融企业的国有资产转让业务。

2010年5月19日，吉林省工信厅在吉林长春产权交易中心召开“吉林股权交易所筹建工作会议”，研究吉林股权交易所筹建工作的有关问题。

2010年7月6日，吉林长春产权交易中心与招商银行长春分行在吉林长春产权交易中心签署《并购贷款合作框架协议》。

2010年9月2日，吉林长春产权交易中心与兴业银行长春分行签署《并购贷款合作框架协议》。

2010年9月15日，吉林长春产权交易中心与中国银行吉林省分行签署《全面战略合作协议》。

2010年10月22日，吉林长春产权交易中心与吉林省亚东投资管理有限公司举行《战略合作框架协议》签约仪式。

2010年11月10日，吉林省政府批准设立吉林环境能源交易所有限公司，这是吉林省环境能源权益交易的唯一省级交易机构，由吉林省新能源投资有限责任公司、吉林长春产权交易中心、吉林紫鑫药业股份有限公司、瑞特环境科技有限公司共同出资组建。

哈尔滨产权交易中心

2010年1月28日，哈尔滨产权交易中心与上海联交所战略合作签约揭牌仪式在黑龙江省哈尔市举行。黑龙江省国资委党委书记赵克非、省国资委主任赵杰等领导出席揭牌仪式。

2010年2月9日，黑龙江省国资委主任赵杰、省国资委副主任高颖等一行到哈尔滨产权交易中心，就进一步推进产权交易市场建设和多层次资本市场建设、实现产权市场提档增项目标的有关事宜进行调研。

2010年3月4日，黑龙江省常务副省长杜家毫、省政府副秘书长谭文、省政府办公厅副主任李长生、省监察厅副厅长李桂春、省财政厅副厅长王庆江、省工商局副局长马文博、省金融办主任商庆军、省高法副院长崔军等领导到哈尔滨产权交易中心考察调研。

2010年3月19日，黑龙江省省长助理、省国资委主任赵杰带队赴上海联合产权交易所，就产权市场的建设经验和发展趋势、探索进一步加强合作的方式、落实两地产权市场的信息联合发布合作等事宜进行了探讨。

2010年7月13日至14日，“黑龙江省企业国有产权管理暨产权交易机构工作会议”召开。黑龙江省及各地市国资监管机构产权管理工作负责人、省出资企业主要负责人、哈尔滨产权交易中心及各分支机构主要负责人、省财政厅代表以及邀请嘉宾共88人参加会议。

2010年10月21日，中国2010上海世博会首家中国省市馆——黑龙江馆自愿减排仪式在上海环境能源交易所举行。这是哈尔滨产权交易中心自与上海环境能源交易所合作成立上海环境能源交易所黑龙江分所以来成功实施的第一个碳交易项目。

2010年12月15日—16日，联合国资助下贝宁淞亥中心到哈尔滨产权交易中心参观访问，商谈在我国购买农产品后加工处理方面的技术和设备等事宜。

上海联合产权交易所

2010年1月6日，由上海联合产权交易所主办的“中央企业国有资产并购重组研讨会”在北京市举行。

2010年1月6日，“上海联合产权交易所与航天科工资产管理有限公司战略合作仪式”在北京市举行。

2010年1月22日，国家商务部服务贸易司司长胡景岩一行五人到上海联合产权交易所调研指导工作。

2010年1月28日，黑龙江省产权交易中心与上海联合产权交易所签署战略合作协议，标志着黑沪两地产权市场全面对接合作跨入崭新的阶段。

2010年3月29日，由上海市长宁区人民政府、市金融办、上海联合产权交易所共同主办的“2010虹桥资募港高峰论坛”召开。论坛上，长宁区国有资产经营投资有限公司与上海联合产权交易所就共同搭建产权交易平台签订战略合作协议。

2010年4月20日，国务院国资委、国家财政部、国家发改委、国家监察部、国家工商总局、中国证监会等六部委组成的联合检查组对上海联合产权交易所进行综合评审，认为上海联合产权交易所“各项管理制度比较健全，在规范信息披露制度、严格受让资格确认制度、优化交易方式确认制度、建立纠纷调处和公平公正审议制度等方面进行了积极的探索创新”。

2010年5月27日，上海联合产权交易所与大唐电信科技产业集团战略合作仪式举行。

2010年6月23日，“上海知识产权交易中心交易系统”正式开通，中共上海市委常委、副市长屠光绍亲临现场指导，听取了上海知识产权交易中心的工作汇报。上海知识产权交易中心的建立是贯彻落实上海市政府《关于本市促进知识产权质押融资工作实施意见的通知》的重要举措。

2010年7月6日至8日，由上海联合产权交易所主办的“相约世博·中国产权市场发展高层论坛暨第五届中国产权市场创新论坛”在上海市和江苏省南京市举行。来自国务院国资委领导、60家产权交易机构负责人、专家学者等100多位代表就如何推动中国产权市场实现又好又快发展等专题进行了广泛深入的探讨。

2010年7月19日，中共上海市委副书记、市长韩正为“上海股权托管交易中心”揭牌，上海建设服务于长三角地区的非上市公众公司股权托管交易市场正式启动。《国务院关于推进上海加快发展现代服务业和先进制造业建设国际金融中心和国际航运中心的意见》提出“研究探索推进上海服务长三角地区非上市公众公司股份转让的有效途径”。

2010年8月30日，上海市人大代表团莅临上海联合产权交易所进行立法课题专项调研。《制定地方性法规，立法促进上海产权市场规范发展》课题被列为2010年上海市人大重点课题。

2010年9月9日，上海市副市长赵雯到上海知识产权交易中心进行专题调研，并召开了上海市知识产权工作座谈会。

2010年10月，《中国产权市场年鉴2010》出版发行，为产权市场发展提供了参考借鉴，为国家相关部门的科学决策提供了客观依据。

2010年10月20日，“2010年南南全球技术产权交易峰会”召开。此次峰会由联合国开发计划署南南合作特设局、上海联合产权交易所、南南全球技术产权交易所、上海环境能源交易所联合主办。

2010年11月3日，中国企业国有产权交易机构协会筹备成立大会暨第一次会员大会在北京召开，全国67家产权交易机构主要负责人参加了会议，大会选举上海联合产权交易所为会长单位。

2010年11月24日至26日，上海联合产权交易所和异地交易机构合作，在民营资本发达的温州、福州、泉州三地连续召开大型投资项目推介会。

2010年11月29日，上海联合产权交易所总裁蔡敏勇与印度电力交易所总裁Mrs Singh在印度孟买进行会谈，共同商讨双方业务合作事宜，并签署合作备忘录。

2010年12月7日，“泛长三角中小企业融资创新工作研讨会”在湖南省长沙市召开。2010年8月，上海联合产权交易所联合其他四家产权交易机构围绕“泛长三角地区中小企业融资创新工作”的主题展开专题调研，并形成调研总报告。

江苏省产权交易所

2010年7月6日至8日，“中国产权市场发展高层论坛暨第五届中国产权市场创新论坛”在江苏省南京市和上海市举行。江苏省副省长徐鸣出席论坛并致辞。该论坛由上海联合产权交易所、北京联合产权交易所、天津产权交易中心、江苏省产权交易所和长江流域产权交易共同市场、北方产权交易共同市场、中国产权市场创新联盟等共同主办。

2010年11月12日，江苏省财政厅、省金融办、省工商局、省国资委等四部门联合发出《关于开展非上市股份有限公司股 权登记工作的通知》（苏财工贸【2010】102号），这是江苏省股权登记工作的第一个规范性文件。同年7月6日，“江苏省股权登记中心”已正式挂牌运营。

2010年12月，江苏省政府批准设立“江苏省新兴产业创业投资引导基金”，指定江苏省产权交易所作为引导基金的出资人代表，代行出资人权利和义务，首期出资10亿元人民币。

南京产权交易中心

2010年7月15日，中共江苏省南京市委常委、副市长王受文，市国资委主任黄玉银、副主任傅刚和市科委副主任于建宇等一行，到南京产权交易中心考察调研。王受文副市长要求南京产权交易中心积极推进政府公共资源进场交易，筹建南京联合产权交易所，努力争取获准科技企业柜台交易试点，促进科技成果的转化和流动。

2010年10月28日，中共江苏省南京市委常委、市纪委书记龙翔，市国资委党委书记曾建华、市国资委副主任傅刚、市监察局副局长杨平、市财政局副局长徐俊等一行，到南京产权交易中心考察调研，着重就《南京市产权交易市场化的现状与发展》课题调研工作进行部署。

徐州产权交易所

2010年3月3日，江苏省徐州市国资委副主任孙岩、市国资委产权管理处副处长穆肇林对徐州产权交易所进行综合评价工作。

2010年4月27日，“江苏省企业国有产权管理工作会议”在江苏省徐州市召开。江苏省国资委副主任蔡荣国、省国资委产权管理处处长张永桂和徐州市国资委主任刘新川等出席会议。

2010年7月6日，江苏省股权登记中心在江苏省南京市举行揭牌仪式。徐州产权交易所成为江苏省股权登记中心徐州分中心的运作主体。

2010年12月22日，江苏省徐州市国资委副主任孙岩、市国资委产权管理处处长魏明静等对徐州产权交易所进行2010年度综合评价，认为徐州产权交易所企业国有产权交易工作取得重大成绩。

浙江产权交易所有限公司

2010年3月22日，浙江产权交易所“2010年度股东会”暨“二届董事会第十次会议”、“第三届董事会第一次会议”召开。

2010年3月25日，浙江省金融办召开“全省未上市公司股份转让试点推进会”。浙江省政府试点工作联席会议成员单位有关负责人、各市及部分县市金融办负责人、各地拟进场企业负责人等约100人参加会议。

2010年4月2日，日本经济团体联合会到浙江产权交易所访问考察。日方表示将利用浙江产权交易所为浙江省企业与日本经济界搭建起合作交流的平台。

2010年4月13日，浙江省国资委主任陈正兴、副主任符晓东等到浙江产权交易所考察调研。

2010年4月14日，浙江产权交易所与浙商资本发展中心合作成立的“浙交所招商引资运营中心”正式揭牌运营。

2010年4月22日，日本“亚洲经济再生支援机构”理事长川村忠隆先生到浙江产权交易所参观访问。随着中国经济的迅猛发展，日本企业家开始把合作目光从欧美转向中国，希望能引入更多的中国资金、中国企业参与日本企业的再重组业务。

2010年5月15日，“浙江省股权投资行业协会”正式成立。该协会由浙江省金融办主管，首届理事会成员单位28家，集聚了浙江省内实力最强、业绩最好的一批知名股权投资机构，拥有直接投资资本300亿元。浙江省政府副秘书长陈国平受浙江省常务副省长陈敏尔委托到会致辞，并与浙江省金融办主任丁敏哲一起共同为协会揭牌。

2010年6月10日，浙江省省长吕祖善、浙江省金融办副主任包纯田、浙江产权交易所董事长颜春友等赴台湾证券柜台买卖交易市场考察。吕祖善省长表示，台湾在资本市场方面的经验很值得浙江学习借鉴。浙江省未上市公司股份转让试点于今年正式运行，希望通过这次考察，进一步加强与台湾柜台市场的交流与合作，促进浙江省股份转让试点工作健康发展。

2010年6月24日，浙江产权交易所总经理姚上毅等一行应邀赴上海世博会法国馆，与馆长方可先生就法国馆在世博会结束后的去留及可能转让事宜进行了沟通。

2010年7月7日，由浙江产权交易所组织实施的“浙江省旅游集团出国服务有限公司100%国有股权电子竞价会”举行。本项目挂牌价为115.75万元，经三家合格竞买人43轮激烈角逐后，最终以161.75万元的价格成交，增值率达39.74%。这是发展文化产业相关政策出台后，浙江产权交易所组织实施的首宗文化产业类并购项目。

2010年8月4日，浙江省政府副秘书长陈国平、省金融办副主任包纯田等领导到浙江产权交易所参观考察。

2010年8月19日，中国人民银行杭州中心支行行长刘仁伍，中国人民银行参事、浙江省股权投资行业协会会长周业梁等领导到浙江产权交易所调研座谈。

2010年9月1日，中国证监会研究中心主任祁斌等一行到浙江产权交易所考察调研。

2010年9月13－14日，浙江省政府副秘书长陈国平率领浙江省金融办、中国人民银行杭州中心支行以及浙江省银监局、省证监局和浙江产权交易所等单位有关人员，前往北京产权交易所、天津产权交易中心，重点考察了两地产权交易机构的功能定位与创新经验、新设金融资产交易所的组建情况和运行模式、天津股权交易所运行情况、政府支持产权交易平台建设的举措等。

2010年11月3日，浙江省国资委副主任董贵波等一行到浙江产权交易所考察调研。

2010年11月14日，正值浙江省政府召开“第二届浙台金融交流合作论坛”期间，浙江产权交易所举办了“台湾兴柜市场运行经验及对浙江的借鉴价值”茶话活动，特别邀请台湾柜买中心企划部经理李鸿猷、台湾永丰金证券董事长黄敏助、台湾兆丰证券公司董事长简鸿文等共同研讨浙台在未上市公司股份转让领域的合作和发展。

2010年12月28日，浙江省未上市公司股份转让试点湖州运行中心举行开业仪式。同日，久立集团股份有限公司、浙江永达（集团）电力实业股份有限公司进场挂牌。

2010年12月29日，浙江省未上市公司股份转让试点余杭运营中心——杭州余杭众信产权交易所有限公司举行成立仪式。

杭州产权交易所有限责任公司

2010年6月24日，浙江省国资委副主任符晓东一行到杭州产权交易所视察指导工作。

2010年5月28日，第25届VIP浙商沙龙“中德企业并购与合作洽谈会”在杭州产权交易所举行。会议由杭州产权交易所和浙商资本投资促进会、德国中小企业联合总会（中国）等单位共同主办。

2010年4月28日，杭州产权交易所和圆基环保资本（天津）投资管理有限公司在杭州市公共资源交易中心正式签署《关于共同募集中国清洁能源私募股权投资基金的战略合作协议》。

2010年8月25日，受杭州市环保局委托，杭州产权交易所在杭州市公共资源交易中心拍卖厅成功举办了“杭州市第三次主要污染物排放权交易会”。

安徽省产权交易中心有限责任公司

2010年2月9日，“安徽省国资委2009年度机关工作总结大会”召开。安徽省产权交易中心获先进基层党组织荣誉。

2010年3月10日，安徽省六安市政务服务中心主任柴宏、六安市招投标中心主任郝宗祥等一行到安徽省产权交易中心，商洽合作建设六安市国有产权交易平台事宜。

2010年7月14日，安徽省金融办副主任何昌顺、省国资委产权局副局长杜世宏、安徽省产权交易中心副总经理斯映红等一行赴浙江产权交易所考察调研地方资本市场建设和未上市公司股权转让及相关制度建设情况。

2010年11月18日，“安徽省金融资产交易所、安徽省排放权交易所揭牌仪式暨安徽省产权交易中心成立五周年庆典”在安徽省合肥市举行。

2010年12月22日，“安徽省非上市公司股份转让试点方案座谈会”召开。

福建省产权交易中心

2010年1月，福建省产权交易中心与南平市非生产性国有资产营运有限公司合作，设立福建省产权交易中心南平分中心。

2010年1月30日，《福建省建设海峡西岸经济区纲要（修编）》经福建省第十一届人民代表大会第三次会议批准。《纲要》提出要“加快海峡产权市场建设，探索引入台湾上柜和兴柜交易机制，推动设立两岸股权柜台交易市场，打造闽台企业对接的直通平台”。

2010年4月1日，福建省政府发布《2010年金融服务海西建设工作要点》。文件提出要“研究推动省产权交易中心发展为非上市非公众公司开展私募股权融资和股权转让业务，并争取发展成为海峡两岸股权交易市场，为台资企业和海西区域内的非上市公司股权融资与转让提供区域性的市场平台”。

2010年8月10日，时任福建省纪委副书记、省监察厅厅长陈伦到福建省产权交易中心考察调研，并对中心加强产权市场建设、推进公共资产交易市场运行工作提出具体工作要求。

2010年12月30日，由福建省产权交易中心与福建省交通集团共同出资组建的福建省八方船舶交易中心正式挂牌成立。

江西省产权交易所

2010年3月26日，江西省财政厅发文确定江西省产权交易所为江西省金融企业国有产权交易机构。

2010年3月30日至31日，国务院国资委在江西省南昌市召开“全国企业国有产权管理暨产权交易机构工作会议”。

2010年4月1日，国务院国资委产权局局长邓志雄到江西省产权交易所景德镇办事处视察调研。

2010年10月14日，江西省国资委持有的剥离后的江西省电子集团100%股权在江西省产权交易所以9.8亿元竞价转让，增值2.01亿元。

山东产权交易中心有限公司

2010年1月28日，在山东省二商局举行的“促调整访万家推动股权融资恳谈会暨股权融资签约仪式”上，山东产权交易中心总裁苗伟发表了题为《产权市场是股权质押融资最好的服务平台》的演讲，提出了破解股权质押融资问题的新思路。

2010年3月25日，山东省财政厅下发文件，明确指定山东产权交易中心为山东省承办金融企业国有资产交易业务的交易机构。

青岛产权交易所

2010年5月7日，“青岛市中小企业股权投融资平台揭牌仪式暨首场项目发布会”举行。该投融资平台由青岛市经济和信息化委员会中小企业局联合青岛产权交易所共同推出。

2010年10月18日，由青岛产权交易所和青岛市市南区软件及动漫游戏产业园管理办公室承办的“青岛市中小企业股权投融资平台软件信息企业专场发布会”举行。会上，青岛产权交易所与青岛市市南区软件园签署战略合作协议，共同为园区科技类中小企业打造直接融资平台。

2010年11月10日，青岛产权交易所入驻青岛市中小企业公共服务中心，将通过建立项目路演机制、创新股权融资模式来破解中小企业融资难题，努力建设区域性中小企业产权交易市场。

2010年12月24日，青岛产权交易所同上海金证高科技有限公司签署技术开发合同，联合开发“中小企业产（股）权管理系统”。

河南省产权交易中心

2010年3月24日，河南省产权交易中心被河南省财政厅指定为承办河南省金融企业国有资产转让业务和承担中央管理金融企业国有资产转让业务的交易机构。

2010年9月21日，河南省内各地市产权交易机构在河南省产权交易中心召开司法拍卖进场研讨会。

2010年9月28日，河南省18个地市中院在河南省产权交易中心召开司法拍卖进场座谈会。

2010年12月27日，河南省产权交易中心受河南省高级人民法院委托，成功快速办结司法拍卖改革以来首例司法变卖案。

武汉光谷联合产权交易所有限公司

2010年1月29日，湖北省武汉市市长阮成发率武汉市建设东湖国家自主创新示范区领导小组成员到武汉光谷联合产权交易所视察调研。

2010年5月6日，湖北省武汉市副市长文振富、副秘书长吴福曾率武汉市发改委、两型办、市环保局和市林业局负责人一行到武汉光谷联合产权交易所调研排污权交易和碳交易工作。

2010年5月18日，武汉光谷联合产权交易所与武汉农村商业银行光谷支行签署战略协议，全面展开产权交易机构与地方金融机构的战略合作。

2010年5月28日，经湖北省科技厅推荐、国家科技部专家评审，武汉光谷联合产权交易所“湖北省节能减排技术与排污权交易平台建设项目”成功列入国家“火炬计划”。

2010年7月6日，中共湖北省委常委、省纪委书记黄先耀在湖北省国资委副主任孙振声等领导陪同下，到武汉光谷联合产权交易所视察调研。

2010年7月12日，“武汉交通职业学院三层楼校区资产转让项目签约仪式”在武汉光谷联合产权交易所举行。该项目评估值3.09亿元，最终成交价3.2亿元，是湖北省教育资产大项目进场交易的第一次。

2010年7月13日，国家科技部正式批准武汉光谷联合产权交易所为中国创新驿站。在国家科技部批准的11个省（市、区）中国创新驿站试点机构中，该所是唯一一家产权交易机构。

2010年8月2日，湖北省武汉市中级人民法院召开“全市法院创新委托评估拍卖机制，促进公正廉洁司法工作会议”，全面启动司法对外委托机制改革工作，将对外司法委托评估和除土地、房产外的资产拍卖纳入武汉光谷联合产权交易所运作。

2010年10月9日，“湖北华中文化产权交易所揭牌仪式”举行，这是华中地区首家以文化物权、债权、股权、知识产权等为交易对象的专业化市场平台。中共湖北省委常委、宣传部部长尹汉宁和湖北省副省长张通为该所揭牌。

2010年11月8日，武汉知识产权交易所在武汉光谷联合产权交易所揭牌成立。

2010年11月8日，“2010年第四届中国专利周（湖北·武汉分会场）”在武汉光谷联合产权交易所启动。

2010年11月9日，湖北省人民政府召开“湖北省未上市公司股权交易市场建设专题会议”。会议原则同意武汉光谷联合产权交易所提交的湖北省未上市公司股权交易试点运行方案，原则同意启动试点。

2010年11月11日，由湖北省武汉市60余家企业自愿组成的“武汉碳减排协会”正式挂牌成立，这是国内首家正式注册成立的碳减排联盟组织。

2010年12月16日，武汉光谷联合产权交易所与中国东方资产管理公司武汉办事处签订战略合作协议，双方将在金融资产交易、产（股）权投融资、资本市场、知识产权、文化产权、排污权以及上市保荐、股票承销等领域开展全方位的合作。

湖南省联合产权交易所有限公司

2010年3月3日，湖南省联合产权交易所与中国银行湖南省分行、中国建设银行湖南省分行签订全面战略合作协议，分别推出了总额达120亿元的企业并购贷款额度。对于参与受让湖南省联合产权交易所挂牌项目的企业或湖南省联合产权交易所推荐的优秀企业，银行将安排进入并购贷款绿色通道。

2010年7月23日，“湖南省产权交易机构业务合作会议”在湖南省联合产权交易所召开。湖南省12个市州产权交易机构的负责人参加了会议。

2010年8月17日，湖南省联合产权交易所向湖南省财政厅、省金融办报送了《关于组建湖南省股权交易所有限公司有关事项的报告》，湖南省金融办将此报告向长沙市人民政府进行转呈并得到了湖南省长沙市市长张剑飞关于“长沙先导投资控股有限公司将代表长沙市出资参与组建湖南省股权交易所”的重要批示。

2010年10月25日，经湖南省联合产权交易所提请，由湖南省金融办召开了“组建湖南省股权交易所”工作协调会，会议明确了股权交易所的注册资本及股权结构、经营范围、筹备小组组成方式、股权交易所挂牌开业时间等事项。

2010年11月16日，湖南省国资委下发《关于重组湖南省联合产权交易所有限公司及确认为省属企业国有产权交易指定机构的批复》（湘国资产权函[2010] 289号），湖南省产权交易所有限公司完成工商变更登记，正式更名为“湖南省联合产权交易所有限公司”。

2010年12月6日，“湖南省联合产权交易所、湖南股权交易所成立授牌仪式”举行。中共湖南省委书记、省人大常委会主任周强致信祝贺。湖南省联合产权交易所湖南省主要污染物排污权储备交易中心，湖南省联合产权交易所版权交易所及各市州产权交易成员所授牌仪式在当天同时举行。湖南省联合产权交易所的成立，标志着湖南省统一的产权交易大市场已经形成。

2010年12月29日，由湖南省联合产权交易所与衡阳市联合产权交易中心联合举办的“亚新科南岳衡阳）有限公司58.25%股权和亚新科南岳（衡阳）铝铸件有限公司58.25%股权转让项目网络竞价会”举行。该项目挂牌价为人民币51229万元，经过13个意向受让人近3个小时158轮报价，最终以人民币68289万元成交，增值33.3%。

南方联合产权交易中心有限责任公司

2010年1月6日，广东省国资委主任温国辉一行到南方联合产权交易中心视察调研。

2010年4月20日，南方联合产权交易中心荣获“2009年度广东省诚信示范企业”称号，这是该中心连续第二次获此殊荣。

2010年5月11日，广东省韶关市常务副市长陈可新率市直有关部门领导到南方联合产权交易中心开展工作交流。

2010年9月14日，国家工信部批准《广东省中小企业产权交易市场试点方案》，并授予南方联合产权交易中心为“区域性中小企业产权交易市场试点单位”。

2010年9月15日，南方联合产权交易中心参加“第七届中国国际中小企业博览会暨中澳中小企业博览会”。国家工信部中小企业司司长王黎明参观了该中心展位。

2010年11月5日，中共广东省委常委、宣传部部长林雄到南方联合产权交易中心考察。

2010年11月8日，南方联合产权交易中心参股的子公司——广东省南方文化产权交易所（南方国际版权交易所）在广东省广州市举行挂牌仪式。中共广东省委常委、宣传部部长林雄和广东省副省长雷于蓝出席挂牌仪式。

广州产权交易所

2010年10月28日，经广东省广州市人民政府批准，国内首个依托产权交易所组建的专业化、市场化、集团化的综合性服务机构--广州交易所集团有限公司正式成立揭牌。

2010年3月19日至21日，广州产权交易共同市场第一届理事会第二次会议召开。来自广州、汕头、顺德、梅州、湛江、开平、恩平、中山等地市的21家产权交易机构的代表出席了会议。

2010年7月，广州产权交易所举办“广州亚运首拍”活动，通过策划、包装、宣传等市场手段，成功地将“2010年广州亚运会暨第16届亚运会”的资产处置与文化价值发掘、“绿色低碳”等概念融为一体，使16辆“亚洲之路”典藏特装车得以高出同款新车市价近1倍、二手车价近2倍的价格实现义卖。

2011年10月12日，中共广州市委常委、常务副市长邬毅敏带队到广州产权交易所考察调研。

2011年10月28日，按照“统一平台，专业分工，集团化经营”的原则，广州产权交易所在国内率先组建成立“广州交易所集团有限公司”。

2010年12月，广州产权交易所总裁李正希参加了在墨西哥坎昆举办的“联合国气侯会议非政府组织会议”，在会上发表了“发挥区域产权交易市场优势，促进中国碳交易市场发展”的主旨演讲。

广西北部湾产权交易所股份有限公司

2010年1月19日，“广西非上市企业赴天津股权交易所挂牌交易推介会”召开。此次推介会由广西壮族自治区金融办牵头主办。

2010年5月4日，广西壮族自治区财政厅下发文件，确定广西北部湾产权交易所为承办地方金融企业国有资产交易业务的省级产权交易机构。

2010年5月31日，广西北部湾产权交易所举行”五年发展战略专家座谈会”。广西壮族自治区国资委副主任聂江武、自治区财政厅地方金融处副处长雷裕尧、广西财政学院副主任谢沛善及北京大学经济学院教授曹和平出席会议。

2010年6月1日，由广西壮族自治区财政厅牵头组成的《广西行政事业公共资产管理现状、问题及其对策研究》课题调研小组到广西北部湾产权交易所开展考察调研。

2010年7月9日，广西北部湾产权交易所董事长周少波率队到上海联合产权交易所考察访问。期

序号	法规名称	颁布日期	发文部门	法规文号
20	关于豁免国有创业投资机构和国有创业投资引导基金国有股转持义务有关问题的通知	2010年10月13日	财政部、国务院国资委、中国证监会、社保基金会	财企［2010］278号
21	关于印发《科技型中小企业创业投资引导基金股权投资收入收缴暂行办法》的通知	2010年12月9日	财政部、科技部	财企［2010］361号
22	关于印发《金融企业国有资产评估报告指南》的通知	2010年12月18日	中国资产评估协会	中评协［2010］213号
23	关于加强国有企业重组改制和关闭破产工作情况报告的通知	2010年3月22日	北京市总工会办公室	京工发［2010］14号
24	关于转发《财政部关于贯彻落实〈金融企业国有资产转让管理办法〉有关事项的通知》的通知	2010年1月14日	天津市财政局	津财金［2010］1号
25	关于贯彻落实《金融企业国有资产转让管理办法》有关事项通知的通知	2010年8月23日	河北省财政厅	冀财金［2010］20号
26	呼伦贝尔市本级行政事业单位国有资产管理暂行办法	2010年12月28日	内蒙古呼伦贝尔市财政局	呼财资［2010］1374号
27	关于进一步促进工业企业上市融资工作的指导意见	2010年1月5日	吉林省长春市人民政府	长府发［2010］2号
28	关于吉林省金融企业国有资产转让有关事项的通知	2010年7月20日	吉林省财政厅	吉财债［2010］553号
29	关于进一步抓好“四项制度”落实工作的通知	2010年4月21日	中共黑龙江省哈尔滨市纪委	哈纪发［2010］9号
30	黑龙江省人民政府关于促进产权交易市场规范发展的意见	2010年6月17日	黑龙江省人民政府	黑政发［2010］54号
31	关于贯彻《黑龙江省人民政府关于促进产权交易市场规范发展的意见》的实施意见	2010年8月19日	黑龙江省工商局	黑工商发［2010］205
32	黑龙江省物价局关于企业国有产权交易收费有关问题的批复	2010年9月15日	黑龙江省物价监督管理局	黑价行［2010］270号
33	关于认真做好公共资源市场化配置工作的通知	2010年7月14日	黑龙江省哈尔滨市监察局、市国资委、市财政局	哈监发［2010］16号
34	关于促进产权交易市场规范发展的实施意见	2010年12月21日	黑龙江省哈尔滨市人民政府	哈政综［2010］64号
35	关于进一步加强上海市国有控股股东所持上市公司股份管理的通知	2010年4月16日	上海市国资委	沪国资委产权［2010］119号
36	上海市国有创业投资企业股权转让管理暂行办法	2010年11月18日	上海市发改委、市国资委	沪发改财金［2010］050号
37	关于上海市文化类企业国有产权交易有关事项的通知	2010年12月31日	上海市国资委、市工商局、市产管办	沪国资委产权［2010］566号
38	关于进一步促进中小企业发展的实施意见	2010年[illegible]	江苏省人民政府	苏政发［2010］90号
[illegible]	江苏省行政事业单位国有资产管理办法	[illegible]	江苏省财政厅	苏财规［2010］[illegible]号

序号	法规名称	颁布日期	发文部门	法规文号
40	关于开展非上市股份有限公司股权登记工作的通知	2010年11月12日	江苏省财政厅、省金融办、省工商局、省国资委	苏财工贸［2010］102号
41	江苏省行政事业单位所属企业国有资产产权登记实施办法	2010年12月9日	江苏省财政厅	苏财规［2010］38号
42	浙江省省级行政事业单位国有资产使用管理暂行办法	2010年6月21日	浙江省财政厅	浙财资产［2010］61号
43	合肥市中级法院司法执行资产进场交易方案	2010年4月23日	安徽省合肥市中级人民法院、市招标投标市场管理委员会办公室	合招综［2010］24号
44	浙江省省级行政事业单位国有资产收入收缴管理暂行办法	2010年12月15日	浙江省财政厅	浙财资产［2010］81号
45	安徽省省级行政事业单位国有资产收入管理暂行办法	2010年6月18日	安徽省财政厅	财资［2010］750号
46	关于贯彻落实《金融企业国有资产转让管理办法》有关事项的通知	2010年1月15日	福建省财政厅	闽财金［2010］3号
47	关于所出资企业国有产权协议转让有关事项的通知	2010年3月22日	福建省厦门市国资委	厦国资产［2010］86号
48	关于印发2010年金融服务海西建设工作要点的通知	2010年4月1日	福建省人民政府办公厅	闽政办［2010］107号
49	关于印发《规范企业资产租赁和承包管理的意见》的通知	2010年7月12日	福建省国资委	闽国资企改［2010］77号
50	厦门市市属国有企业投资监督管理办法	2010年10月22日	福建省厦门市国资委	厦国资企［2010］361号
51	关于确定江西省产权交易所承办全省金融企业国有资产交易业务的批复	2010年3月26日	江西省财政厅	赣财金［2010］10号
52	关于转发财政部《金融企业国有资产转让管理办法》和《关于贯彻落实<金融企业国有资产转让管理办法>有关事项的通知》的通知	2010年3月24日	山东省财政厅	鲁财金［2010］19号
53	青岛市人民政府国有资产监督管理委员会聘用中介机构管理办法实施细则	2010年7月2日	山东省青岛市国资委	青国资委［2010］44号
54	山东省行政事业单位国有资产有偿使用管理暂行办法	2010年8月9日	山东省财政厅	鲁财资［2010］50号
55	山东省行政事业单位国有资产收入收缴管理暂行办法	2010年8月9日	山东省财政厅	鲁财资［2010］51号
56	关于转发《财政部关于规范国有企业境外投资中个人代持股份有关问题的通知》的通知	2010年8月21日	山东省财政厅	鲁财企［2010］54号
57	河南省省级行政事业单位国有资产对外有偿使用管理暂行办法	2010年12月12日	河南省人民政府办公厅	豫政办［2010］135号
58	关于印发《河南省行政事业单位国有资产产权纠纷调处暂行办法》的通知	2010年12月12日	河南省人民政府办公厅	豫政办［2010］134号
59	河南省地方金融企业国有资产转让管理办法	2010年12月22日	河南省财政厅	豫财金［2010]85号
60	湖北省人民政府关于促进金融产业发展的若干意见	2010年4月2日	湖北省人民政府	鄂政发［2010]23号

单位名称	单位性质	主管部门	注册资金	邮寄人	地址	电话	传真
甘肃省产权交易所有限责任公司	有限责任公司	甘肃省国资委	400万元	安涛	甘肃省兰州市城关区张掖路87号中广大厦8楼	0931-8482808	0931-8482808
青海省产权交易市场	非公司制企业		30万元	商桂林	青海省西宁市新宁路28号紫恒大厦13楼	0971-6113361	0971-6113361
宁夏科技资源与产权交易所有限公司	有限责任公司	宁夏回族自治区国资委	500万元	苑尔卓	宁夏银川市兴庆区湖滨西街65号投资大厦10层	0951-6721785	0951-6721785
宁夏产权交易所有限公司	有限责任公司	宁夏回族自治区国资委、宁夏回族自治区财政厅	1000万元	施晓军	宁夏银川市金凤区上海西路鑫业大厦9楼	0951-6091123	0951-6019518
银川市产权交易中心有限公司	股份有限公司	银川市财政局	120万元	李广财	宁夏银川市兴庆区玉皇阁北街4号	0951-6092765	0951-6017461
新疆产权交易所有限责任公司	有限责任公司	新疆自治区国资委	1000万元	宋克勤	新疆乌鲁木齐市扬子江路188号3楼	0991-5812866	0991-5812866

后　记

《中国产权市场年鉴2011》与读者见面了。适逢"十二五"开局之年、中国企业国有产权交易机构协会成立之年，本卷年鉴因而被赋予了继往开来、承先启后的使命与要义。

中国产权市场年鉴自2003年9月出版发行以来，相继有九卷面世了。各卷年鉴在保存行业史料、交流行业经验、引导行业行为、促进行业发展、扩大行业影响等方面发挥了积极的作用，业已成为整体记录和反映中国产权市场发展历程的珍贵文献资料。相应地，倡议并创办行业年鉴的长江流域产权交易共同市场、上海产权交易所（今上海联合产权交易所），和随后加盟主编单位的北京产权交易共同市场、天津产权交易中心、北京产权交易所，以及所有编委会成员、编辑部工作人员，其远见卓识和所作出的全部贡献，业已和前八卷年鉴同在。

2011年2月15日，中国企业国有产权交易机构协会成立。国务院国资委领导、协会理事会和会长办公会都对行业年鉴编纂工作提出了明确要求：进一步增强年鉴的权威性和影响力。并决定，行业年鉴的编纂工作由协会统筹协调。本卷年鉴由协会主编、上海联合产权交易所承编。编纂委员会由协会会长、副会长、秘书长以及协会各会员机构的现任主要负责人组成。邀请国内3位著名学者担任特聘专家委员。由5位行业内资深专家组成文稿编审组。

今年5月，在国务院国资委指导下、在协会理事会领导下，本卷年鉴编纂工作全面启动。协会秘书处向协会66家会员机构征集年鉴资料，要求本着实事求是的原则，务使资料真实准确地反映2010年全年企业国有产权交易发展情况。同时，协会秘书处商请国家统计局统计科学研究所，设计出若干统计报表，下发各会员机构，重点从企业国有产权交易统计方面进行规范。2009年12月31日前已接入国务院国资委“企业国有产权交易监测系统”的20家会员机构，其2010年企业国有产权交易数据，经由国务院国资委产权局审核。2010年度内不同月份接入“企业国有产权交易监测系统”的6家会员机构自报的交易数据，按国务院国资委产权局的要求，统一归并为年度交易数据。未接入“企业国有产权交易监测系统”的会员机构，在报送交易数据的同时，提供了2010年所有交易项目的标的净资产评估值、成交金额、增值率之明细表，使交易数据能够追踪核实。考虑到协会统计制度方法体系尚在完善过程之中，发布全口径的统计数据尚不具备充分条件，所以，本卷年鉴只刊载2010年企业国有产权交易数据，且不汇总、不排名次。此外，在“2010年度企业国有产权交易情况”表下，尚有部分机构的相关栏目空置。目前，对此能够给出的解释是：统计时间、统计方法、统计口经尚未统一，待填数据或无从追索、或无法审核、或难以确认，从而采取“宁缺勿错”的处置办法，实为确保信息发布权威性与可靠性所必须。籍此说明：产权交易行业统计制度的统一、规范与完善工作，势在必行，已时不我待。业界同仁当化缺憾为动力，同心同德，群策群力，自强不息、积极作为，以落实国务院国资委的要求，以回应社会公众的期待。对于征集来的其他文献资料，协会秘书处组织文稿编审组认真进行了审核修改。编纂工作的初衷，力求风格、形式、内容均有所长进，但囿于编者水平及付梓时限，差错和遗漏在所难免，敬请读者批评指教。

行业年鉴，相当于积淀行业文化的工具，展示行业风采的窗口，记载行业生息的传略。发展中的中国产权市场，无论过去、现在还是将来，均承载着薪火相传的文化元素，并不断构建其核心价值体系；成长中的中国产权交易行业，无论创业、执业还是兴业，都需要有成系列、上品位、高信度的行业年鉴相伴随、相匹配。在深化文化体制改革、促进社会主义文化大发展大繁荣的新形势下，办好行业年鉴具有更加现实更加深远的意义。衷心希望产权交易行业同仁一如既往地重视和支持行业年鉴编纂工作、出版发行工作，为不断扩大行业年鉴的社会影响力多作贡献！

《中国产权市场年鉴2011》编委会

2011年12月

图书在版编目（CIP）数据

中国产权市场年鉴2011-- 中国企业国有产权交易机构协会主编。
上海：上海社会科学院出版社，2011
ISBN 978-7-80745-960-6

Ⅰ.①中... Ⅱ.①长... ②北... ③上... Ⅲ.①企业产权-产权市场-中国-2011-年鉴 Ⅳ.①F279.21-54

中国版本图书馆CIP数据核字（2011）第229680号

中国产权市场年鉴 2011

主　　编：中国企业国有产权交易机构协会
责任编辑：赵玉琴
封面设计：新感觉
出版发行：上海社会科学院出版社
(上海市淮海中路622弄7号 电话 63875741 邮政编码 200020)
http: //www.sassp.com　E-mail: sassp@sass.org.cn
经　销：新华书店
印　刷：上海虹民印刷厂
开　本：889×1194毫米 开1/16
插　页：10
印　张：17
字　数：1000千
版　次：2011年12月第1版　2011年12月第1次印刷

ISBN 978-7-80745-960-6/F · 183　定价：399.00元